LES SECRETS DE LA LICORNE

En 1re de couverture
Domenico Zampieri, dit le Dominicain
Vierge à la licorne (détail)
Rome, palais Farnèse
(voir p. 119)

En 4e de couverture
La Vue (détail)
Tenture de *La Dame à la licorne*
Paris, musée de Cluny

Page 6
La faune sauvage du royaume de Malabar (détail)
Marco Polo, *Le Livre des merveilles*
Paris, Bibliothèque nationale de France
(voir p. 45)

254-256 rue de Bercy 75012 Paris
GB 10 6112

MICHEL
PASTOUREAU
ÉLISABETH
DELAHAYE

LES SECRETS DE LA LICORNE

Les auteurs expriment leurs chaleureux remerciements aux éditions de la Réunion des musées nationaux – Grand Palais, sous la direction d'Henri Bovet, particulièrement à Laurence Posselle pour la coordination éditoriale et à Elise Vanhaecke pour la recherche iconographique, ainsi qu'à Caroline Chambeau, Frédéric Célestin et Hugues Charreyron.

Les chapitres 1, 2, 3 et 5 ont été rédigés par Michel Pastoureau, le chapitre 4 par Élisabeth Delahaye.

SOMMAIRE

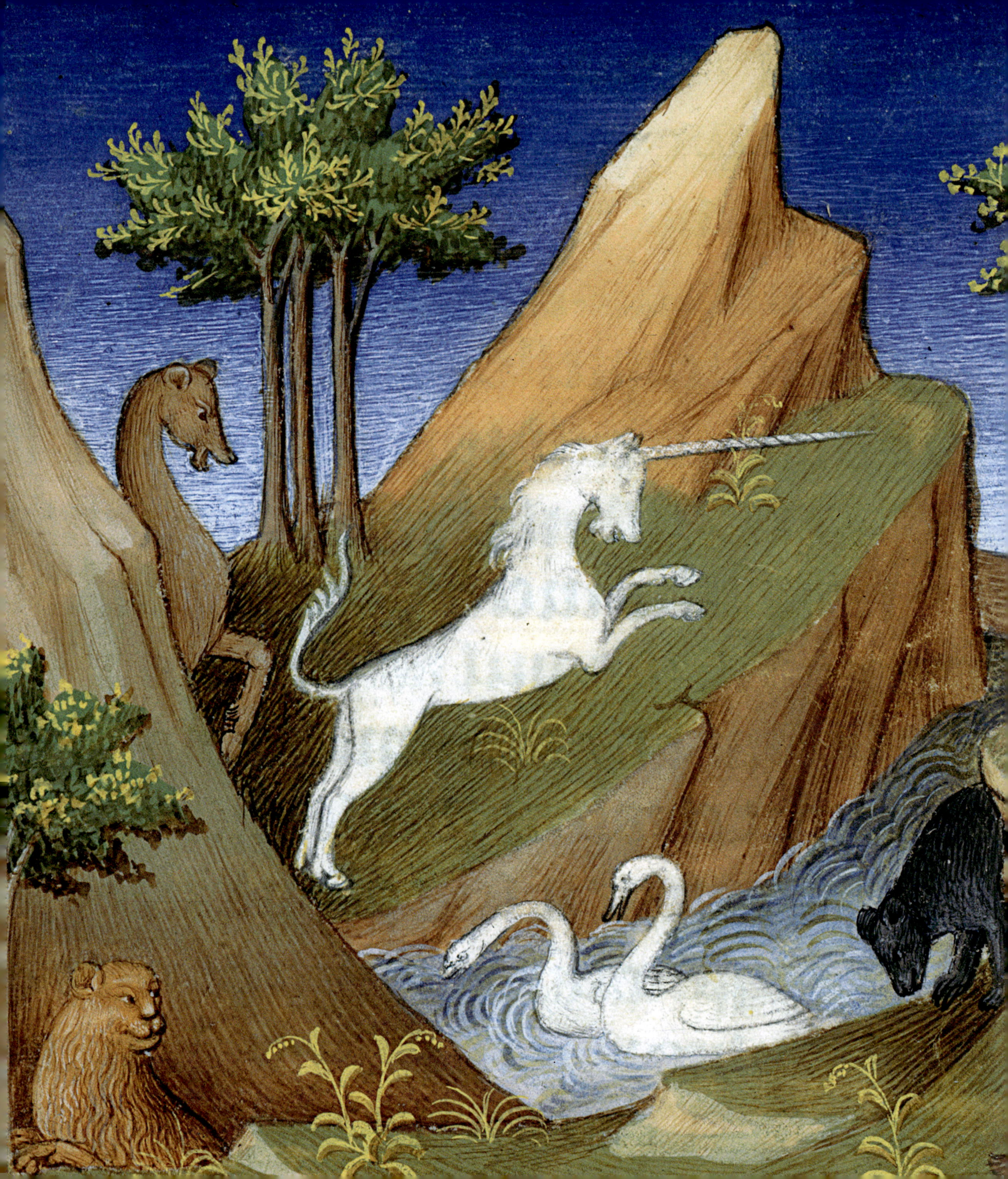

Décrite pour la première fois cinq siècles avant notre ère, la licorne a longtemps intrigué les zoologues, captivé les voyageurs, séduit les artistes et fait rêver les poètes. Très peu cependant ont eu le privilège de l'apercevoir, et tous se sont posé à son sujet de nombreuses questions. Cet animal composite, qui emprunte une partie de son anatomie au cerf, au bouc, à la jument, voire à l'âne, au lion ou à l'éléphant, existe-t-il vraiment ? Jusqu'au début de l'époque moderne, les plus hautes autorités du savoir occidental – Aristote, Pline, la Bible – ont répondu par l'affirmative : oui, la licorne est un animal bien réel, vivant en Orient et différent du rhinocéros, de l'antilope ou de l'onagre avec lesquels elle a parfois été confondue. Ses représentations se répandent pour illustrer le psautier et les ouvrages des Pères de l'Église, plus tard les bestiaires et les encyclopédies.

Chassée, recueillie par une jeune fille, mise à mort ou bien porteuse d'armoiries, la licorne n'orne pas seulement les marges ou les miniatures des manuscrits ; elle est présente dans tous les arts. La tapisserie, à l'un de ses sommets vers 1500, en fait le sujet ou l'une des principales figures de tentures illustres, dont la commande et l'iconographie sont loin d'avoir livré tous leurs secrets. *La Dame à la licorne* du musée de Cluny, à Paris, en est l'exemple le plus célèbre.

Les premiers doutes sur l'existence de la licorne apparaissent au XVIe siècle. Ils ne concernent du reste pas tant l'animal lui-même que sa longue corne frontale, qui a pour vertu de purifier tout ce qu'elle touche et d'éloigner le poison et les forces du mal. Pour s'emparer de cette corne merveilleuse, les chasseurs, dit-on, ont recours à la ruse : sachant que la licorne est attirée par l'odeur de virginité, ils font asseoir au cœur de la forêt une jeune fille vierge et profitent de ce que la bête vient s'endormir sur son sein pour la capturer ou la mettre à mort. À la fin du Moyen Âge, on croit encore fermement à cette fable, et le commerce des cornes de licorne est à son apogée. Tout trésor royal, princier ou ecclésiastique se doit d'en posséder au moins un exemplaire.

Quelques décennies plus tard, à l'époque des Lumières, on n'y croit plus. Le savoir a évolué, et les cornes de licorne ont peu à peu été identifiées à des dents de narval, gros animal marin fréquentant les eaux froides de l'Atlantique Nord. Par là même, la licorne traditionnelle disparaît des manuels et traités de zoologie et cède la place au narval ou « licorne de mer ». Mais les artistes et les poètes ne l'abandonnent pas pour autant ; ils en font même, aux XIXe et XXe siècles, l'animal vedette de leur bestiaire onirique et symbolique.

Malgré l'abondance des textes et des images qui la mettent en scène depuis près de deux millénaires, la licorne attend encore ses historiens. Au reste, longtemps ces derniers ne se sont guère préoccupés des animaux. Ils les ont abandonnés à la « petite histoire » et aux recueils de *curiosa*, comme ils avaient l'habitude de le faire pour tous les sujets qui leur semblaient futiles, anecdotiques ou marginaux. Certes, aujourd'hui la situation a bien changé, et le monde animal est devenu pour la recherche historique un objet d'étude à part entière. Mais cela concerne surtout les animaux réels, ceux qui jouent un rôle de premier plan dans la vie quotidienne, la culture matérielle, les activités de production et d'échange, l'histoire naturelle. Les autres, c'est-à-dire les animaux considérés comme fictifs par nos savoirs contemporains (dragon, griffon, basilic, sirène, phénix et quelques autres), n'ont guère bénéficié de telles enquêtes, du moins dans le monde savant. Puisse le présent livre consacré à la seule licorne attirer l'attention sur cette zoologie de l'imaginaire, étonner par la variété et séduire par la force plastique des images. Pour l'historien, l'imaginaire est toujours une réalité. Pour l'amateur d'art, il est une source intarissable d'émerveillement.

À LA RECHERCHE DE LA LICORNE ANTIQUE

Bien que fortement composite, la licorne médiévale ne se confond avec aucun autre animal. Les auteurs de bestiaires, même s'ils ne s'accordent pas sur certains détails de son anatomie, n'éprouvent guère de difficultés pour la décrire ni les artistes pour la représenter. Dans les textes comme dans les images, elle est toujours nettement individualisée, ne serait-ce que par sa longue corne frontale, son attribut principal, par sa courte barbe et par son immuable couleur blanche. Il n'en va pas de même de la licorne antique. Celle-ci est une créature plus difficilement saisissable, non pas tant parce que personne ne l'a jamais vue (c'est aussi le cas de la licorne médiévale) que parce qu'il n'existe aucune terme fixe et unique pour la nommer, ni en grec, ni en hébreu, ni en latin.

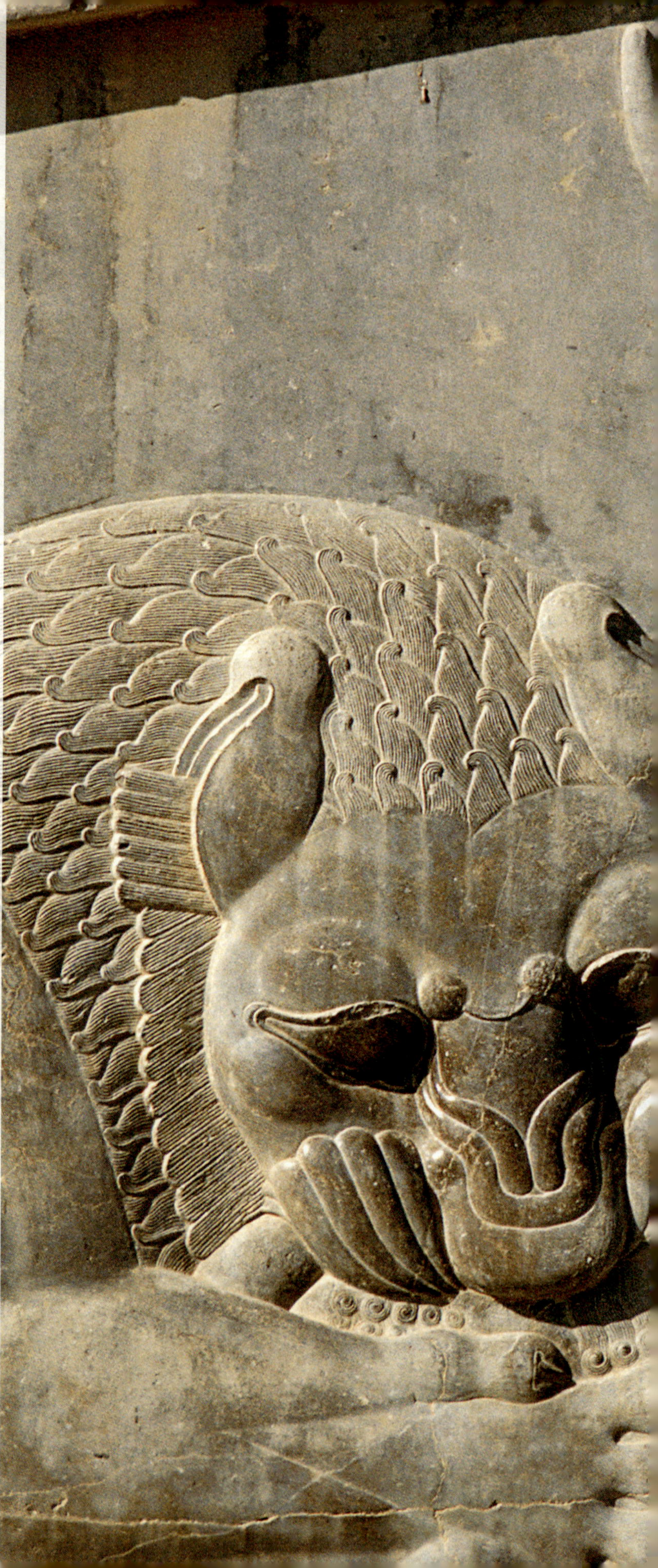

Le lion et le taureau
Bas-relief iranien
Vers 480-475 avant J.-C.
Persépolis, palais de Darius,
Apadana (salle d'audience), escalier Est

Dans les sociétés anciennes, le taureau passe pour être le plus sauvage des animaux domestiques. Par là même, il s'oppose au lion, le plus féroce des animaux sauvages. Tous deux sont symboles de fertilité. Nombreuses sont les scènes qui les montrent en train de s'affronter.

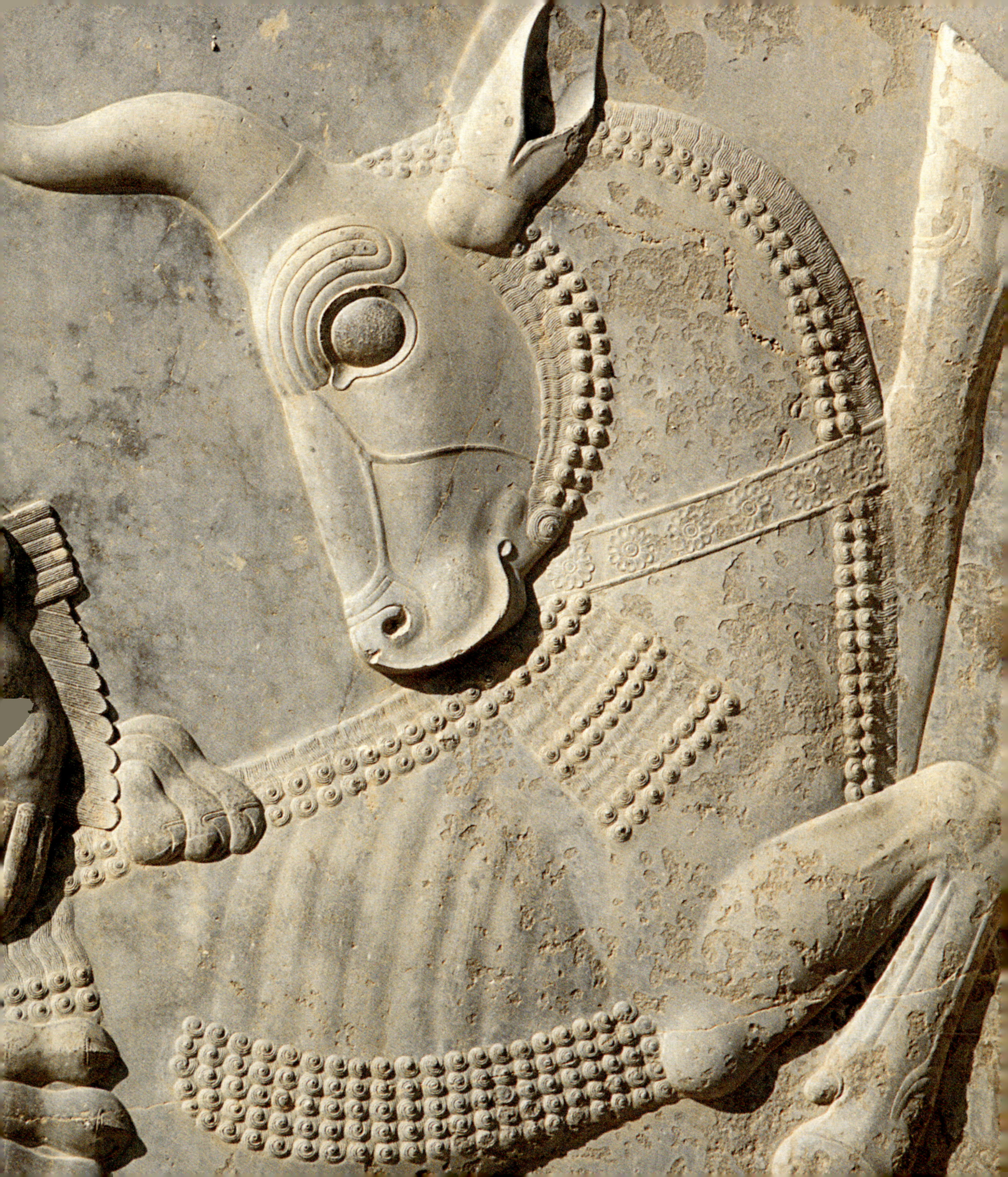

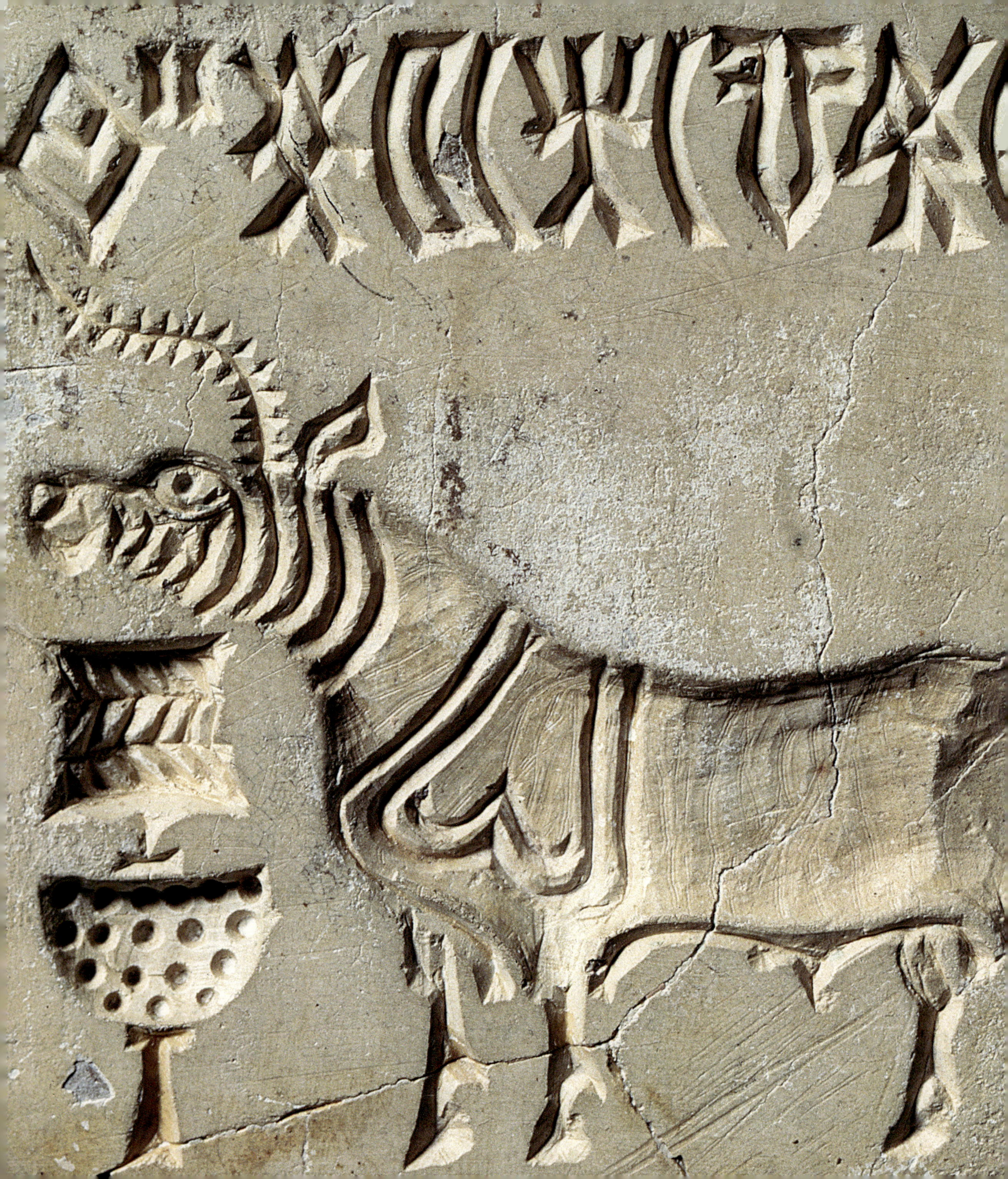

Les imprécisions ou les hésitations du vocabulaire sont source de mésinterprétations et de confusions. Certains auteurs identifient la licorne à l'âne sauvage ou au cheval ; d'autres au cerf ou à l'antilope ; d'autres encore à la chèvre ou au bouc ; d'autres enfin au bœuf ou au rhinocéros. Les imagiers antiques ne sont pas en reste, qui empruntent à chacun de ces animaux telle ou telle partie pour composer un être hybride dont l'identité reste flottante.

Ces errements fréquents et ces apparentements fautifs ne facilitent guère la tâche de l'historien. Se lancer à la poursuite de la licorne antique est une chasse incertaine. Mais cette incertitude est en elle-même un document d'histoire qui nous invite à ne pas projeter dans le passé – et surtout pas dans un passé lointain – nos connaissances, nos nomenclatures, nos classifications et nos logiques d'aujourd'hui. Ce n'étaient pas celles des sociétés qui nous ont précédés… et ce ne seront sans doute pas celles des sociétés qui vont nous suivre. Nos savoirs actuels ne sont pas des vérités mais seulement des étapes dans l'histoire des savoirs ; ceux-ci ne cessent de se transformer, de se corriger, de se compléter. C'est pourquoi, sur de nombreux points, la zoologie des Anciens diffère fortement de la nôtre, notamment lorsqu'il s'agit de distinguer les animaux réels des animaux imaginaires et d'établir des typologies précises. Pour les auteurs grecs et romains, la licorne est un animal bien réel, mais qui ne se laisse pas enfermer dans un seul vocable ni dans une seule image. Par là même, elle semble posséder plusieurs identités.

DE L'ORIENT VERS L'OCCIDENT

La plus ancienne mention de la licorne dans un texte occidental est due à Ctésias, médecin grec ayant longtemps vécu à la cour des rois de Perse et auteur, vers la fin du ve siècle avant notre ère, d'une *Histoire de l'Inde (Indica)* où il décrit les richesses et les merveilles de cet immense pays. Certes, il ne s'y est jamais rendu, mais il en a beaucoup entendu parler et a fait à son sujet de savantes lectures dans la bibliothèque des souverains achéménides. Du texte de Ctésias nous n'avons conservé que des fragments, et il est aujourd'hui impossible de savoir à quel prédécesseur il a emprunté les détails qu'il nous fournit sur la licorne. Ceux-ci resteront pendant longtemps la source principale de tous les auteurs dissertant sur cet animal étrange, inconnu du monde gréco-romain.

Pour Ctésias, la licorne *(monokeros)* est un âne sauvage de grande taille, plus grande que celle du cheval. Son aspect est magnifique, et son pelage, entièrement blanc, sauf la tête, qui est « de couleur pourpre ». Elle présente au milieu du front une corne d'environ une coudée, pointue et tricolore : blanche à la base, noire au milieu, rouge vers l'extrémité. Dans cette corne unique, les habitants de l'Inde taillent des récipients à boire dont les vertus sont nombreuses : non seulement ils aident à guérir différentes maladies par simple absorption du liquide que l'on y verse, non seulement ils redonnent fertilité ou vigueur sexuelle à ceux qui les ont perdues, mais surtout ils ont le pouvoir de reconnaître la présence du poison et d'annihiler ses effets. La corne de licorne est déjà un précieux antidote. Malheureusement, il n'est pas aisé de se la

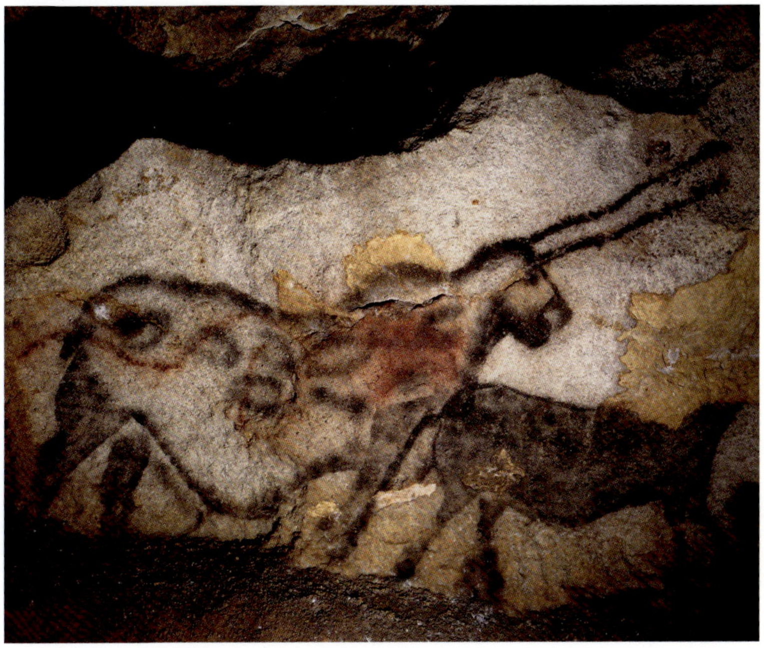

Une licorne sigillaire
Sceau provenant de la vallée de l'Indus
Vers 2500 avant J.-C.
New Delhi, The National Museum of India

Les sceaux de pierre et d'argile des Proche et Moyen-Orient anciens présentent un riche bestiaire au sein duquel les animaux à cornes sont nombreux. La tentation est grande de qualifier de « licornes » tous les quadrupèdes cornus vus de profil.

La frise « à la licorne » de Lascaux
Vers 17000 avant J.-C.
Lascaux, salle des Taureaux

Le bestiaire de Lascaux comporte un certain nombre d'animaux difficiles à identifier. Dans la salle des Taureaux, un quadrupède vu de profil et ne semblant montrer qu'une seule corne frontale a ainsi été qualifié de « licorne », par assimilation commode à l'animal légendaire connu sous ce nom.

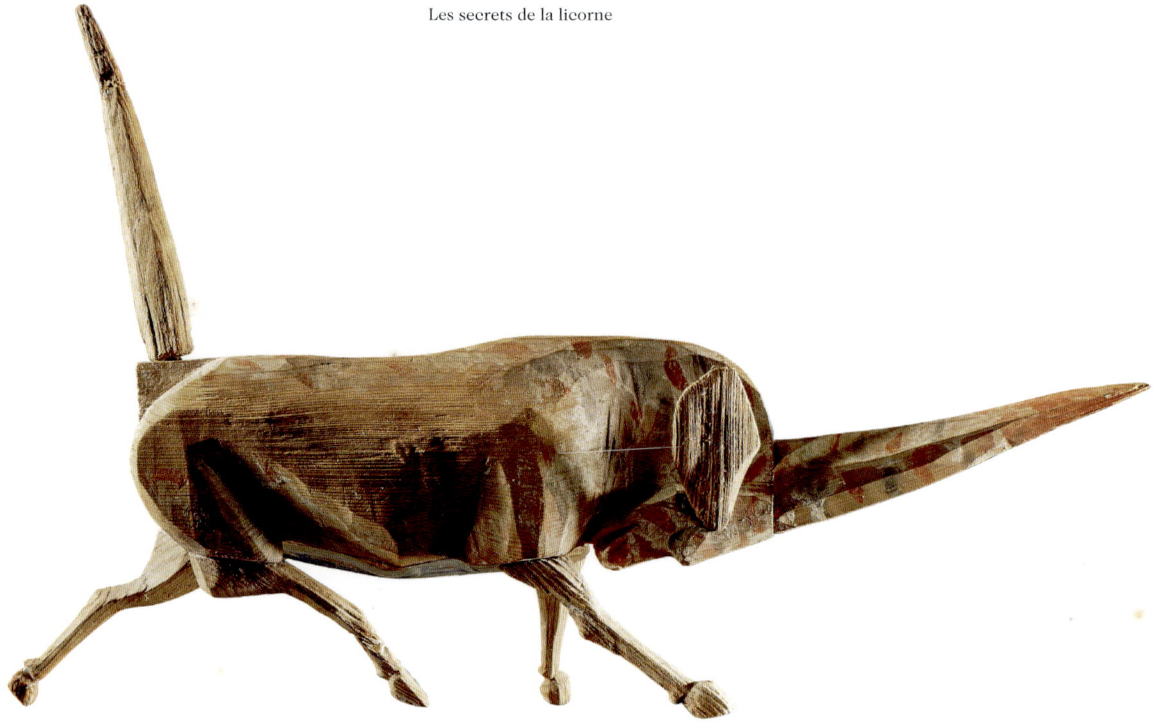

procurer. L'animal est farouche, combatif, redoutable ; il est en outre plus rapide à la course que n'importe quelle autre créature et fait des bonds prodigieux pour franchir les rochers, les ravins et les rivières. L'atteindre est difficile ; le capturer vivant, impossible[1].

Telles sont les propriétés de la licorne exposées par Ctésias. Elles seront recopiées pendant près de deux millénaires. Avec plus ou moins de positivisme, les exégètes modernes ont cherché quels pouvaient être les animaux qui se cachaient derrière ce quadrupède insolite. Certains y ont vu l'onagre des Indes, dont la rapidité était proverbiale ; d'autres, la grande antilope du Tibet : vue de profil, ses deux cornes se seraient confondues en une seule ; d'autres encore, le rhinocéros blanc, dont la corne passait (et passe encore) en Asie pour avoir des vertus aphrodisiaques et thérapeutiques. Tous ont cherché en Orient les origines de la licorne d'Occident[2]. Quelques auteurs ont même établi un lien entre l'animal mis en scène par Ctésias et la « licorne » des traditions chinoises *(qilin)*, l'un des quatre animaux sacrés au même titre que le dragon, le phénix et la tortue. Mais cette licorne chinoise est plastiquement plus instable que celle des Indes : corps de cerf ou de bœuf, queue de serpent ou de lion, front recouvert d'une sorte de fourrure et prolongé tantôt par une corne, tantôt par deux cornes, servant non pas à éloigner la maladie ou à déceler le poison mais à séparer les êtres justes des êtres mauvais. Symboliquement, la licorne chinoise incarne la bonté, la prospérité, la justice et le discernement[3]. Elle est assez éloignée de celle des Indes et ne semble pas devoir être prise pour ancêtre de la licorne occidentale.

Au tournant du IVe au IIIe siècle avant notre ère, le texte de Ctésias fut complété par celui d'un autre voyageur grec, Mégasthènes. Contrairement à Ctésias, il visita réellement l'Inde du Nord et séjourna une dizaine d'années sur les bords du Gange. Son célèbre ouvrage *Indica* est la source européenne la plus détaillée sur l'Inde antique. Mégasthènes y décrit plusieurs animaux indigènes, dont l'énigmatique *kartazoon* des montagnes, sorte de licorne qui ne diffère guère de celle de Ctésias si ce n'est qu'elle est petite, d'un tempérament très doux et aimée de tous les autres animaux. Ses seuls ennemis sont ses congénères, qu'elle déteste, et l'homme, qui cherche à s'emparer de sa corne merveilleuse, remède efficace contre tous les poisons[4].

Licorne chinoise
Bois
Chine, dernière dynastie Han
Découverte en 1959 à Wuwei (province de Gansu)
Lanzhou, musée de la Province de Gansu

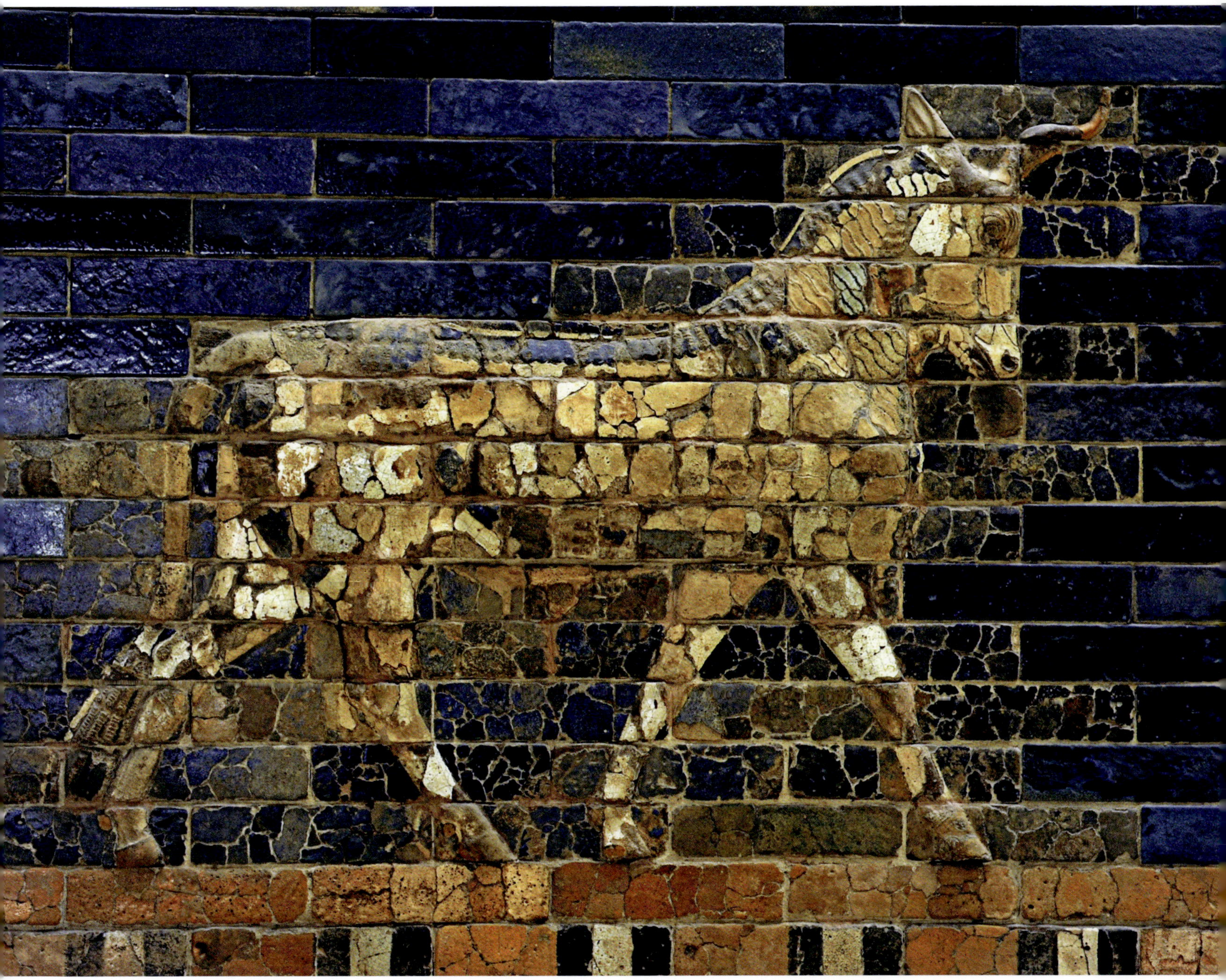

Grand taureau sur la porte d'Ishtar
Babylone, VIe siècle
Berlin, musée de Pergame

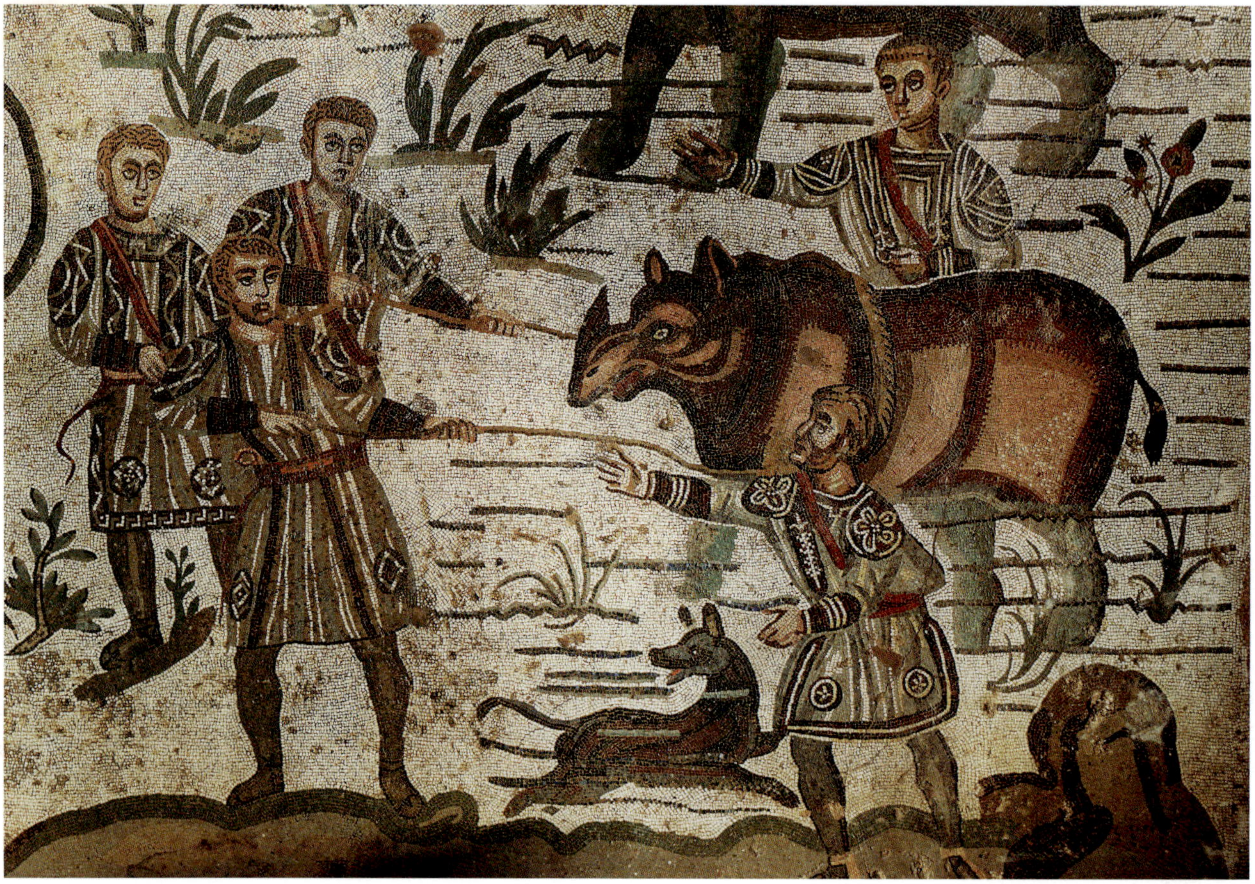

Par la suite, la plupart des auteurs grecs et romains parlant de la licorne recopient Ctésias ou Mégasthènes, parfois les deux. Seul Aristote semble douter de l'existence d'un tel animal *(monokeros)*, qui, cas unique parmi les quadrupèdes cornus, n'aurait pas le sabot fendu mais celui de l'âne ou du cheval. Même l'oryx d'Afrique, qui selon lui n'a qu'une corne, a le sabot fendu[5]. Par là même, la licorne existe-t-elle vraiment ? Aristote en doute, mais pas Pline, qui, au Ier siècle de notre ère, dans son immense *Histoire naturelle*, distingue nettement la licorne *(monoceros)* de l'oryx *(oryx)*, de l'onagre *(asinus silvestris)* et surtout du rhinocéros *(rhinoceros)*, mastodonte exotique que les Romains pouvaient parfois découvrir dans les jeux du cirque. Pline ne confond pas ces quatre animaux et consacre à chacun un chapitre différent[6]. Le *monoceros* est pour lui la bête la plus sauvage et la plus indomptable de l'Inde ; son mugissement est caverneux ; son aspect, extraordinaire : corps de cheval, tête de cerf, pieds d'éléphant, queue de sanglier. À cette anatomie composite, que l'on rencontrait déjà chez Mégasthènes, s'ajoute au milieu du front une corne noire, dont Pline ne précise pas la longueur mais que deux siècles plus tard son remanieur et abréviateur, Solin, évaluera à deux coudées, c'est-à-dire presque un mètre[7]. Au fil des siècles et des textes, la corne de la

Chasse au rhinocéros
Mosaïque romaine
Début du IVe siècle
Sicile, Piazza Armerina, villa Maximiniana

Les Romains connaissent bien le rhinocéros, qu'ils font venir d'Afrique pour l'exhiber dans les jeux du cirque. Ils ne le confondent pas avec le *monokeros*, ancêtre de la licorne médiévale, que Pline présente comme un animal totalement composite.

Animaux dionysiaques
Ier siècle avant J.-C.
Pompéi, peinture murale de la villa des Mystères

Les Romains distinguent nettement la chèvre sauvage de la chèvre domestique. Seule cette dernière peut être un animal de sacrifice, mais, contrairement à la première, elle ne peut en aucun cas se confondre avec l'énigmatique *monokeros*, ancêtre supposé de la licorne.

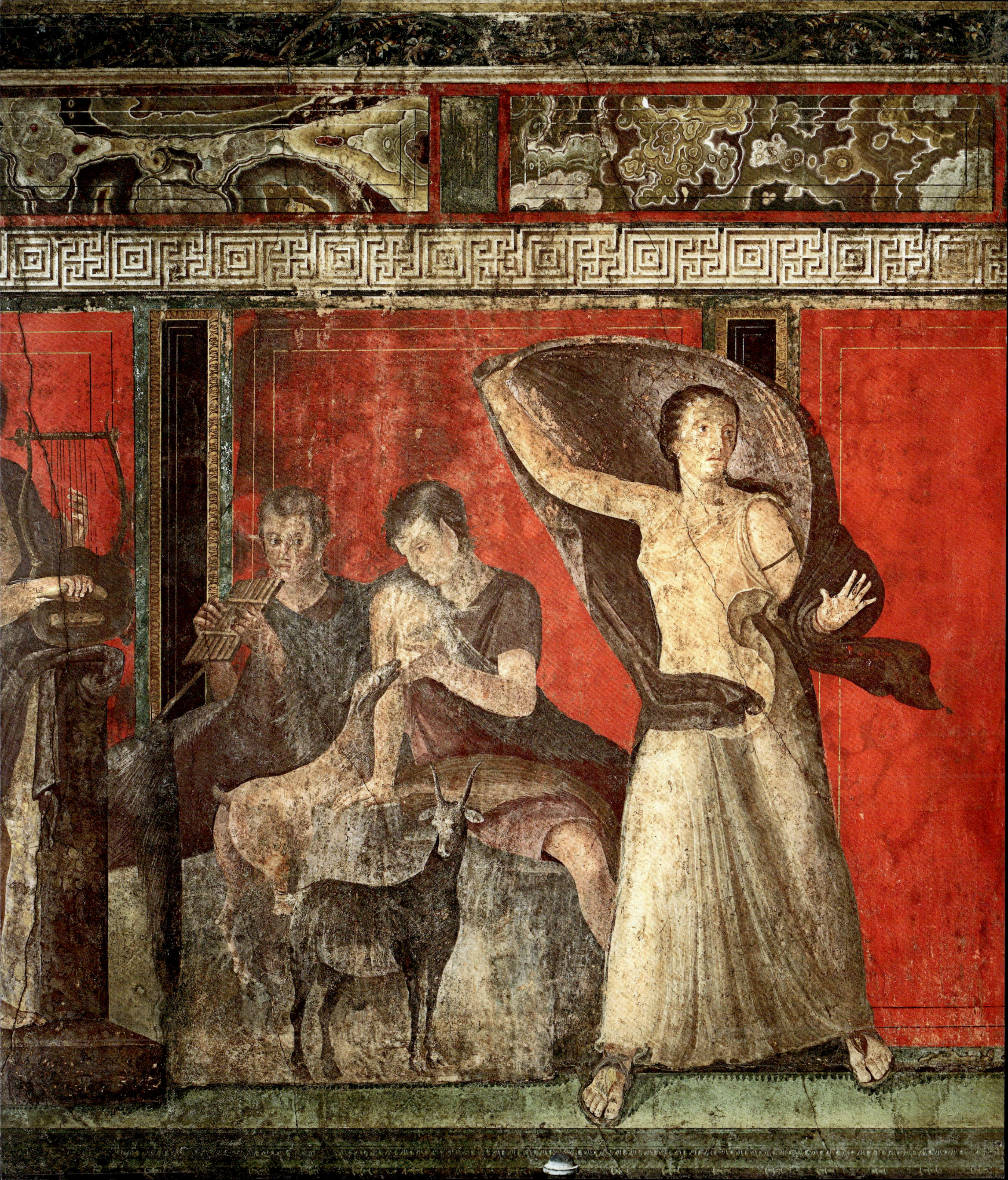

licorne ne cessera ainsi de s'allonger. Elle finira par atteindre six coudées (près de trois mètres !) chez quelques auteurs de la Renaissance.

Au début du IIIe siècle de notre ère, le sophiste et polygraphe Élien, auteur d'une *Histoire des animaux* écrite en grec et qui est pour l'essentiel un recueil de *mirabilia*, compile tous les écrits de ses prédécesseurs, y ajoute quelques traits empruntés à Bucéphale, le cheval cornu d'Alexandre, et rédige sur la licorne deux chapitres relativement longs auxquels puiseront de nombreux auteurs chrétiens[8]. Élien souligne la rapidité et l'intrépidité de l'animal, impossible à attraper vivant. Plus que les auteurs qui l'ont précédé, il insiste sur sa violence et sa cruauté : la licorne se sert de ses sabots pour renverser ses adversaires, de sa corne pour les transpercer, de sa mâchoire pour les déchiqueter. Il précise même la couleur de ses yeux : bleu foncé, ce qui, pour les systèmes de valeurs grecs et romains de son époque, est dévalorisant, sinon inquiétant.

LES HÉSITATIONS DE LA BIBLE ET DES PÈRES

Sur la licorne, les textes bibliques sont moins bavards et plus confus que les auteurs grecs et romains. Au reste, parlent-ils vraiment de cet animal exotique et composite ? Rien n'est moins sûr. À huit reprises, les plus anciennes versions du texte hébreu font allusion à un animal cornu nommé *re'em* (pluriel : *re'emim*), dont le contexte ne permet pas de préciser l'identité. Les exégètes modernes ont pensé qu'il s'agissait d'un bœuf sauvage ou d'un aurochs, mais les juifs hellénisés d'Alexandrie, qui, au IIe siècle avant notre ère, ont achevé la grande traduction grecque de la Bible connue sous le nom de *Bible des Septante*, ont préféré traduire le mot *re'em* par *monokeros*, animal à corne unique identifiable à la mystérieuse licorne de l'Inde dont

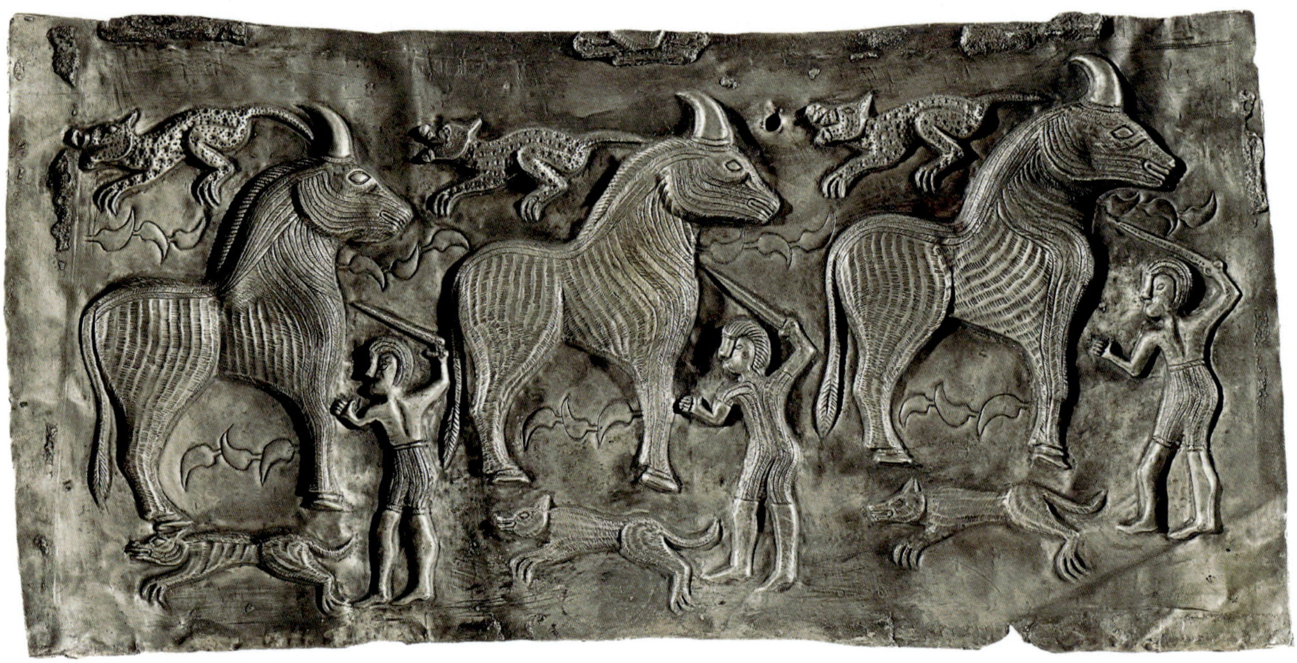

Le chaudron de Gundestrup
Cuivre argenté et doré
Ier siècle après J.-C.
Copenhague, Nationalmuseet

Découvert dans les marais du Jutland, au Danemark, en 1891, le célèbre chaudron de Gundestrup, d'origine celte et non pas germanique, présente un décor particulièrement difficile à dater et à interpréter. Une scène de chasse montre des animaux semblables à des taureaux dotés de une, deux ou trois cornes.

parle Pline. S'agit-il d'une erreur de traduction ? S'agit-il au contraire d'un terme choisi avec soin et dans un but précis ? Impossible de trancher.

À l'époque de l'achèvement de la *Septante*, l'aurochs est un animal qui a disparu du Proche-Orient depuis plusieurs siècles. Les milieux gréco-juifs d'Alexandrie en conservaient-ils le souvenir ? Y voyaient-ils encore un symbole de force et de pouvoir, une créature redoutable au service de la justice divine ? Peut-être pas. C'est pourtant dans ce contexte qu'intervient l'animal fougueux appelé *re'em*. Ses cornes sont l'attribut et l'instrument de sa puissance. Mais elles sont deux et non pas une. Traduire l'hébreu *re'em* par le grec *monokeros*, c'est mettre en scène un animal à corne unique. Est-ce délibéré ? Faut-il y voir une signification astrologique, liée au premier croissant de la lune, la « corne du ciel », symbole de lumière dans la nuit, voire de fertilité et de prospérité ? Ou bien une allusion messianique, une évocation du « jeune bœuf à corne unique », le messie tant attendu[9] ? De fait, dans au moins quatre de ses emplois, le mot *re'em* semble s'inscrire dans un contexte messianique. Mais est-ce suffisant pour associer le *monokeros* au messie ? Assurément non.

Ne pas pouvoir répondre à toutes ces questions est d'autant plus regrettable que l'emploi du terme *monokeros* par la *Bible des Septante* constitue le maillon décisif qui confirme l'existence de la licorne pour les Pères de l'Église et tout le Moyen Âge chrétien. Désormais, en effet, deux groupes d'autorités très différentes – d'une part les auteurs païens : Ctésias, Aristote, Pline, Élien, Solin ; de l'autre, le texte sacré – emploient le même mot pour désigner ce qui est certainement le même animal. Nul doute désormais, pour les Pères et pour tous les bestiaires qui vont les suivre, que cet animal existe vraiment : c'est la fameuse licorne. Non seulement la Bible en fait mention, mais elle aide à en comprendre la signification : il s'agit d'un animal féroce et redoutable, invincible, exemplaire, un instrument au service de Dieu pour châtier les méchants et les impies.

Toutefois, dans les premières traductions latines de la Bible, puis dans la Vulgate de saint Jérôme, la licorne

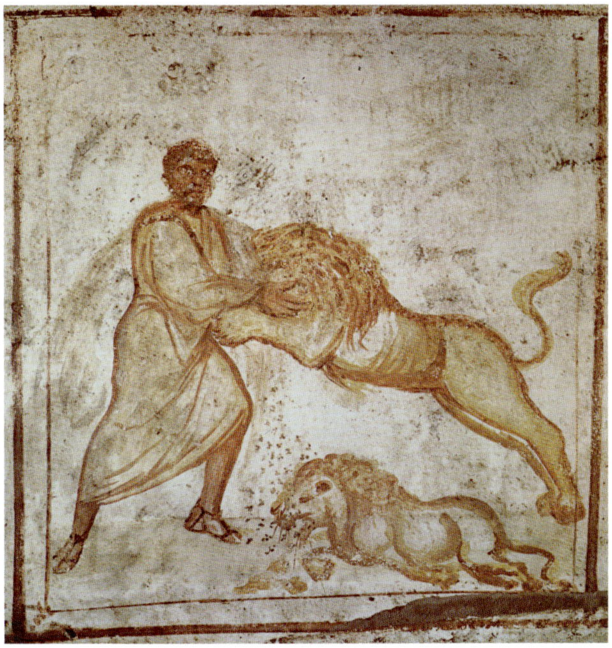

des Septante tend à se dédoubler. Le latin se fait ici plus précis et plus nuancé que le grec : il distingue les bons et les mauvais aspects du *monokeros*. Jérôme, par exemple, traduit ce mot par *unicornis* lorsque l'animal semble bienveillant ou positif, et par *rhinoceros* lorsqu'il est inquiétant ou pris en mauvaise part. Ce faisant, il crée une double symbolique qui se retrouvera dans les textes médiévaux, réservant les bons aspects et la symbolique positive au seul *unicornis*, c'est à dire à la licorne proprement dite, et les mauvais au rhinocéros, monstre effroyable pour les bestiaires et les encyclopédies du Moyen Âge.

Du vocable latin *unicornis* – textuellement, « qui n'a qu'une corne » – naîtront les termes vernaculaires désignant la licorne dans les langues romanes : d'abord le toscan *alicorno*, puis le castillan, le portugais *unicornio*, et, vers la fin du XIVe siècle, le français *lincorne* devenant rapidement *licorne*. Notons que trois de ces mots sont, comme en latin, du genre masculin. Seul le français désigne la licorne au féminin. Nous verrons que ce changement de genre exercera une influence décisive sur la symbolique de l'animal à la fin du Moyen Âge.

L'ambiguïté de la licorne biblique semble avoir quelque peu dérouté les Pères de l'Église quant à sa signification. Certains, tels saint Cyprien au IIIe siècle et saint Basile au IVe, voient en elle une créature

Combat de Samson contre deux lions
Peinture murale, vers 350 après J.-C.
Rome, Catacombes, Via Latina, chambre L

L'ours est le roi des animaux dans l'Europe du Nord, et le lion, dans le monde méditerranéen. Ce dernier est une bête redoutable dont la Bible souligne le caractère extrêmement dangereux et que les Romains aiment à voir combattre dans les jeux du cirque.

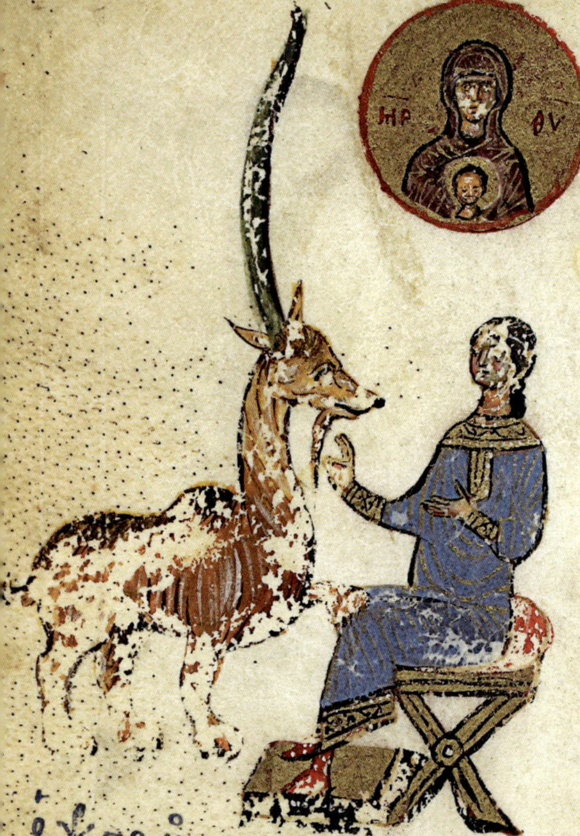

Καὶ διασκορπισθήσονται πάντες οἱ ἐργαζόμενοι τὴν ἀνομίαν.

Καὶ ὑψωθήσεται ὡς μονοκέρωτος τὸ κέρας μου·

Καὶ τὸ γῆράς μου ἐν ἐλαίῳ πίονι·

Καὶ ἐπεῖδεν ὁ ὀφθαλμός μου ἐν τοῖς ἐχθροῖς μου·

Καὶ ἐν τοῖς ἐπανισταμένοις ἐπ' ἐμὲ πονηρευομένοις ἀκούσεται τὸ οὖς μου·

Δίκαιος ὡς φοῖνιξ ἀνθήσει·

ὡσεὶ κέδρος ἡ ἐν τῷ Λιβάνῳ πληθυνθήσεται·

Πεφυτευμένοι ἐν τῷ οἴκῳ κυρίου·

ἐν ταῖς αὐλαῖς τοῦ θεοῦ ἡμῶν ἐξανθήσουσιν·

Ἔτι πληθυνθήσονται ἐν γήρει πίονι·

Καὶ εὐπαθοῦντες ἔσονται τοῦ ἀναγγέλλειν·

ἑρμηνεία περὶ τοῦ μονοκέρωτος

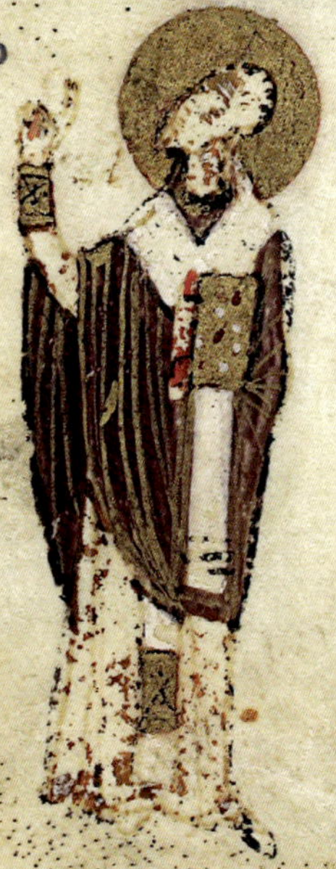

diabolique dont il faut se protéger car elle cherche constamment à nuire et à détruire. Le Psaume 21 leur semble à cet égard particulièrement explicite : « Sauve-moi de la gueule du lion, sauve ma pauvre vie de la corne de la licorne[10]. » Ce psaume exprime la souffrance et la prière de l'homme juste qui subit les assauts des forces du mal, incarnées ici par deux bêtes particulièrement dangereuses, le lion et la licorne. Ces deux animaux font déjà couple et, loin de s'opposer, ils associent contre l'homme misérable leur force et leur férocité.

Cette licorne diabolique domine dans les commentaires des Pères grecs. Tous s'appuient sur le texte de la *Septante* et mettent en valeur ce passage du Psaume 21. Mais elle se rencontre aussi chez plusieurs Pères latins et fait souche chez quelques théologiens et prédicateurs jusqu'en plein XIIe siècle. Saint Bernard par exemple, qui aime utiliser des métaphores animales, invite l'homme juste à se protéger de « la colère du lion, la luxure du bouc, la rage du sanglier et l'orgueil de la licorne[11] ». Cette dernière n'est plus tant féroce et redoutable qu'orgueilleuse. Ce qui, pour saint Bernard, est pire : l'orgueil *(superbia)* est le premier des péchés capitaux.

Cependant, chez les Pères latins et leurs épigones, souvent bavards sur la symbolique animale, ce n'est pas là la position dominante : la bonne licorne l'emporte le plus souvent sur la mauvaise. Laissant de côté le Psaume 21, s'appuyant sur d'autres passages bibliques (le livre des Nombres, le Deutéronome) et les comparant avec tel ou tel verset du Nouveau Testament, ils voient dans cet animal une créature chaste et vigoureuse, un auxiliaire de Dieu défendant son peuple, voire un messager divin invitant les hommes pécheurs à se convertir et à mener une vie vertueuse. Tout en elle se prête à des interprétations symboliques : la blancheur de son pelage est l'attribut de sa virginité ; sa rapidité met en valeur la brièveté de la vie ; son caractère farouche et insaisissable souligne combien mener une existence sainte est une quête difficile ; sa corne est assimilée à un bouclier, à une lance, à une flèche spirituelle, sorte de rayon émanant de l'Esprit

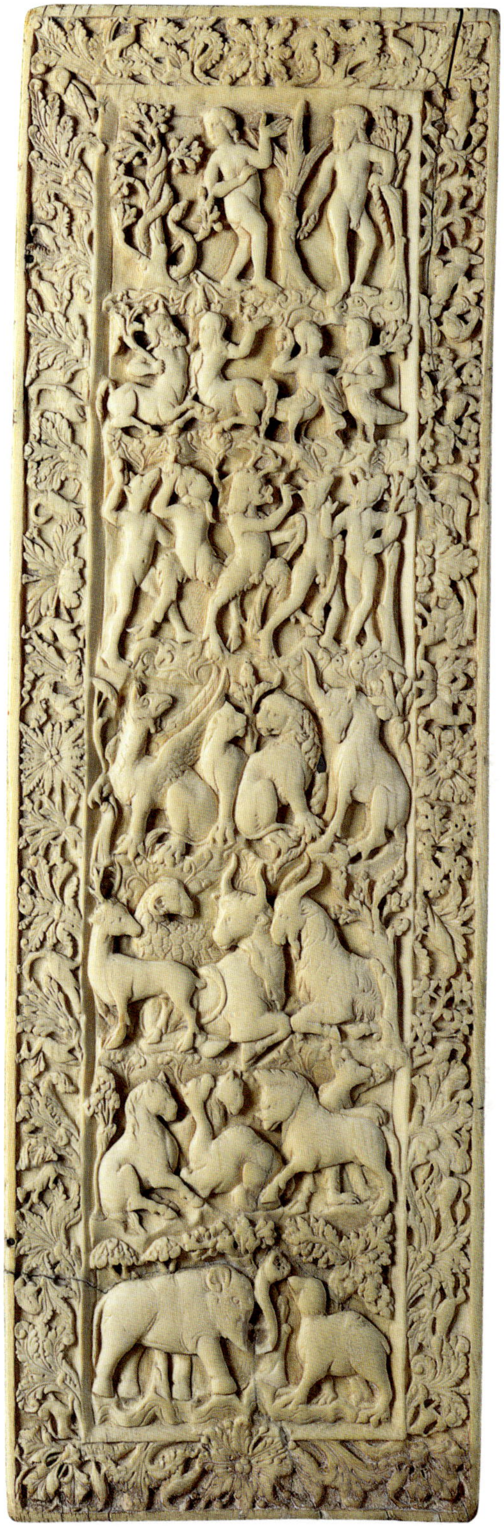

La licorne des Psaumes
Psautier byzantin
Vers 1066
Londres, The British Library, Ms. Add 19532, fol. 124 v°

Le Psaume 21 fait de la licorne un animal violent et cruel, incarnation des forces du mal. Les Pères de l'Église, au contraire, voient en elle une créature chaste et craintive, messagère de Dieu, invitant les hommes à se convertir à la vraie foi.

Adam et Ève, monstres et animaux
D'après les *Étymologies* d'Isidore de Séville
Plaque en ivoire
Vers 870
Paris, musée du Louvre, département des Objets d'art, OA 9064

Au jardin d'Éden, Adam et Ève sont entourés d'animaux de toutes espèces. La licorne y est bien présente, figurée ici au registre central, à la droite du lion, et reconnaissable à sa grande corne.

Saint. Certains Pères (Tertullien, Ambroise, Raban Maur) vont plus loin et font de la licorne un antétype, un attribut ou une image du Christ ; sa corne est alors identifiée à la Croix. Pour ce faire, ils ne se réfèrent plus directement au texte biblique mais à un ouvrage allégorique qui constitue la matrice principale de la symbolique chrétienne du bestiaire médiéval : le *Physiologos*.

LE *PHYSIOLOGOS*

Écrit en grec dans les milieux chrétiens d'Alexandrie vers la fin du IIe siècle ou au début du IIIe, le *Physiologos* (« Le Naturaliste ») est en effet le père de la plupart des bestiaires médiévaux. Il s'agit d'un court traité d'histoire naturelle qui décrit la nature et les « propriétés » d'une quarantaine d'espèces animales (ainsi que de quelques pierres précieuses ou magiques) et qui en tire des interprétations religieuses et morales. Le texte grec a été remanié à plusieurs reprises, puis traduit de bonne heure en latin (IVe ou Ve siècle) sous le titre *Physiologus*. Ce *Physiologus* latin fut lui-même plusieurs fois réécrit et se divisa en plusieurs versions. Certaines s'enrichirent au fil du temps d'emprunts faits à Pline, à Solin, à Isidore de Séville et à différents Pères de l'Église puis donnèrent naissance, avant et après l'an mille, aux différentes familles des bestiaires latins classiques. Ces derniers firent à leur tour des emprunts à d'autres textes avant d'être traduits ou imités en langues vernaculaires aux XIIe et XIIIe siècles.

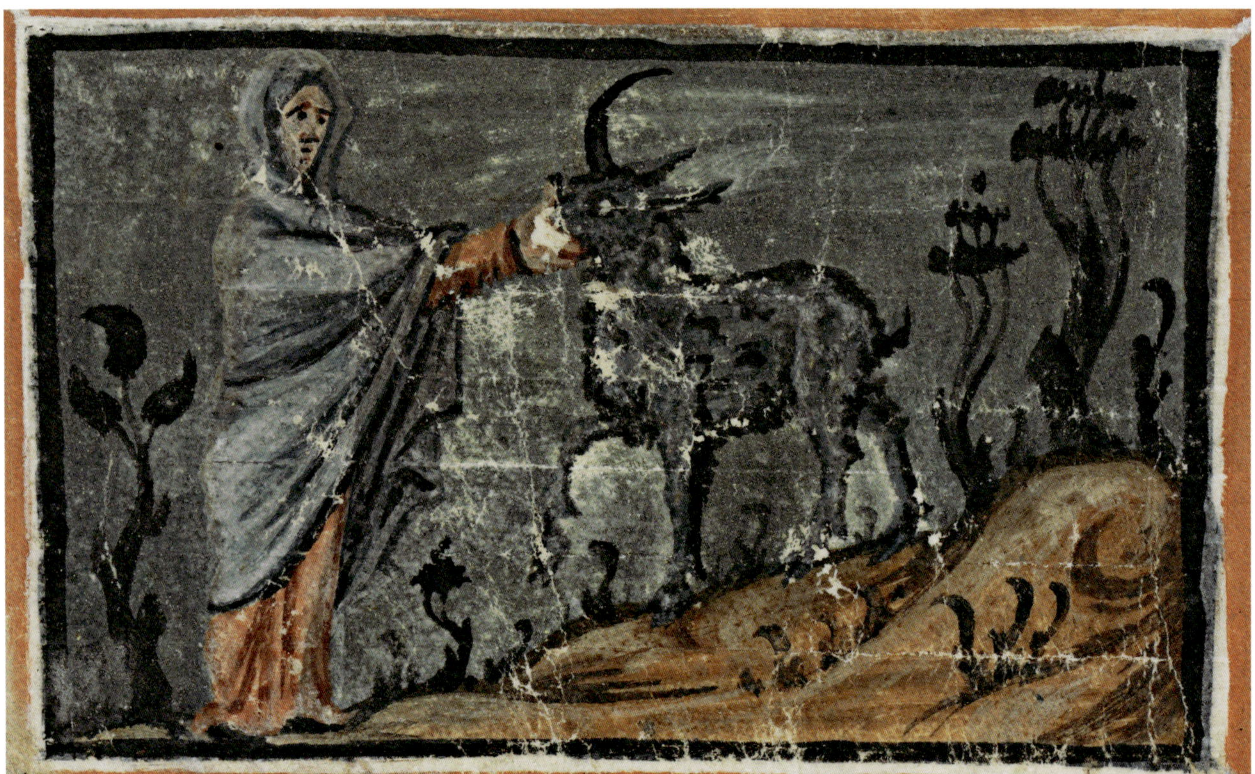

La licorne du Physiologus
Miniature d'un manuscrit du *Physiologus* latin
Reims, vers 830
Berne, Burgerbibliothek, Cod. 318, fol. 162

Le *Physiologos* grec constitue donc le noyau originel de nombreux textes médiévaux parlant des animaux. D'autant qu'aux bestiaires proprement dits s'ajoutent les parties zoologiques des grandes encyclopédies compilées au Moyen Âge central, celles de Thomas de Cantimpré, de Barthélemy l'Anglais, de Vincent de Beauvais, de Brunet Latin. Ces dernières sont bavardes sur la licorne, comme nous le verrons plus loin.

Sur l'aspect et la nature du *monokeros*, qui deviendra *l'unicornis* des textes latins puis l'*unicorne* de la littérature en langue française, le *Physiologos* grec est peu prolixe ; mais il l'est bien davantage sur les propriétés de sa corne et sur le moyen de s'en emparer :

« Le *monokeros* est un animal de petite taille qui ressemble à une chèvre. Il est très peureux et fuyant. Les chasseurs ne peuvent pas l'approcher. Au milieu de la tête, il possède une corne unique [...].

« Près de l'endroit où il vit se trouve un grand lac, où tous les animaux ont l'habitude de venir boire. Mais avant qu'ils s'y assemblent, le serpent malfaisant vient y déposer son venin. Les animaux, remarquant le venin, n'osent plus boire l'eau du lac. Ils s'éloignent et attendent la venue du *monokeros*. Lorsque ce dernier arrive, il entre dans les eaux du lac et fait le signe de la croix avec sa corne. Le venin devient aussitôt inoffensif ; tous les animaux peuvent de nouveau boire [...].

« Cependant, le *monokeros* est si peureux qu'il est impossible de s'en approcher. Comment le capturer pour s'emparer de sa corne merveilleuse ? Les chasseurs du roi emploient une ruse. Ils envoient à sa rencontre une jeune fille pure, vêtue d'une tunique. Le *monokeros* se précipite vers elle et pose sa tête sur son sein puis s'endort. Elle peut alors l'apprivoiser et lorsqu'elle se lève, il la suit jusqu'au palais royal. »

Inconnus des auteurs païens, les deux thèmes qui seront plus tard les piliers de la légende et de l'iconographie de la licorne médiévale – la corne qui purifie l'eau empoisonnée et la capture de l'animal au moyen d'une jeune fille vierge – sont une création du *Physiologos* grec. Ils sont nés de l'interprétation chrétienne que ce texte novateur, composé dans un milieu probablement gnostique, c'est-à-dire imprégné de religiosité symbolique, fait des prodiges de la nature. Derrière les apparences ou les comportements des animaux, il cherche à trouver la parole de Dieu et les enseignements de la Bible. À chaque espèce est ainsi associée une glose exégétique et parfois un commentaire moral. Il en est ainsi du *monokeros* :

« Cet animal n'a qu'une seule corne car le Seigneur a dit "Mon Père et moi, nous ne sommes qu'un". C'est une corne de salut, élevée à Jérusalem dans la maison de David, comme dit le psaume [...]. La jeune fille nous apprend que le *monokeros* est l'image de Notre Seigneur qui, en descendant du ciel, est venu s'incarner dans le sein de la Vierge Marie. »

Le *Physiologus* latin, qui dans ses différentes versions traduit toujours *monokeros* par *unicornis*, ne fait que peu d'ajouts au texte grec. En revanche, il multiplie les références à l'Ancien et au Nouveau Testament, et l'exégèse y prend souvent le pas sur l'histoire naturelle. Pour ce qui concerne l'animal lui-même, le *Physiologus* apparente l'unicorne à un bouc plutôt qu'à

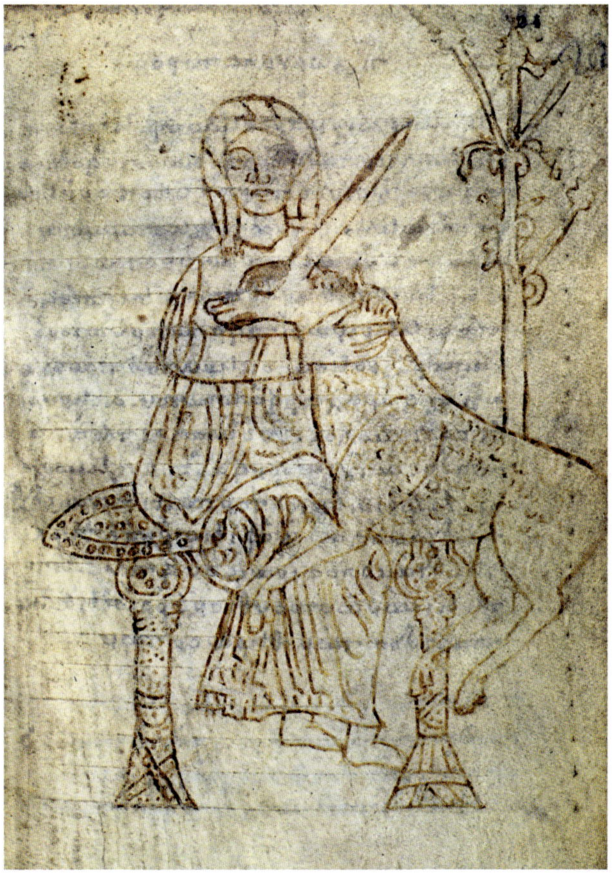

Jeune fille à la licorne
Dessin dans un manuscrit du *Physiologos* grec
Italie méridionale, XIe siècle
Milan, Biblioteca Ambrosiana, ms. E 1 sup., fol. 24

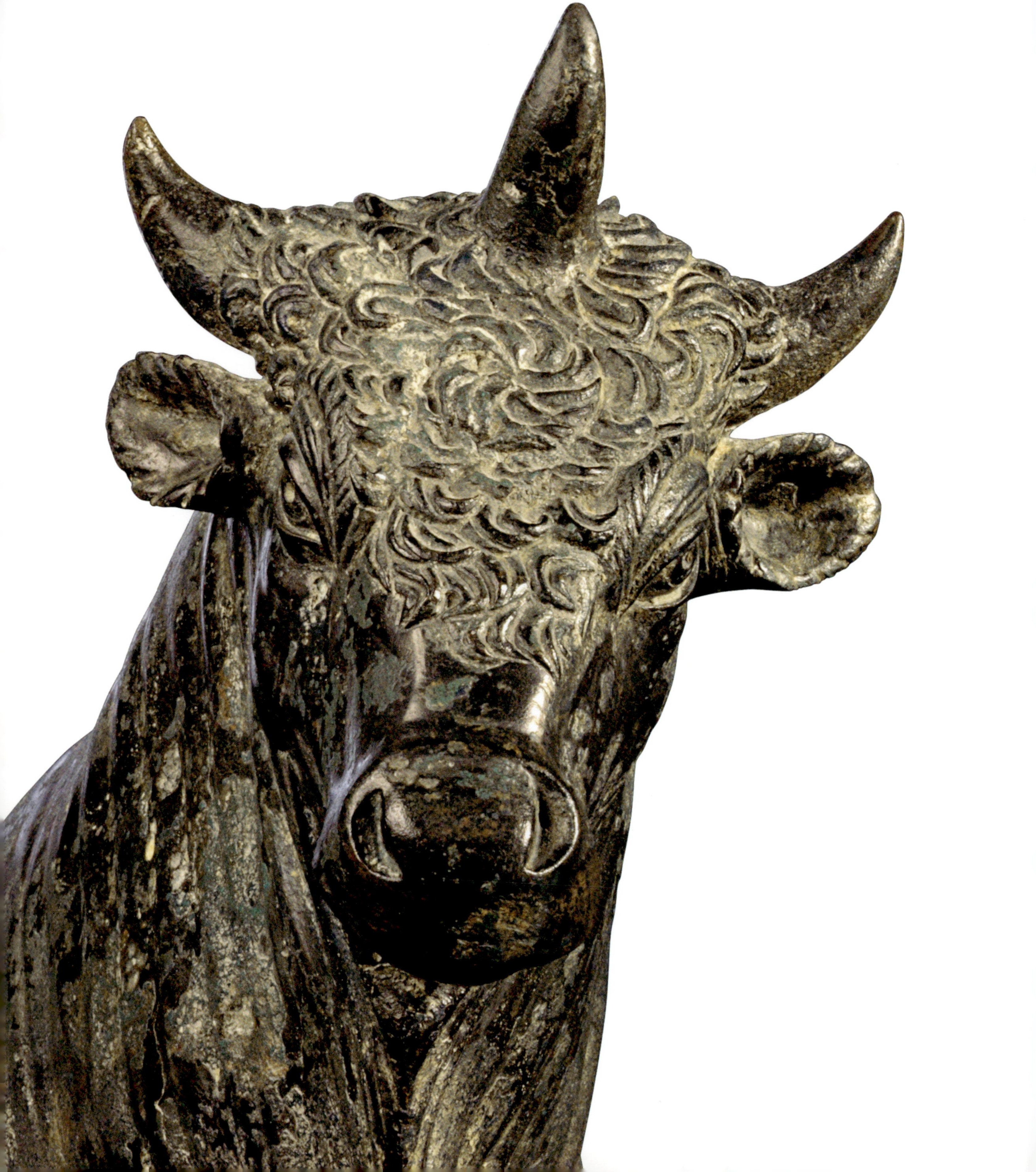

une chèvre et souligne son caractère farouche, voire sa férocité. Celle-ci sera peut-être à l'origine du caractère ambigu, voire négatif, qui sera le sien dans quelques textes isolés plus tardifs. Mais pour l'interprétation symbolique, les premières versions latines suivent au plus près le texte grec et font de l'unicorne une image du Christ. Sa corne est merveilleuse, salvatrice, rédemptrice. La jeune fille pure sur le giron de laquelle il s'endort, c'est la Vierge Marie qui a porté en elle le Fils de Dieu incarné. De telles gloses seront reprises et développées par presque tous les bestiaires médiévaux.

IMAGES ORIENTALES DE LA LICORNE

Longtemps instable, voire insaisissable dans les textes, la licorne antique l'est encore plus dans les images. À dire vrai, celles-ci sont peu nombreuses avant l'époque chrétienne, et reconnaître notre animal dans la faune incertaine des documents figurés est un exercice difficile. Comment, par exemple, repérer une hypothétique licorne dans la riche iconographie de l'antilope ou du taureau ? Les images de ces deux animaux abondent au Proche et au Moyen-Orient, du IIIe millénaire avant notre ère jusqu'aux premiers siècles du christianisme. Lorsqu'ils sont figurés de profil, leurs deux cornes tendent à se confondre en une seule. Lorsqu'ils combattent contre d'autres animaux, voire contre leurs congénères, les formes fusionnent, les contours s'entremêlent, les cornes s'enchevêtrent, et il devient difficile de rendre à chacun ce qui lui appartient. En outre, certains animaux possèdent parfois trois cornes (curieux exemple sur un bronze gallo-romain du Ier siècle après J.-C. : un taureau fortement chevelu montrant deux cornes latérales et une corne frontale, toutes de même forme et de même taille[12]). D'autres, au contraire, n'en ont aucune alors qu'ils devraient en avoir deux.

À tout bien considérer, la licorne chinoise *(qilin)* est plus facile à reconnaître sur les objets et les images des époques anciennes que ses cousines indienne, iranienne, mésopotamienne, grecque ou égyptienne. Quant à la licorne romaine, ou prétendue telle, elle est pratiquement invisible sur les documents figurés avant le IVe siècle de notre ère. Un rare fragment de mosaïque de pavement, peut-être originaire d'Afrique du Nord (Cyrénaïque ?) et difficile à dater avec précision, en montre un bel exemple : l'animal semble marcher dans un décor végétal ; il possède un corps de cheval et la tête d'un bouc, dotée d'une barbe et, au milieu du front, d'une corne unique, large et plus ou moins torsadée[13]. Peut-être s'agit-il d'une image s'inscrivant déjà dans la tradition du *Physiologos* ?

Revenons en Asie. La plus ancienne représentation sculptée d'une licorne correspondant à la description qu'en donnent Ctésias et à sa suite les auteurs grecs et romains, est probablement iranienne. Il s'agit d'un petit bronze d'environ 17 cm de haut et 27 cm de long.

Taureau tricorne
Bronze gallo-romain du Ier siècle,
découvert à Avrigney (Haute-Saône)
Besançon, musée des Beaux-Arts et d'Archéologie, inv. 873.2.1

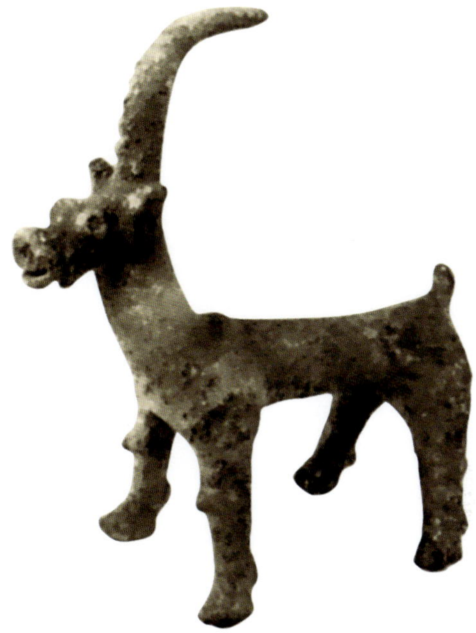

Figurine en forme de licorne
Statuette de bronze
Iran, IXe ou VIIIe siècle avant J.-C.
Téhéran, ancienne collection Foroughi

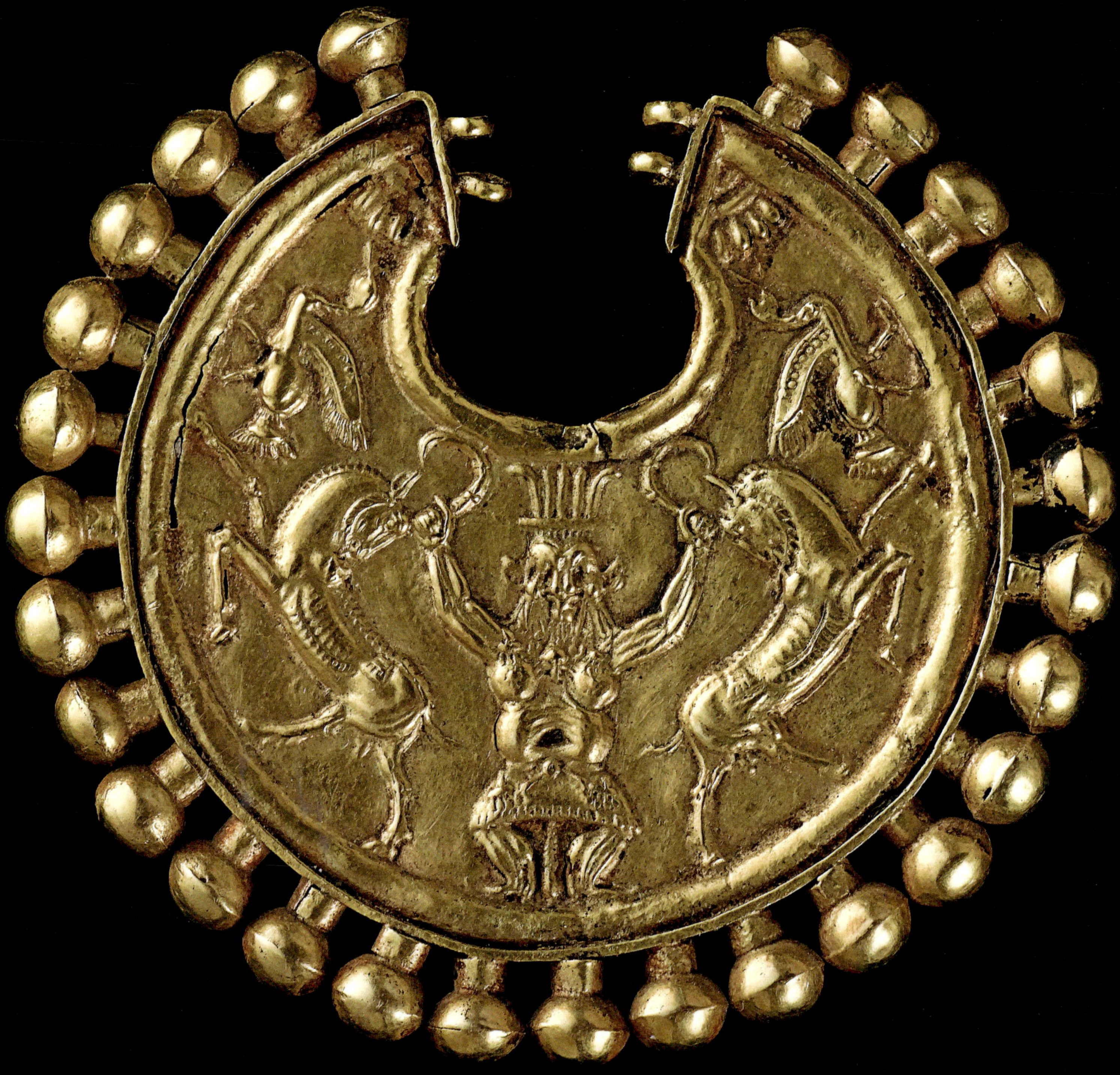

Le corps est celui d'une gazelle ou d'une antilope, mais la tête est pourvue d'une corne unique, longue, large et recourbée vers l'arrière. L'animal, fièrement posé sur ses quatre pattes, est doté d'une queue très courte et d'une barbiche à peine esquissée[14]. Difficile à dater, cet objet semble en tout cas antérieur à tous les témoignages écrits parlant de la licorne. Peut-être faut-il en situer la fabrication au VIIIe siècle avant notre ère, voire plus en amont. Un autre témoignage figuré originaire de Perse, plus récent que le précédent (Ve ou IVe siècle), montre un splendide *monokeros* combattant contre un lion. Il s'agit d'un grand plat achéménide en argent, de 40 cm de diamètre, sur lequel l'animal, vu de profil, ressemble davantage à un taureau qu'à une antilope. Sa corne frontale, unique, est bien visible : large, courte, ondulée[15] (dont deux beaux exemples se voient sur la parure d'oreille reproduite ci-contre).

Sur un bas-relief funéraire de la même époque, mais originaire du nord de la Turquie actuelle, un immense taureau sauvage, qui semble s'attaquer à d'autres animaux, dont plusieurs lions et un aigle, possède une longue corne frontale et pointue. Peut-on l'assimiler à une licorne ? Le dessin, gravé dans la pierre, est ferme et net, mais la bête est si massive, son dos si bosselé, sa course si lourde, qu'il est permis d'hésiter[16]. D'autant que sa queue est bien celle d'un taureau et que celui-ci, furieux, semble rejeter par les naseaux de l'air ou du feu. Il faut sans doute accepter l'idée que tous les taureaux antiques, toutes les antilopes ou gazelles anciennes ne sont pas des licornes, même lorsque l'animal représenté ne montre pas deux cornes mais une seule. Voir des licornes partout n'aide en rien à mieux comprendre les origines ni la lente diffusion de cet animal difficile à identifier et longtemps rebelle à l'analyse.

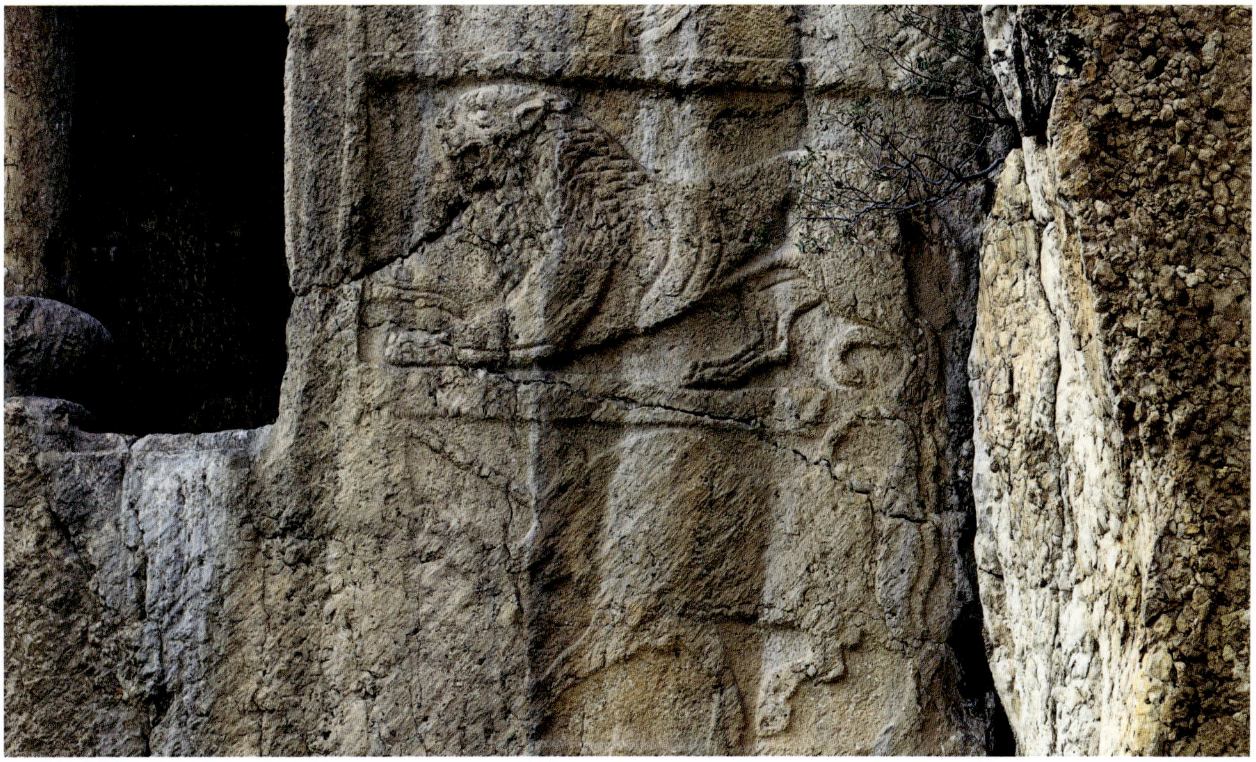

Divinité iranienne maîtrisant des antilopes
Parure d'oreille en or
Iran, vers 400 avant J.-C.
Paris, musée du Louvre,
département des Antiquités orientales, AO 3171

Taureau-licorne combattant différents animaux
Bas-relief funéraire
VIe ou Ve siècle avant J.-C.
Turquie, Kalekapi

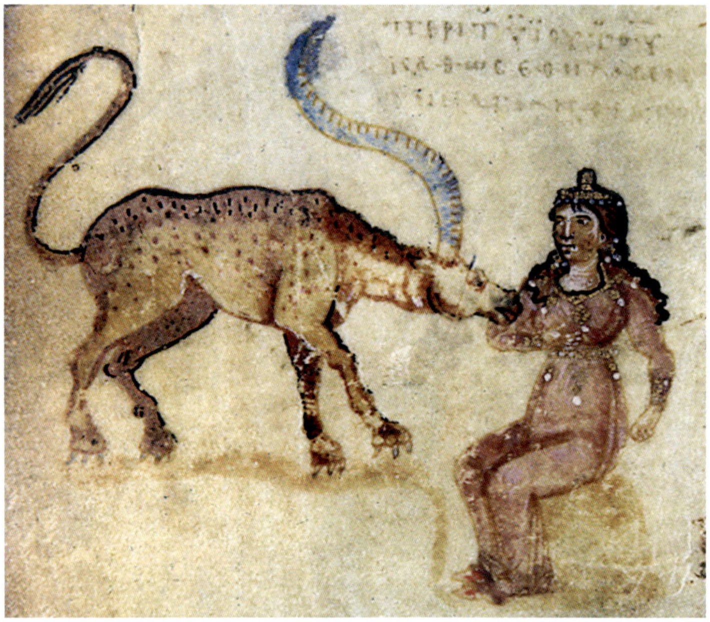

Avec le christianisme et les manuscrits enluminés du *Physiologos* puis du Psautier, les images de la licorne deviennent plus nombreuses et préparent l'iconographie à venir des grands bestiaires latins classiques. L'animal est tantôt figuré seul, sa corne bien visible, son corps ressemblant à celui d'une chèvre ou d'un cheval, tantôt accompagné d'une femme assise près de laquelle il se tient ou sur laquelle il vient poser sa tête. Il s'agit de la scène désormais fameuse de la chasse à la licorne, décrite pour la première fois par le *Physiologos* au IIIe siècle : par ruse, les chasseurs font asseoir une jeune fille vierge dans la forêt ; l'animal est attiré par son odeur, s'endort sur son sein et les chasseurs en profitent pour le capturer. Toutefois, le plus ancien témoignage figuré de cette scène ne l'est pas dans un manuscrit du *Physiologos* mais dans celui d'un psautier grec, aujourd'hui conservé au mont Athos. La jeune fille est assise de profil et caresse de sa main droite la tête d'une grande licorne. Vue de profil, cette dernière est pourvue d'une longue queue taurine et d'une corne frontale, élancée, striée et doublement curviligne. Le dessin de cette corne est symétrique à celui de la queue[17].

Presque contemporain du manuscrit précédent, un autre psautier grec du IXe siècle présente une scène très voisine, mais l'animal semble plus sauvage : son corps est tacheté (pour souligner sa pilosité ?), ses pieds se terminent par des griffes et non par des sabots, et son front se prolonge par une corne de très grande taille qui s'élève verticalement en ondulant. La queue de l'animal est passée entre ses pattes arrière, tandis que sa patte avant gauche est délicatement posée sur le ventre de la jeune femme. Celle-ci semble lui caresser affectueusement le menton[18].

Après l'an mille, les images de licornes deviennent plus nombreuses en Occident qu'en Orient. À cela différentes raisons, dont les principales sont l'abondance des manuscrits enluminés de bestiaires latins et l'influence exercée par ces derniers sur la sculpture et la peinture murale, plus tard sur les arts décoratifs et la tapisserie.

Jeune fille à la licorne
Miniature d'un psautier grec *(Pantokrator Psalter)*
Byzance, IXe-Xe siècle
Athos, monastère Pantokratoros, Cod. 61, fol. 109 v°

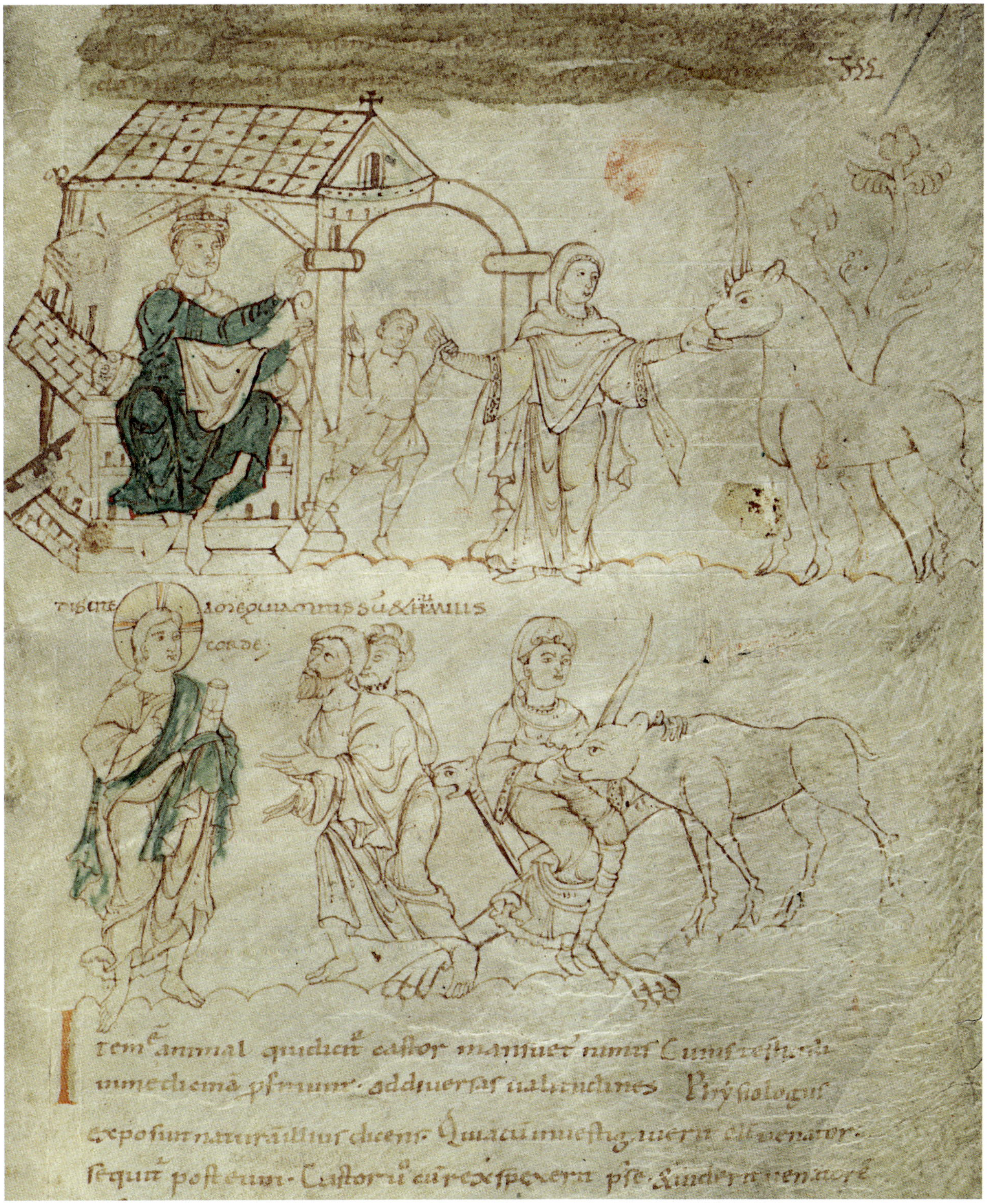

Jeune fille à la licorne
Miniature d'un *Physiologus* latin
Stavelot (?), XIe siècle
Bruxelles, Bibliothèque royale, ms. 10066-10077, fol. 147

Le *Physiologus*, enrichi d'emprunts faits à Pline, à Solin, à Isidore de Séville et à plusieurs Pères de l'Église, est l'ancêtre de tous les bestiaires latins du XIe au XIIIe siècle. Le chapitre consacré à la licorne y est un des plus longs et, dans les manuscrits enluminés, l'image de la jeune fille vierge attirant à elle la bête fière et craintive est presque toujours présente.

LE TEMPS DES BESTIAIRES

Le Moyen Âge nous a laissé un grand nombre de livres manuscrits spécialement consacrés aux animaux : des recueils de fables, des encyclopédies zoologiques, des traités de vénerie et de fauconnerie, des ouvrages de médecine vétérinaire, des manuels d'agronomie, de pisciculture, d'équitation. En ces domaines, toutefois, il ne se montre ni pionnier ni vraiment original. Le monde gréco-romain avait déjà produit de tels livres, parfois en abondance, et ceux-ci ont souvent influencé la production médiévale.
Il est en revanche un type d'ouvrages qui est propre au Moyen Âge et qui a connu un succès important aux XIIe et XIIIe siècles, principalement en France et en Angleterre : les *bestiaires*. Ils constituent pour l'étude du discours médiéval sur la licorne la source principale.

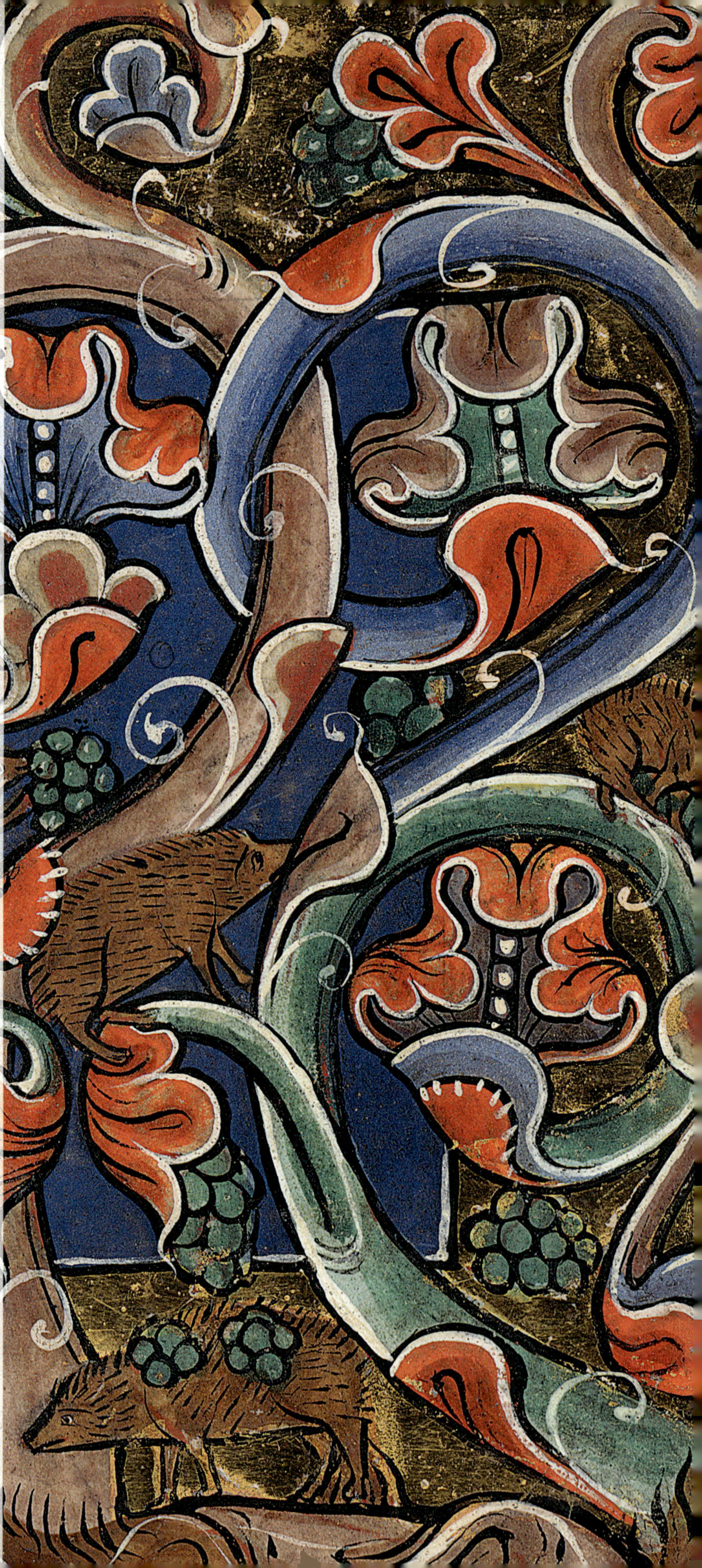

Bestiaire Bodley : hérissons et licorne
Angleterre, vers 1230-1240
Oxford, The Bodleian Library,
Ms. Bodley 764, fol. 52 v° et 22

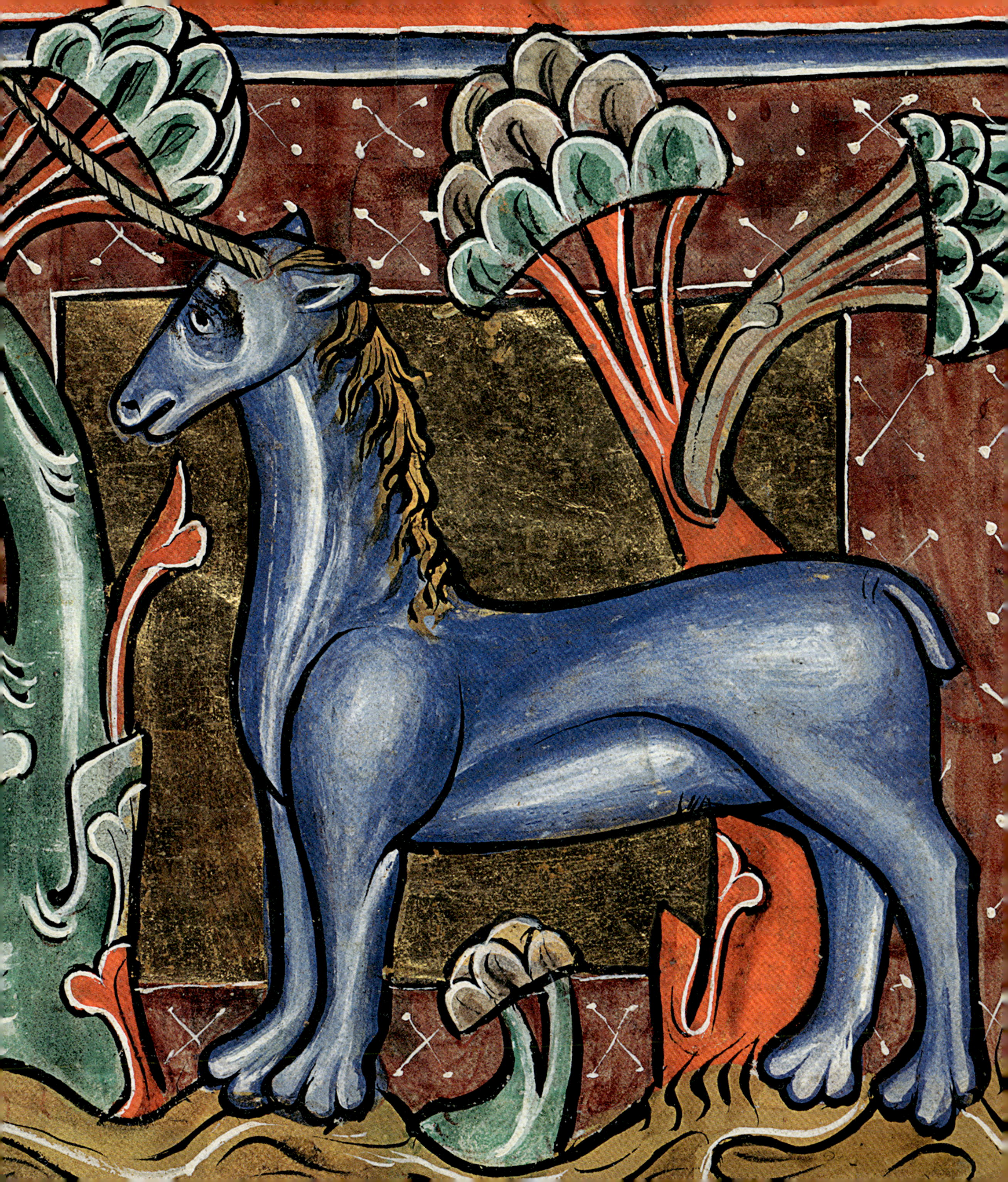

Sunt et q̃s uocant satyros facie admodũ grata gesticu
latis motibꝫ inquiete. Callitrices toto pene aspectu a ce
teris differt. In facie barba. ē. lata cauda. Os capere ñ. ē. ar
duum. sed pferre rarũ. Neq; uiuunt in altero q̃m in ethio
pico hoc est suo celo.

Cerui.

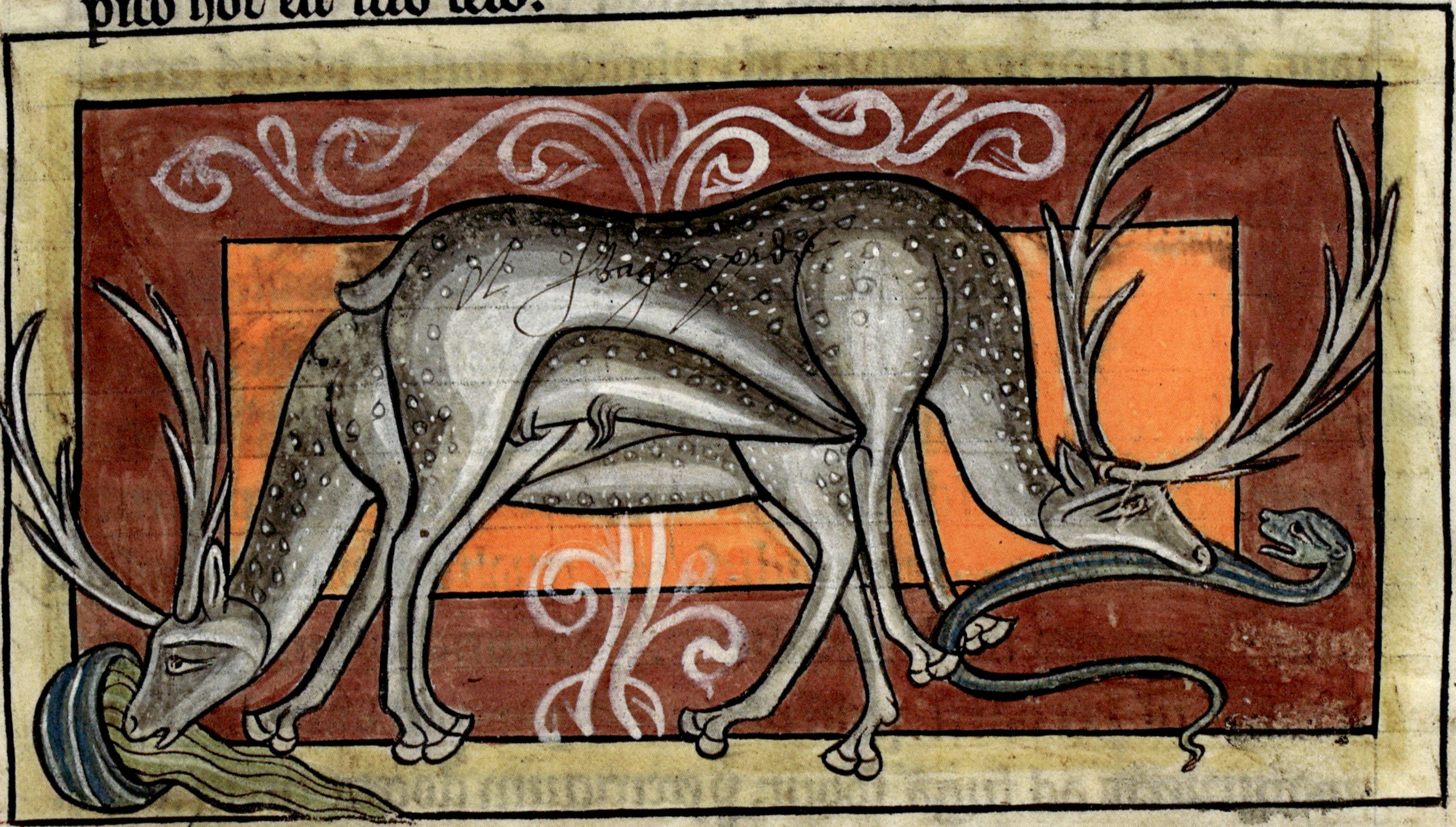

Cerui dicti a ποτοῦ ceraton id ē a cornibꝫ. cerata enim gre
ce cornua dicuntur. Hi serpentium inimici. cũ se graua
tos infirmitate psenserint spu narũ eos extrahunt de cauernis. et
supata pnicie ueneni eoꝝ pabulo reparant. Dictamnũ herbã
ipsi pdiderunt. eo nã pasti excutiunt acceptas sagittas. Mirã
tur autẽ sibilũ fistulaꝝ. rectis auribꝫ acute audiunt. submis
sis nichil. Cerui etiã hanc naturã hñt. quod p amore alterius
pĩe mutant pascua sua et se sẽuicarie sustentant. si quando

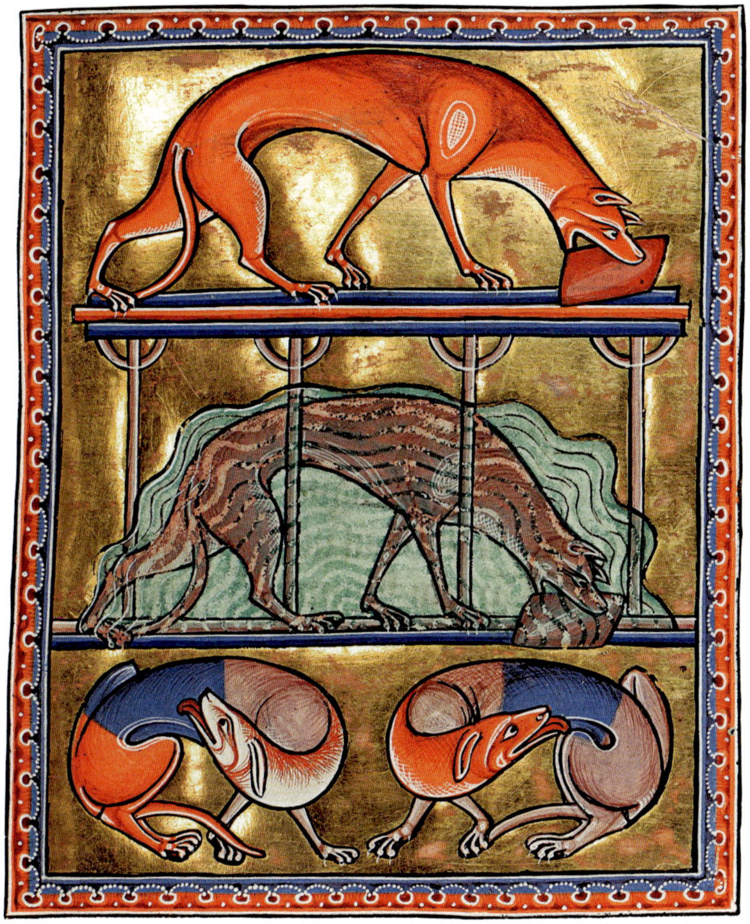

QU'EST-CE QU'UN BESTIAIRE ?

On désigne sous le nom de *bestiaire* un ouvrage qui se propose de décrire les « propriétés » *(proprietates)* d'un certain nombre d'animaux et d'en tirer des enseignements moraux et religieux. Ces propriétés – réelles ou imaginaires – concernent à la fois l'aspect physique de l'animal et son comportement, ses mœurs, ses relations avec les autres espèces, voire avec les humains. Elles concernent également toutes les croyances ou légendes qui l'entourent. Le lion, par exemple, passe au Moyen Âge pour dormir les yeux ouverts. Par là même, la plupart des bestiaires en font un symbole de vigilance et expliquent ainsi sa présence aux portes des églises ; d'autres vont jusqu'à le comparer au Christ, qui dans son tombeau ne dort pas mais attend sa Résurrection, et même à Dieu, qui conserve toujours les yeux ouverts et qui, comme le proclame le Credo, « garde l'homme de tout mal ». Inversement, le porc, qui ne pense qu'à manger et qui fouille constamment le sol à la recherche de nourriture, sans jamais lever les yeux vers le ciel, est l'image de l'homme pécheur qui préfère les biens matériels de ce monde à la contemplation de Dieu et à l'espérance du monde à venir.

Ainsi se développe le discours des bestiaires : partant d'observations ou de croyances concernant tel ou tel animal, voire plus simplement de son nom ou de son aspect, il procède par comparaisons, métaphores, étymologies ou similitudes pour se livrer à des considérations morales ou religieuses. En ce sens, il est le parfait reflet de la pensée médiévale, qui se construit presque toujours autour d'une relation de type analogique, c'est-à-dire une relation appuyée sur la ressemblance – plus ou moins fondée – entre deux mots, deux notions, deux objets, ou bien sur la correspondance entre une chose, un fait ou un être et une idée. Cette pensée analogique médiévale s'efforce d'établir un lien entre quelque chose qui est apparent et quelque chose qui est caché ; spécialement, entre ce qui est présent dans le monde d'ici-bas et ce qui a sa place parmi les vérités de l'au-delà. Un mot, une forme, une couleur, un nombre, un animal, un végétal et même une personne peuvent ainsi être revêtus d'une fonction symbolique et par là même évoquer, représenter ou signifier autre chose que ce qu'ils prétendent être ou montrer. L'exégèse consiste à cerner cette relation entre le matériel et l'immatériel et à l'analyser afin de retrouver la vérité cachée des êtres et des choses.

Pour les bestiaires, étudier l'animal consiste donc d'abord à le décrire puis à rechercher et dévoiler ses significations cachées, en s'appuyant sur la Bible – la plupart des bestiaires sont remplis de citations bibliques –, sur les Pères de l'Église et sur les auteurs païens faisant autorité. Chaque animal apparaît comme la figuration d'une autre chose qui lui correspond sur un plan supérieur et dont il est le symbole. Le lion est ainsi non seulement l'image de Dieu ou du Christ, mais aussi le symbole du pouvoir, de la justice,

Le cerf, ennemi du serpent
Bestiaire Harley
Angleterre, vers 1230
Londres, The British Library, Ms. Harley 4751, fol. 12

Pour la symbolique médiévale, le cerf, attribut du Christ, est l'ennemi du serpent, vedette du bestiaire du Diable.

Page d'un bestiaire enluminé
Bestiaire d'Aberdeen : le chien
Angleterre du Nord, vers 1200
Aberdeen, The University Library, Ms. 24, fol. 19

La plupart des bestiaires latins copiés en Angleterre aux XIIe et XIIIe siècles sont enluminés. Chaque animal, ou presque, a droit à une miniature. Pour certains, jugés plus importants, la miniature est de grande taille et divisée en plusieurs registres.

de la vigilance et de la largesse. L'ours, son rival pour le titre de roi des animaux, est au contraire une incarnation du Diable et le symbole de plusieurs vices : gloutonnerie, paresse, colère, luxure. Beaucoup d'animaux ont une symbolique ambivalente. Les bestiaires vantent ainsi le courage du sanglier, mais lui reprochent sa fureur et sa colère. Le cerf, bien que doté d'une forte dimension christologique, est présenté comme un animal à la sexualité exacerbée. Quant au coq, admirable pour défendre ses poules contre des ennemis bien plus forts que lui, il est vaniteux et ridicule sur son fumier. En outre, son chant n'est pas toujours signe de joie. Nous verrons que cette symbolique ambivalente, voire ambiguë, est aussi celle de la licorne.

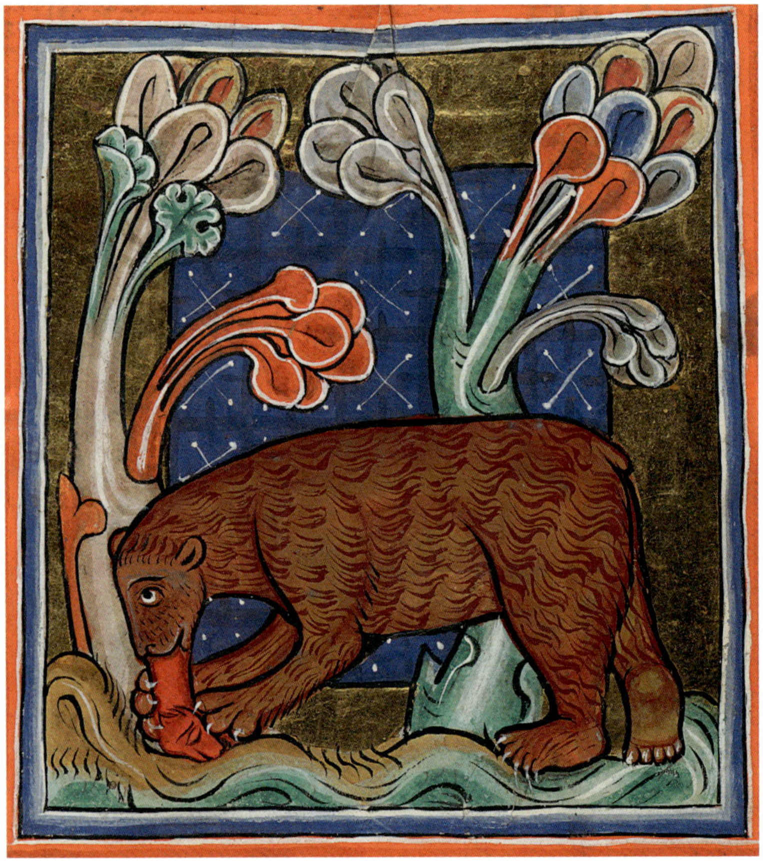

Dans les bestiaires, la Bible est citée à tout propos. Les animaux, il est vrai, y sont omniprésents, spécialement dans l'Ancien Testament, où ils interviennent soit pour eux-mêmes, soit sous forme de métaphores ou de comparaisons. Toutefois, l'ancêtre des bestiaires médiévaux n'est pas la Bible mais le *Physiologos* grec dont nous avons parlé au chapitre précédent. Compilé au IIe siècle de notre ère et rapidement traduit en latin, il reçut le nom de *Physiologus* (« Le Naturaliste ») et, plus que le texte grec, fortement allégorique et pas toujours limpide, c'est cette version latine qui constitue la matrice de presque tous les bestiaires du Moyen Âge, qu'ils soient latins ou vernaculaires. Sur le noyau primitif, nous l'avons vu, sont venus s'ajouter au fil des siècles différents emprunts faits aux Pères de l'Église, ainsi que des extraits de l'*Histoire naturelle* de Pline (Ier siècle), de la *Collection de choses remarquables* de son abréviateur Solin (IIIe siècle) et des *Étymologies* d'Isidore de Séville (VIIe siècle), trois textes fondateurs de la culture occidentale. Quelques emprunts furent également faits à la littérature médicale, notamment aux œuvres de deux grands médecins de l'Antiquité : Dioscoride (Ier siècle) et surtout Galien (IIe siècle).

Ces additions successives donnèrent naissance à un genre de livre particulier qui, dès avant l'an mille, reçut le nom de *Bestiarium* (« Livre de bêtes »). Mais derrière une unité apparente – un discours sur les animaux – se cache une assez grande diversité de propos et de classement, d'autant qu'au fil du temps de nouveaux emprunts et de nouveaux développements n'ont jamais cessé de s'ajouter aux compilations précédentes. Quelques auteurs proposèrent même différentes versions en vers du texte latin du *Physiologus*. En Italie, aux XIe et XIIe siècles, de telles réécritures versifiées furent particulièrement à l'honneur en milieu monastique. Plus tard, au XIIIe siècle, ce fut Aristote qui fut abondamment sollicité. On venait de redécouvrir, en plusieurs étapes, par le biais des traductions arabes, ses textes sur l'histoire, la génération et l'anatomie des animaux. De nombreux passages lui furent empruntés et, accompagnés ou non des commentaires du philosophe et médecin arabe Averroès, peu à peu intégrés

Ourse léchant ses petits
Bestiaire Bodley
Angleterre, vers 1230-1240
Oxford, The Bodleian Library, Ms. Bodley 764, fol. 22 v°

Tous les bestiaires racontent comment les oursons naissent morts-nés parce que leur mère met bas trop tôt. Cette dernière les ramène à la vie en les réchauffant de son souffle et en les léchant longuement.

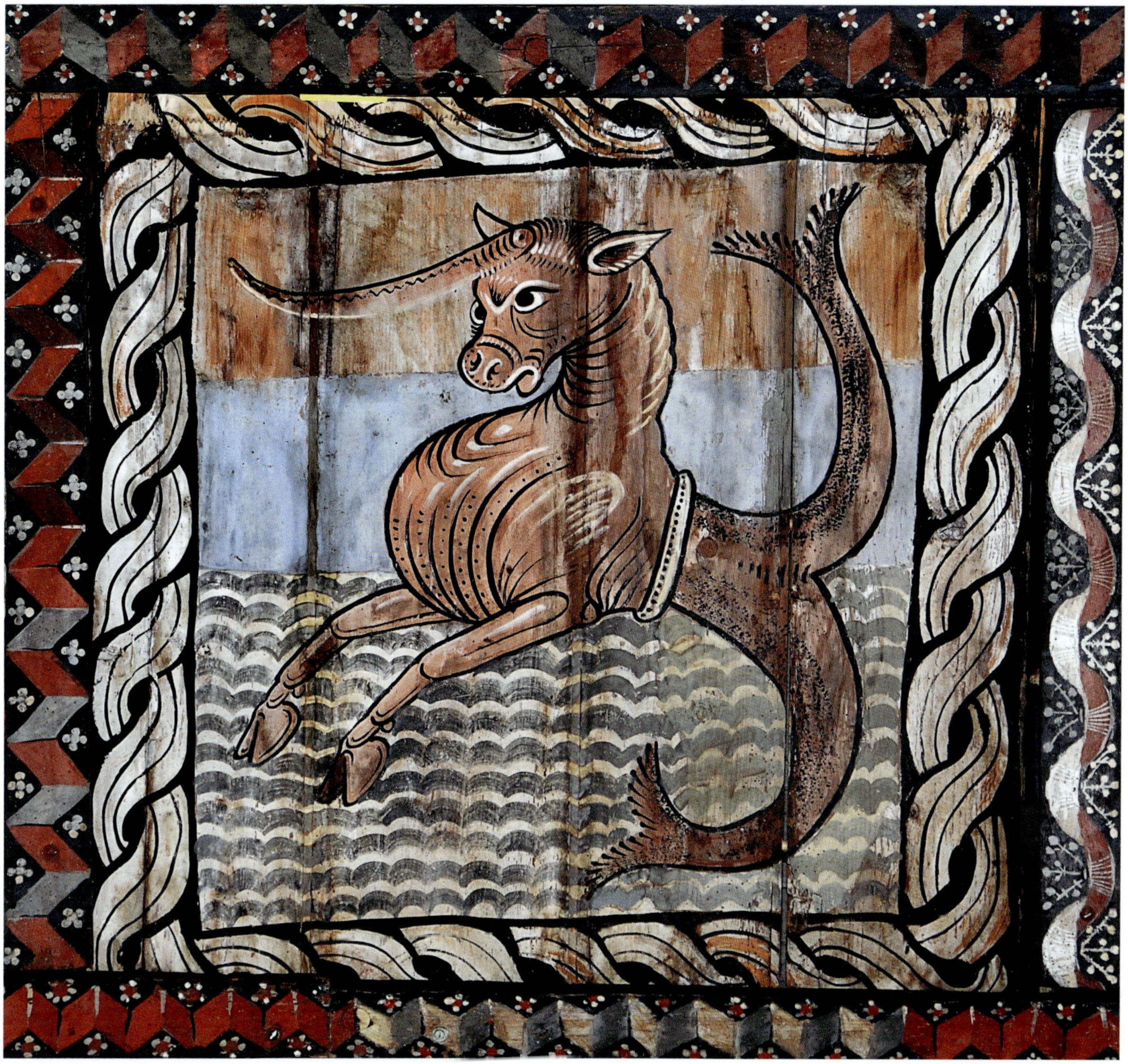

aux textes de plusieurs bestiaires. Tous ces enrichissements et remaniements ont conduit les érudits modernes à distinguer parmi les bestiaires latins plusieurs familles, branches et sous-branches. Selon le classement des animaux adopté, selon que les emprunts à Pline ou à Isidore de Séville sont plus ou moins importants, selon que l'influence des textes des Pères (Ambroise, Augustin) est plus ou moins forte, selon que le texte devise d'un grand nombre d'animaux ou seulement de quelques-uns, on parle de telle famille, telle branche, telle tradition. Ces classements et reclassements évoluent du reste sans cesse au fil des enquêtes et des recherches et finissent par aboutir aujourd'hui à des typologies tellement fines qu'elles ne présentent plus guère d'intérêt pour l'étude du discours sur les animaux, seulement pour celle des manuscrits qui le contiennent. Étudier la transmission des textes et les variantes qui les accompagnent est une tâche utile, impérative même, mais à condition de ne pas perdre en route le but que l'on s'était assigné.

Licorne de mer
Zillis (Suisse), église paroissiale,
plafond de la nef, vers 1120

L'église de Zillis, dans le canton des Grisons, possède un riche plafond peint d'époque romane. On y voit un bestiaire inquiétant, composé d'animaux terrestres dotés d'un arrière-train aquatique ou d'une queue de poisson. La licorne de mer, pourvue d'une double queue, compte parmi les créatures les plus étranges.

mule concipe[re]. Meatum sup[er]... tas transit cum cibo i[n] mulab[us] in nutrimentu[m] corp[or]is eor[um]. Ipse u[er]o sa[n]guis quo no[n] indiget natura erit c[um] sup[er]fluitate uesice. Alia u[er]o ratio est quare concipe[re] no[n] possu[n]t mule. q[uia] a[n]i[m]al co[n]t[ra] natura[m] g[e]n[er]atum et eius natura diuersificata est. In eq[u]a qui calide nature est et in asina que su[m]me frigiditatis. Sic ergo p[ro]p[ter] esse i[n] fetu diu[er]sifice g[e]n[er]ato et male co[m]plexionato concordantia p[ar]tium et co[n]iuncta natura ut q[ui] ex se ipsa sibi si[mi]l[e] sibi simile generet qui nulla[m] p[ro]p[ri]am sui g[e]n[er]is sibi t[er]re d[omi]no sortitur. Licet ex his sibi entis equi et asini sit nature co[m]minculo g[e]n[er]atus. Mul[us] q[ua]nto plus uiuit q[uam] pullus est tanto maior fit et fortior. Plinius dicit ex duob[us] g[e]n[er]ib[us] diu[er]sis natura e[t] s[an]g[ui]nis fieri et neutr[um] penitu[s] esse similia eaq[ue] natura no[n] gignere in omni genere a[n]i[m]aliu[m] certu[m] e[st]. In annalib[us] romanor[um] est rep[er]ire sepe mulas s[ed] p[ro]digii loco h[ab]itum ut dicit plinius. Mule calcitrus inhibetur uini crebriore potu. De asino et equa g[e]n[er]antur muli et de asina et de equo burduli.

De monocerote.

Monocerotes ut dicit Solinus et Plinius monstru[m] est mugitu horrido equino

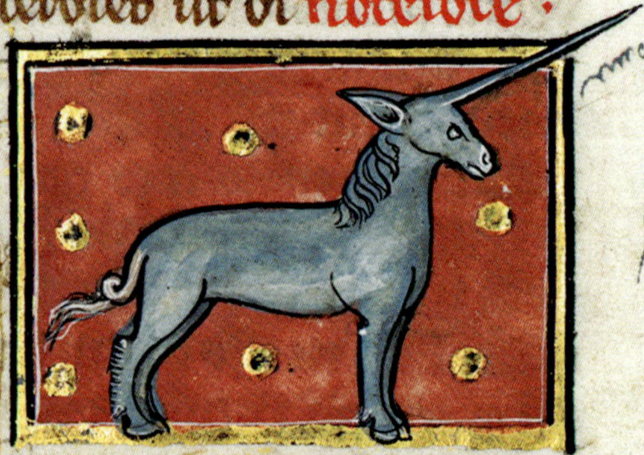

corpore elephantis pedib[us] cauda simili. capite ceruino. cornu ex media fronte p[ro]ducitur splendore mirifico. longitudine q[ua]tuor ped[um] acutu[m] ut quicquid impetat facile ...

p[re]mi s[ed] magis co[n]atur. Dicit tam[en] ... q[uo]d nu[m]q[uam] uiuu[m] uenit in hominis potestate et uti mi quidem possit s[ed] no[n] capi. Sauciati se cernens uitam finire.

De moloso.

Molosus bes[tia] ex uitia e[st]

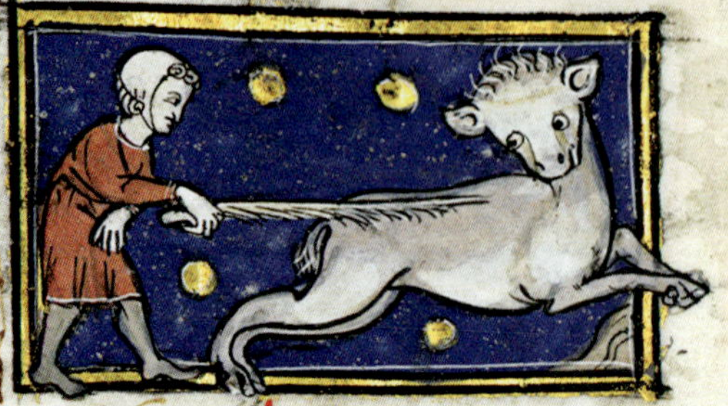

ut dicit Adelinus ad modu[m] magna q[ue] in plurib[us] orbis p[ar]tib[us] reperitur. Hec truculentos hostes quasi ad hoc creata p[er]sequit[ur]. Rictus magnos et ingentes fortes et p[ro]minentes cu[m] quib[us] audacter p[ar]tit[ur] bella cum aduersariis. Que cum ho[m]inib[us] fortib[us] tribulis et horrida sit audacter grassetur in obuios. tu[n]c p[ro]p[ter] i[n]nocentiam et cor[dis] puritatem inuiolabili p[er]horrescit fugitq[ue] cor[am] ... Et in hoc innocentie magnificentia co[m]p[ro]batur. et no[n] miru[m]. quia feritas bestiar[um] no[n] ad destruenda[m] innocentiam s[ed] ad puniendam nocentiam atq[ue] maliciam hominum est creata.

De mauricomorion.

Mauricomorion

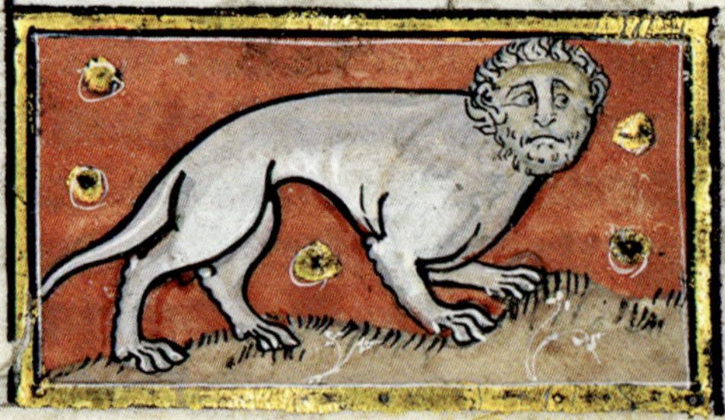

bestia est orientis ut dicit Az. cui magnitudo ut magnitudo leonis. Animal ferocissimu[m] et rubicundu[m] colore. Tres acies dentiu[m] h[abe]t. pedes eius ut pedes leonis et pili ipsius ut pili leonis. facies u[er]o eius et oculi et aures ut hominis sunt et oculi eius fusci coloris. Cauda eius ut cauda scorpionis agrestis et in cauda eius rubedo pua. Sonus oris eius uelut ...

Signe

beste grande / rouge coule[ur] / ... / quene de s...

Dès l'époque carolingienne, le texte des bestiaires latins commença à influencer ou à contaminer d'autres catégories d'ouvrages, notamment les encyclopédies. Plus ou moins longues, celles-ci ont toujours consacré une part importante de leurs chapitres aux animaux – c'était déjà le cas dans les encyclopédies antiques – mais cette part ne cessa de croître au fil des siècles, au point de devenir envahissante. Au XIIIe siècle, dans les grandes compilations encyclopédiques, elle occupe parfois les deux tiers, sinon les trois quarts, du propos, comme dans le *Liber de natura rerum* de Thomas de Cantimpré, vaste encyclopédie destinée aux prédicateurs dominicains et rédigée en deux versions entre 1228 et 1244. Aujourd'hui, il est impossible d'étudier les bestiaires latins du Moyen Âge sans étudier aussi les encyclopédies. Les deux genres sont inséparables, d'autant que certaines parties d'encyclopédies ont parfois une existence autonome et reçoivent, à leur tour, le nom de « bestiaires ».

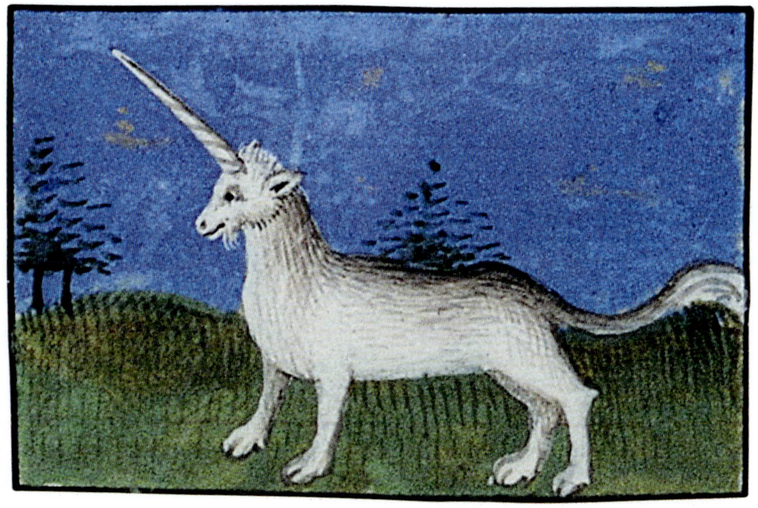

LA LICORNE DES BESTIAIRES ET DES ENCYCLOPÉDIES

Sur la licorne, les bestiaires latins des XIe et XIIe siècles et les grandes encyclopédies du XIIIe sont prolixes. Mais la description qu'ils proposent de cet animal merveilleux varie beaucoup. Certains auteurs lui donnent la taille et le corps d'un cheval, la tête du cerf, les pieds de l'éléphant, la queue du lion. Quelques-uns, au contraire, en font un animal de petite taille, semblable à un chevreau. D'autres la dotent d'une tête de bouc ou de chèvre ; d'autres, du corps d'une biche et de la queue d'un taureau ou d'un porc ; d'autres encore, des pattes du cheval : une bête qui court si vite ne peut avoir celles de l'éléphant ! Tous en font un animal hybride, qui emprunte les différentes parties de son corps à d'autres animaux. Mais elle seule possède au milieu du front une corne rectiligne, très brillante et très longue, trois pieds, quatre pieds, parfois plus. Cette corne a pour vertu principale d'éloigner les démons et de purifier tout ce qu'elle touche. En contact avec un corps venimeux ou une eau empoisonnée, elle se met à saigner. C'est une merveille de la nature très recherchée.

Nos bestiaires, presque tous anonymes, ne se contentent pas de décrire la licorne et de mettre en valeur les vertus de sa corne ; ils y ajoutent d'autres propriétés et attributs, des anecdotes, des commentaires. La licorne vit en Inde, solitaire dans la forêt. Elle déteste être vue et, plus encore, approchée. La capturer n'est pas aisé. Non seulement l'animal est farouche, orgueilleux et brutal, mais sa rapidité à la course rend vaine toute poursuite. Contrairement au renard, qui comme le diable se déplace en zigzaguant, la licorne avance toujours en ligne droite et se joue des obstacles placés sur son chemin. Elle peut faire des bonds plus hauts qu'une maison. Elle ne se lie guère avec les autres animaux, sauf avec la tourterelle, qui est son amie et sous le nid de laquelle elle aime venir se coucher. Tous les animaux cependant la respectent et viennent la remercier lorsque avec sa corne elle a purifié l'eau empoisonnée d'une source ou d'une rivière.

Page d'une encyclopédie enluminée
Thomas de Cantimpré, *Liber de natura rerum*
Cambrai, vers 1285-1290
Valenciennes, bibliothèque municipale, ms. 320, fol. 71

Les encyclopédies du XIIIe siècle sont moins souvent enluminées que les bestiaires. Quand elles le sont, les miniatures sont de petite taille.

Le pelage blanc de la licorne
Barthélemy l'Anglais, *Livre des propriétés des choses*
Paris, Bibliothèque nationale de France,
ms. fr. 22532, fol. 310 v°

Les descriptions de la licorne que font les bestiaires et les encyclopédies varient pour ce qui concerne son anatomie, mais tous les auteurs s'accordent sur la blancheur de son pelage, symbole de pureté et de virginité.

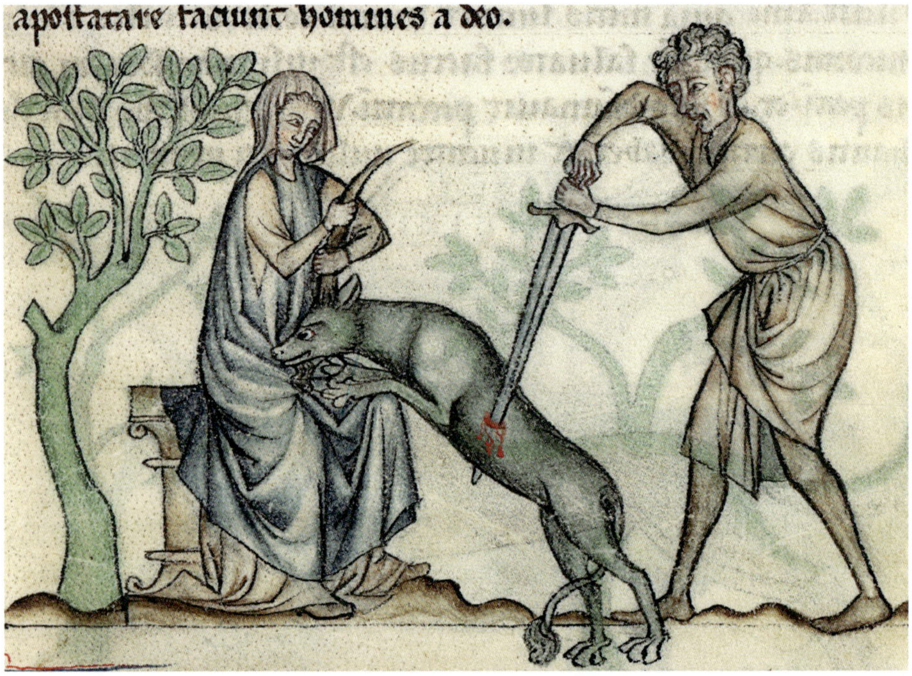

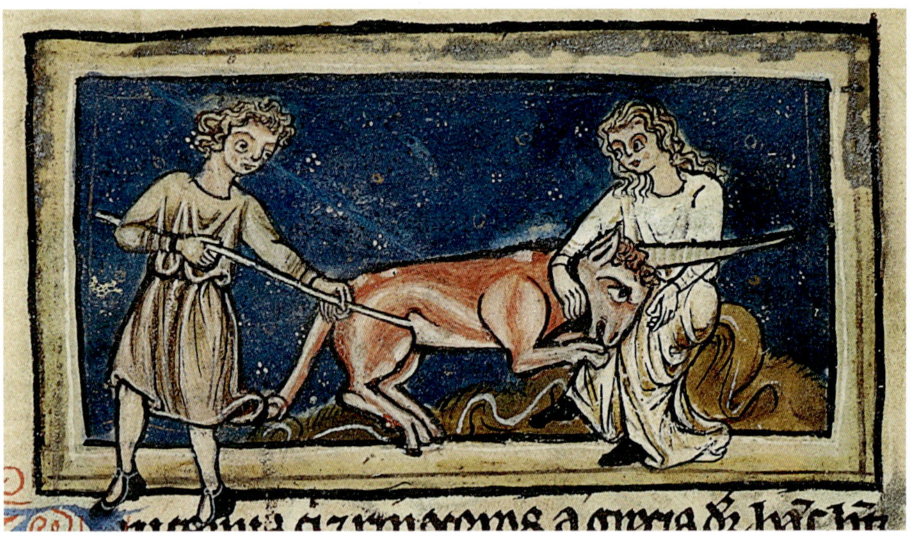

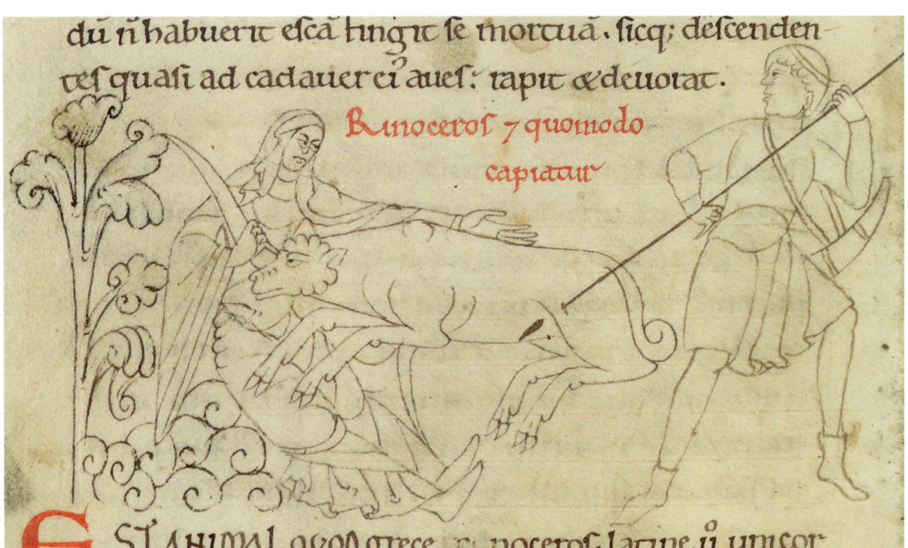

La chasse à la licorne

Liber de natura animalium
Cambrai, vers 1270-1275
Douai, Bibliothèque Marceline
Desbordes-Valmore,
ms. 711, fol. 4

Liber de naturis animalium
Angleterre, vers 1250
Oxford, The Bodleian Library,
Ms. Bodley 533, fol. 3

Isidore de Séville
Etymologiae
Angleterre, vers 1120-1130
Oxford, The Bodleian Library,
Ms. Laud. Misc. 247, fol. 149 v°

Bestiarium
Angleterre, vers 1220-1230
Cambridge, The Fitzwilliam Museum,
Ms. 254, fol. 17

Aviaire et bestiaire latins
France du Nord, vers 1260-1270
Londres, The British Library,
Ms. Sloane 278, fol. 46

Bestiarium
Angleterre méridionale, vers 1230-1240
Oxford, The Bodleian Library,
Ms. Bodley 602, fol. 14

Les bestiaires s'attardent longuement sur la chasse à la licorne, bête craintive et dangereuse qui ne peut être capturée que par la ruse. Sachant qu'elle est attirée par l'odeur de la virginité, les chasseurs installent au cœur de la forêt, dans une clairière, une jeune fille vierge et se cachent dans les fourrés alentour. La licorne sort de son repaire, vient poser sa tête sur le giron de la pucelle, puis s'endort. Les chasseurs s'approchent alors traîtreusement par derrière et capturent l'animal, ou bien le tuent, afin de s'emparer de sa corne merveilleuse. Si la jeune fille n'est pas vraiment vierge, c'est la licorne qui la tue puis s'enfuit au fond des bois.

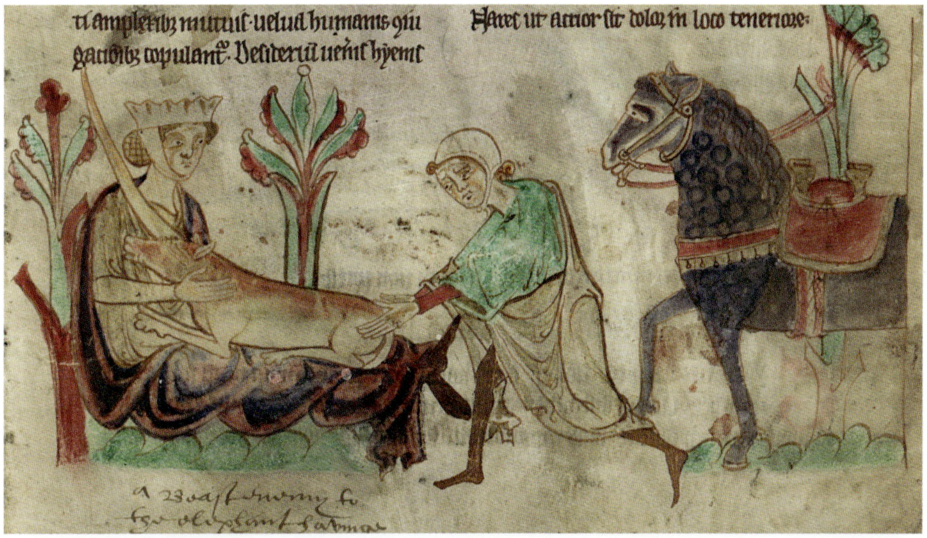

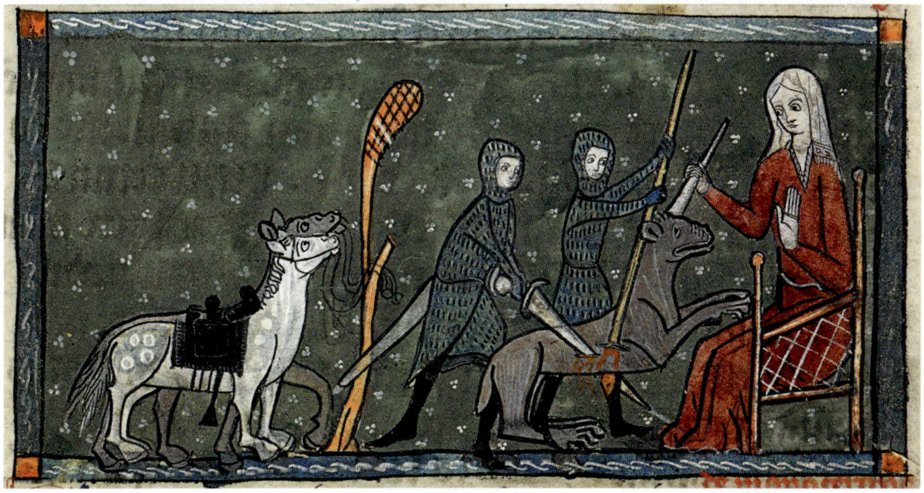

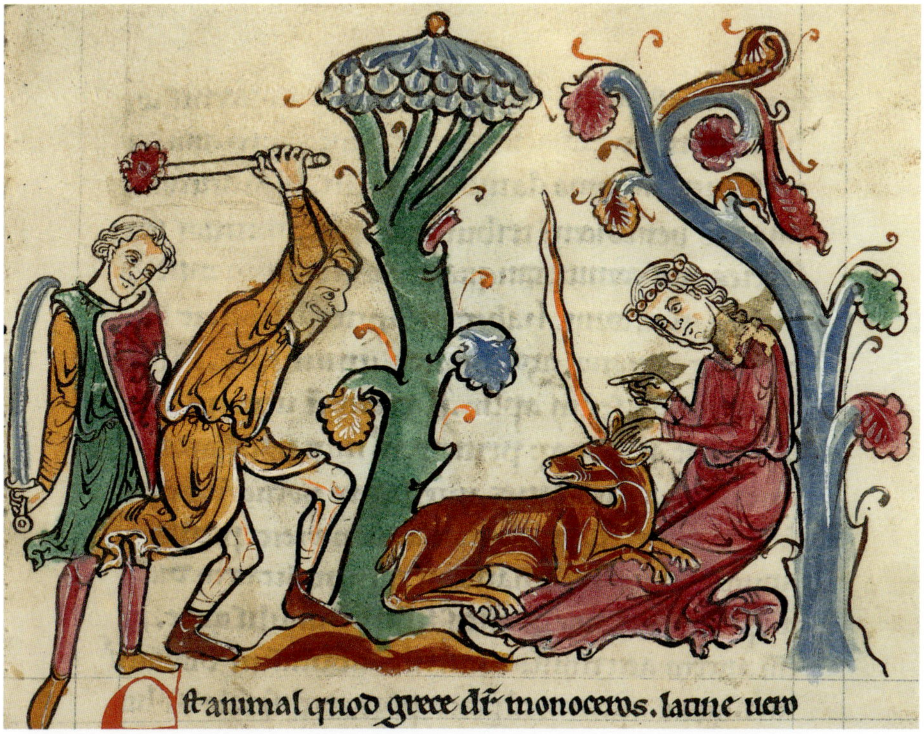
Est animal quod grece dr̄ monoceros. latine uero

in similitudinē carnis peccati. et de peccato dampna
uit peccatum. Unicornis sepe cum elephantis certa
men habet. et in uentrem uulneratum p̄sternit.

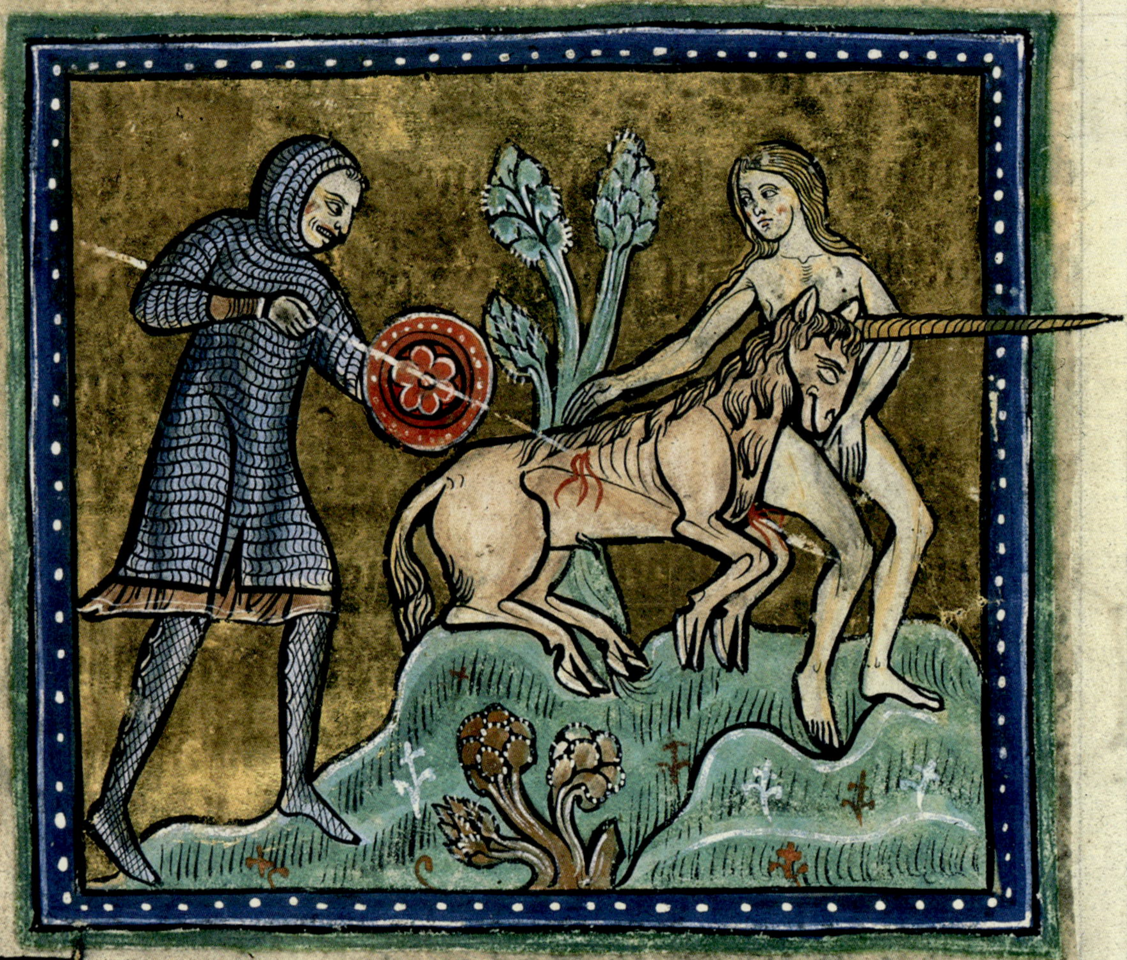

Lincis dictus: quia in luporum genere numera
tur. Est enim bestia maculis distincta: ut pardus.
sed similis lupo. Hui9 urinam conuerti in duri
ciam pretiosi lapidis dicunt dicunt qui ligurius
appellatur. Quod ꝛ ipsas linces sentire. uel docu

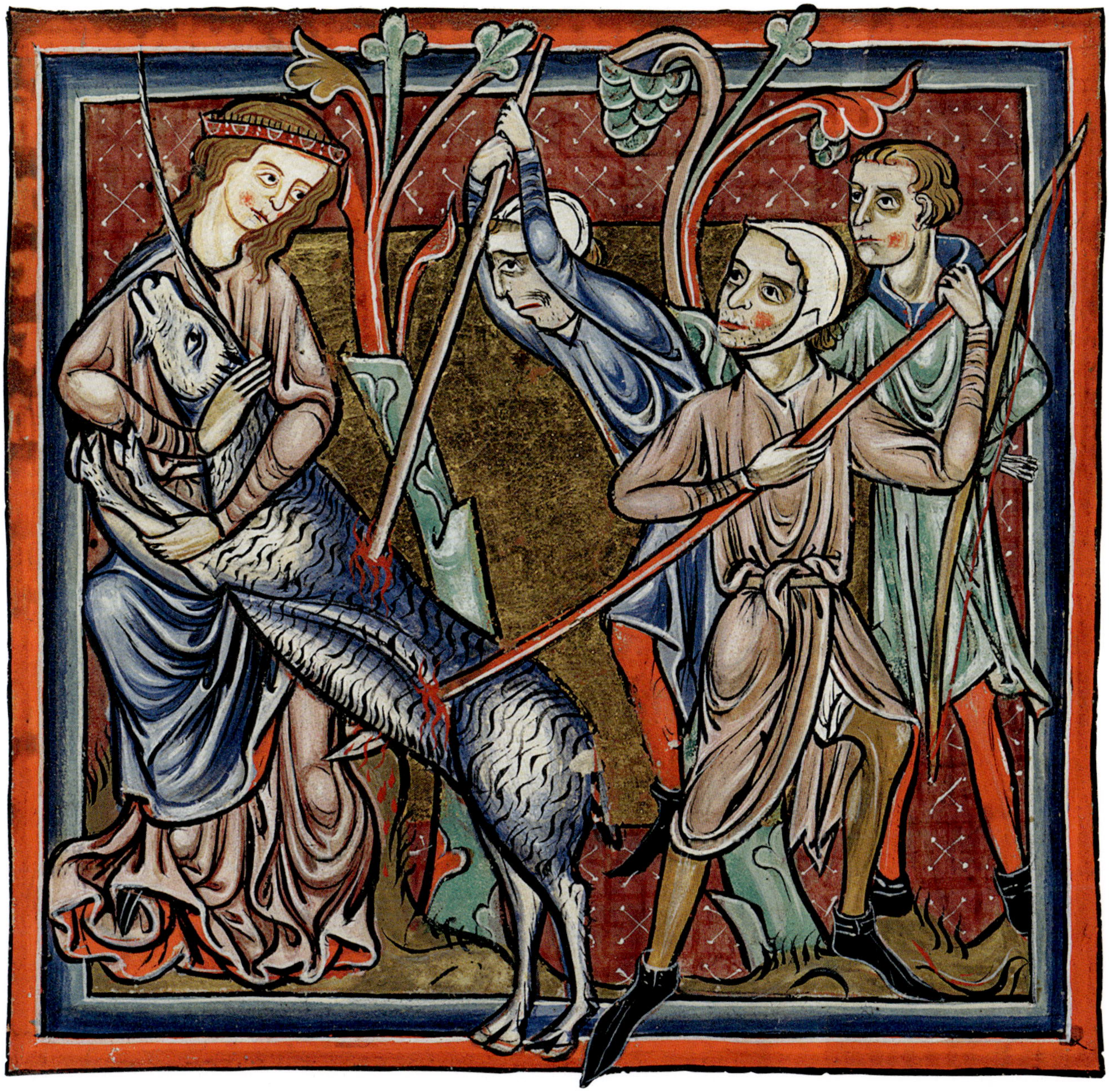

Bestiaire Rochester
Angleterre, vers 1230
Londres, The British Library,
Ms. Royal 12 F. XIII, fol. 10 v°

Bestiaire Bodley
Angleterre, vers 1230-1240
Oxford, The Bodleian Library,
Ms. Bodley 764, fol. 10

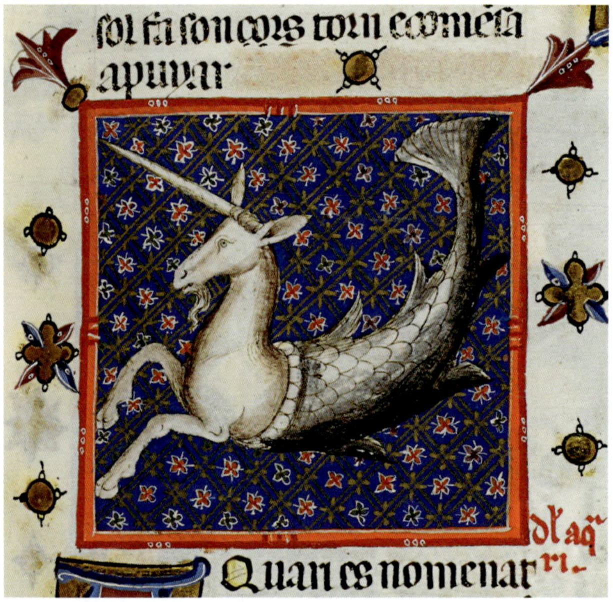

Ses deux seuls ennemis sont le dragon, qui la hait et la craint, et l'éléphant, dont elle passe pour être jalouse. Elle les combat tous les deux avec sa corne et avec ses sabots aiguisés, tranchants comme des lames.

Capturer une licorne vivante est impossible à moins de recourir à la ruse, c'est-à-dire à une pratique méprisable. Les chasseurs qui cherchent à s'approprier sa corne merveilleuse y ont recours pour parvenir à leurs fins. Ils savent que cet animal est attiré par l'odeur de la virginité féminine. Dans une clairière, ils font asseoir une jeune fille et se cachent dans les fourrés alentour. Attiré par l'odeur, l'animal sort de son repaire, vient s'agenouiller devant la pucelle, pose sa tête sur ses genoux ou sur son sein, puis s'endort. Les chasseurs en profitent pour le tuer traîtreusement ou bien pour le conduire vivant dans un enclos. Mais la licorne est si fière qu'elle refuse toute forme de captivité et se laisse mourir de faim et de chagrin. Si la jeune fille qui sert de proie n'est pas absolument vierge, si elle a déjà connu le plaisir charnel, la licorne entre en fureur, déjoue le piège et tue la malheureuse de sa corne effilée.

Tous les bestiaires s'accordent sur cette façon de chasser l'animal, déjà mentionnée par le *Physiologos*, et sur la symbolique qui s'y rattache : la licorne, c'est Jésus-Christ ; la jeune fille, c'est la Vierge ; son giron, c'est la Sainte Église, refuge des fidèles ; les chasseurs haïssables représentent les païens, les juifs, les hérétiques et tous les ennemis du Christ. Certains auteurs précisent que si la licorne est de petite taille, c'est parce qu'elle est à l'image de Jésus, qui s'est fait tout petit pour vivre parmi les hommes. S'il est impossible de l'attraper, c'est parce qu'il est impossible de connaître les volontés de Dieu. Quant à la corne unique qui pousse au milieu de son front, elle signifie que le Père et le Fils ne font qu'un : deux cornes sont donc inutiles.

Sur ce terrain de la symbolique et de l'exégèse, les bestiaires n'inventent rien : de telles gloses se rencontrent déjà chez les Pères de l'Église et chez leurs commentateurs. En outre, pour ce qui est de l'animal, de son anatomie et de ses mœurs, ils reprennent et développent ce qu'en ont dit leurs prédécesseurs antiques. Si la licorne n'est plus un âne sauvage, comme pour Ctésias ou Pline, si elle s'apparente davantage à un cerf ou à un cheval, voire à une chèvre, elle reste néanmoins une créature hybride, farouche, insaisissable, dotée d'un pelage blanc et d'une unique corne frontale. De leur côté, les encyclopédies distinguent soigneusement, comme le faisait Pline, la licorne du *monoceros*, animal plus massif et moins rapide, évoquant notre rhinocéros, ainsi que d'un énigmatique *egliceron*, autre animal unicorne mais de taille beaucoup plus petite et presque inoffensif[1].

Dès le XIIIe siècle, certains compilateurs d'ouvrages de zoologie affirment qu'il existe « une licorne de mer », pourvue d'une corne encore plus longue que la licorne terrestre, atteignant parfois la longueur de dix pieds (trois mètres). Plus tard, à l'époque moderne, les zoologues identifieront cet animal marin avec le cétacé que nous nommons aujourd'hui « narval » et qui fréquente les eaux de l'Atlantique entre l'Islande et le Groenland. Chez les mâles, en effet, l'incisive supérieure gauche prend une existence autonome et se

Licorne de mer
Ermengaud de Béziers, *Bréviaire d'amour*
Espagne du Nord, vers 1360-1370
Londres, The Bristish Library, Ms. Yates Thompson 31, fol. 48

Dans les images médiévales du zodiaque, le signe du Capricorne est parfois représenté par une licorne et même, comme ici, par une licorne de mer : avant-corps de cheval, oreilles d'âne, barbe de bouc ; arrière-train de poisson avec écailles, nageoires et queue marine.

développe en forme de corne torsadée pouvant atteindre jusqu'à deux ou trois mètres de long. Ce sont ces dents de narval, importées des mers froides, qu'au Moyen Âge et au début de l'époque moderne on prend pour des cornes de licornes. Nous en parlerons plus loin.

Si tous les bestiaires s'attardent sur la chasse à la licorne et condamnent la ruse perfide des chasseurs, tous ne voient pas dans l'animal une image christologique, ni même une créature positive. À la suite de Grégoire le Grand, ennemi de la licorne, quelques auteurs de l'époque carolingienne et des environs de l'an mille voient en elle une bête cruelle, une figure du Diable, « lequel est si terrible et si méchant qu'il ne peut être combattu que par l'odeur de la virginité, c'est-à-dire celle de la vertu[2] ». D'autres ajoutent que la licorne a pour ennemi mortel l'éléphant, animal vertueux auquel elle voue une haine implacable : quand elle le rencontre, elle aiguise sa corne contre une pierre et le frappe mortellement sous le ventre. Comment, nous dit un auteur anonyme du XIIe siècle, une bête qui s'attaque si méchamment à un animal admirable, doté de tant de mérites, pourrait-elle être une figure du Christ[3] ?

L'éléphant des bestiaires est en effet paré de toutes les vertus : la chasteté, la charité, le courage, la patience, la bienveillance, l'honnêteté, la générosité, le sens de la justice, sans compter l'intelligence et la force. Sa longue vie – plus de trois cent ans ! – est une suite d'exemples donnée à l'humanité pécheresse. Ainsi, contrairement à l'homme, l'éléphant ignore l'adultère, et sa chasteté est telle qu'il ne s'accouple avec sa femelle que dans un lieu bien précis, situé en Orient, non loin du paradis terrestre. Là, tous deux se nourrissent uniquement du fruit de la mandragore pendant de longues semaines afin de se purifier ; puis ils se cachent dans les fourrés pour commettre l'acte charnel procréateur sans que personne ne puisse les voir.

La plupart de nos auteurs n'expliquent pas les raisons de cette inimitié entre la licorne et l'éléphant. Quelques-uns, cependant, en rendent responsable la licorne elle-même et attribuent cette aversion à la jalousie. Notre animal, en effet, ignore tous les péchés sauf ce dernier. Dotée d'une seule corne, elle serait – supposent-ils – jalouse des deux « cornes » que son énorme concurrent possède dans sa bouche et qui l'aident à combattre et à se protéger. Profitant de ce que la sienne est longue et acérée, elle lui en transpercerait le ventre pendant son sommeil[4]. Par la suite, prise de remords, elle se laisserait mourir près du cadavre de sa victime. Les chasseurs – déloyauté abominable et triple méfait – en profiteraient alors pour s'emparer de trois cornes au lieu d'une.

Les bestiaires ne sont pas les seuls à présenter les défenses de l'éléphant comme des cornes. D'autres textes font de même. À la fin du Moyen Âge, par exemple, des récits de voyageurs ayant pris pied en Afrique de l'Ouest parlent des « immenses cornes d'ivoire » de cet animal, « dont on fait grand commerce ». De même, plusieurs traités de vénerie décrivent le sanglier comme un porc sauvage « qui tient des cornes dans sa bouche[5] ». Dans le discours médiéval sur les animaux, les cornes, comme les dents, poussent parfois dans des endroits inattendus.

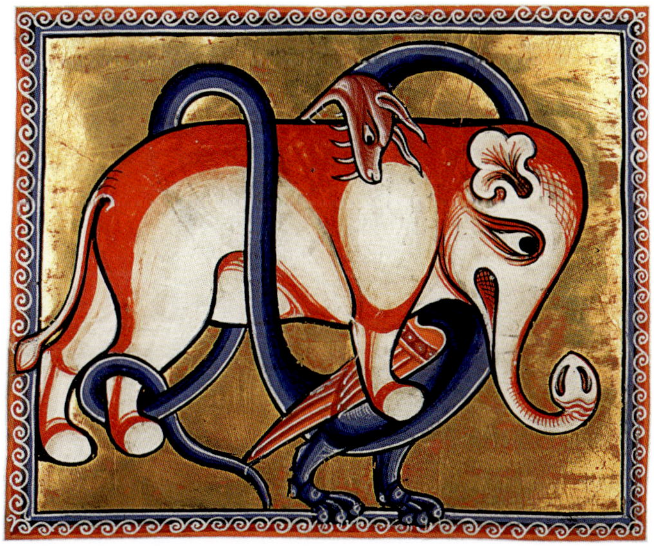

Combat de l'éléphant et du dragon
Bestiaire d'Aberdeen
Angleterre du Nord, vers 1200
Aberdeen, The University Library, ms. 24, fol. 65 v°

Dans la culture médiévale, l'éléphant est un animal doté de nombreuses vertus : chasteté, fidélité, intelligence, prudence, force. Son pire ennemi est le dragon, créature diabolique. Tous deux se livrent un combat acharné au cours duquel le dragon cherche à étouffer l'éléphant avec sa longue queue serpentiforme, tandis que ce dernier tente de lui percer le ventre avec ses défenses.

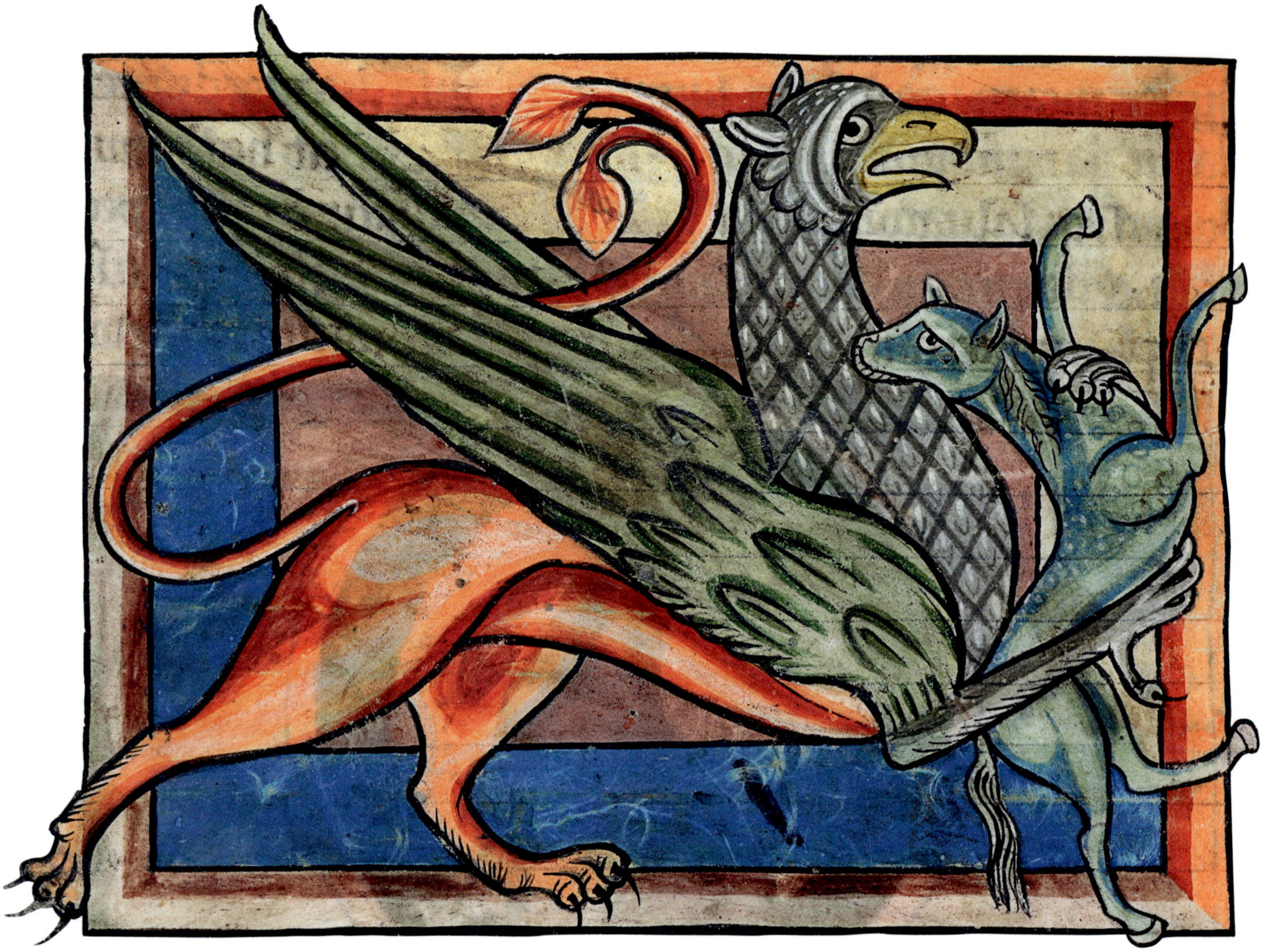

LA LICORNE N'EST PAS UN MONSTRE

La zoologie médiévale, en effet, n'est pas la zoologie moderne. Elle ne doit pas être étudiée – et encore moins jugée – à l'aune de nos connaissances actuelles, de nos sensibilités, de nos morales. Ce serait non seulement anachronique mais aussi absurde. Ce serait en outre montrer que l'on n'a rien compris à ce qu'était l'Histoire. Au demeurant, nos savoirs d'aujourd'hui ne sont pas des vérités mais seulement des étapes dans l'histoire des savoirs. Dans quelques siècles, le discours des zoologues les plus réputés de notre époque fera probablement sourire leurs successeurs, de la même façon qu'eux-mêmes sourient parfois des affirmations de leurs prédécesseurs du XIXe siècle. Ainsi va le temps : chaque époque croit être parvenue à la vérité, ou du moins à une certaine vérité.

Griffon
Bestiaire Harley
Angleterre, vers 1230
Londres, The British Library, Ms. Harley 4751, fol. 7 v°

Comme la licorne, le griffon est une créature hybride : avant-corps d'aigle, arrière-train de lion.

Monstres marins et fluviaux
Albert le Grand, *De animalibus*
Abbaye de Saint-Amand, vers 1280
Valenciennes, Bibliothèque municipale, ms. 320, fol. 115

Un certain nombre de bestiaires et d'ouvrages de zoologie mentionnent l'existence d'animaux aquatiques qui ont l'apparence de quadrupèdes terrestres mais dont les pattes arrière sont remplacées par une queue de poisson ou de serpent.

adunt. stam crocodillor tenos ue
tres feriatis custis secant et interi
mit. Crocodilli uo in aquis uidet
obtusius. in tra uo acutissime uidet.

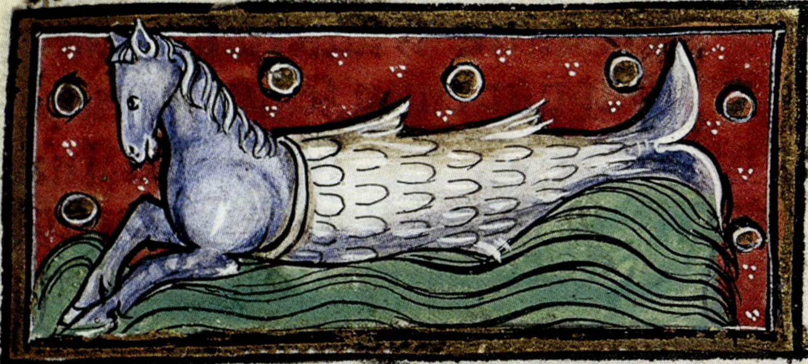

Equus maris **De equus maris**
monstrum est magnum
et forte multu. Hoc monstru q
omnia fere marina monstra fortis
simu est. nichilq extra aqua pot
ut dicit ar. s statim ubi natura
caruit aquar. carebit et uita. Pri
forma equi hit et hoc in superioribz
Postior uo ps eius termiat i piscis
naturam. Viuit carnibz aliorum
piscium. In pugna crudele est. s ho
mine timet et contra eum perti
ri bella formidat. **De equonillo
monstro nili fluminis**

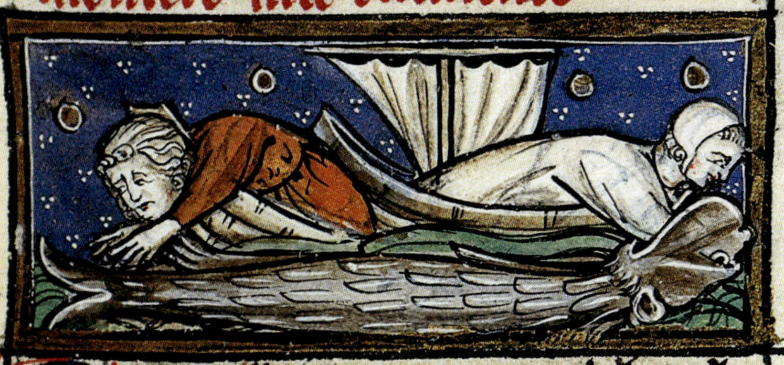

Equonillus ut dicit mychael
in flumine nili monstru est
ingens et ferocissimu in nullo flumie
hitans. Crura et pedes et ungues
ut cocodrillus hit. s multo meiora

datur. qd hec bestia rarissime i
ueniunt. Nullis instrumentis capi
poss nisi tm reti ferreo ex cathe
nis qd apud damascenos in hoc
opus miro arte fabricatu est
Captum uo malleis tm ferreis
occidit. Pellis eius unius cubiti
spissitudine hre dicitur. tanteq ee
duritie ut nullo iaculo uel ar
matura possit penetrari. **De equo fluuis**

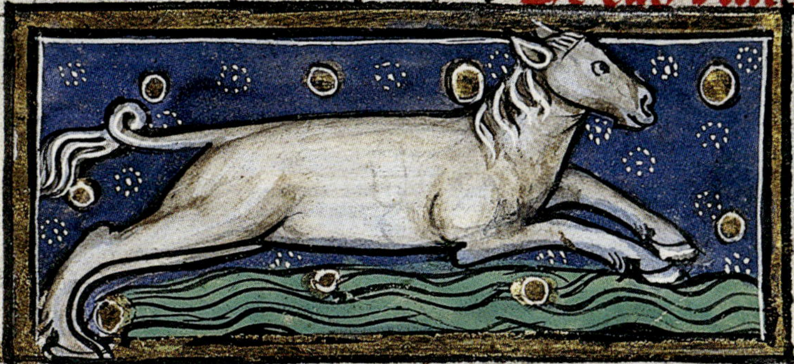

Equus fluminis ut dicit ar.
monstru est in orientalibz pti
bz forma mirabili. In tra et i aqs
equalit manere pt. Ht aut dentes
ut equus. pedes eius fissi sunt. et
hit sotulares ut uacca. et est subli
mis faciei. et caudam hit ut porc.
et hinnit ut equs. Corium eius
ualde grossum. et interiora eius ut
equi. magnitudo aut ei ut asini est.

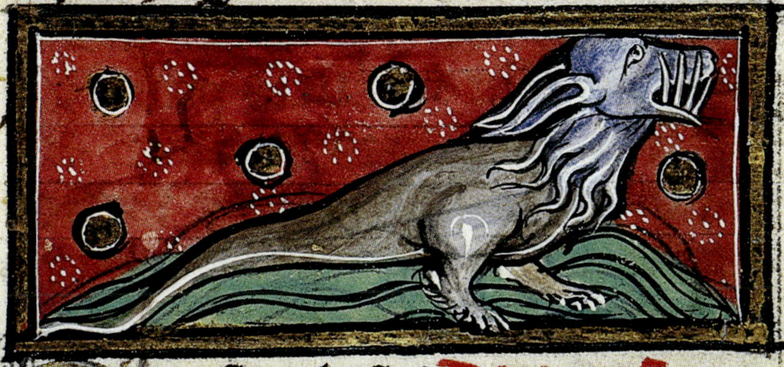

Exposita bestia **De exposita**
in illa pte maris est que Tda
cum pfluens opido ioppen alludit

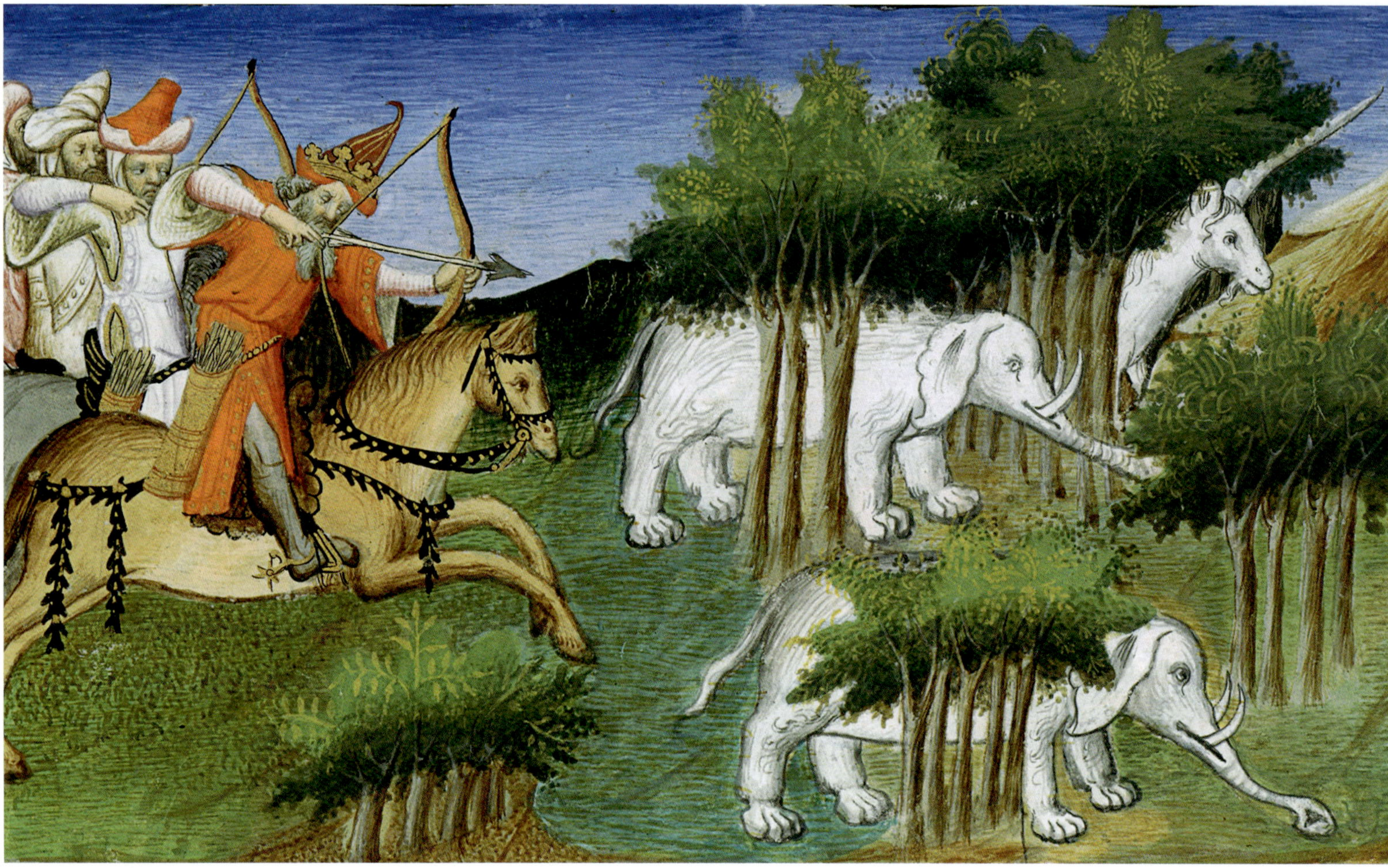

Chasse à la licorne et à l'éléphant
Marco Polo, *Le Livre des merveilles*
Paris, vers 1410
Paris, Bibliothèque nationale de France,
ms. fr. 2810, fol. 59

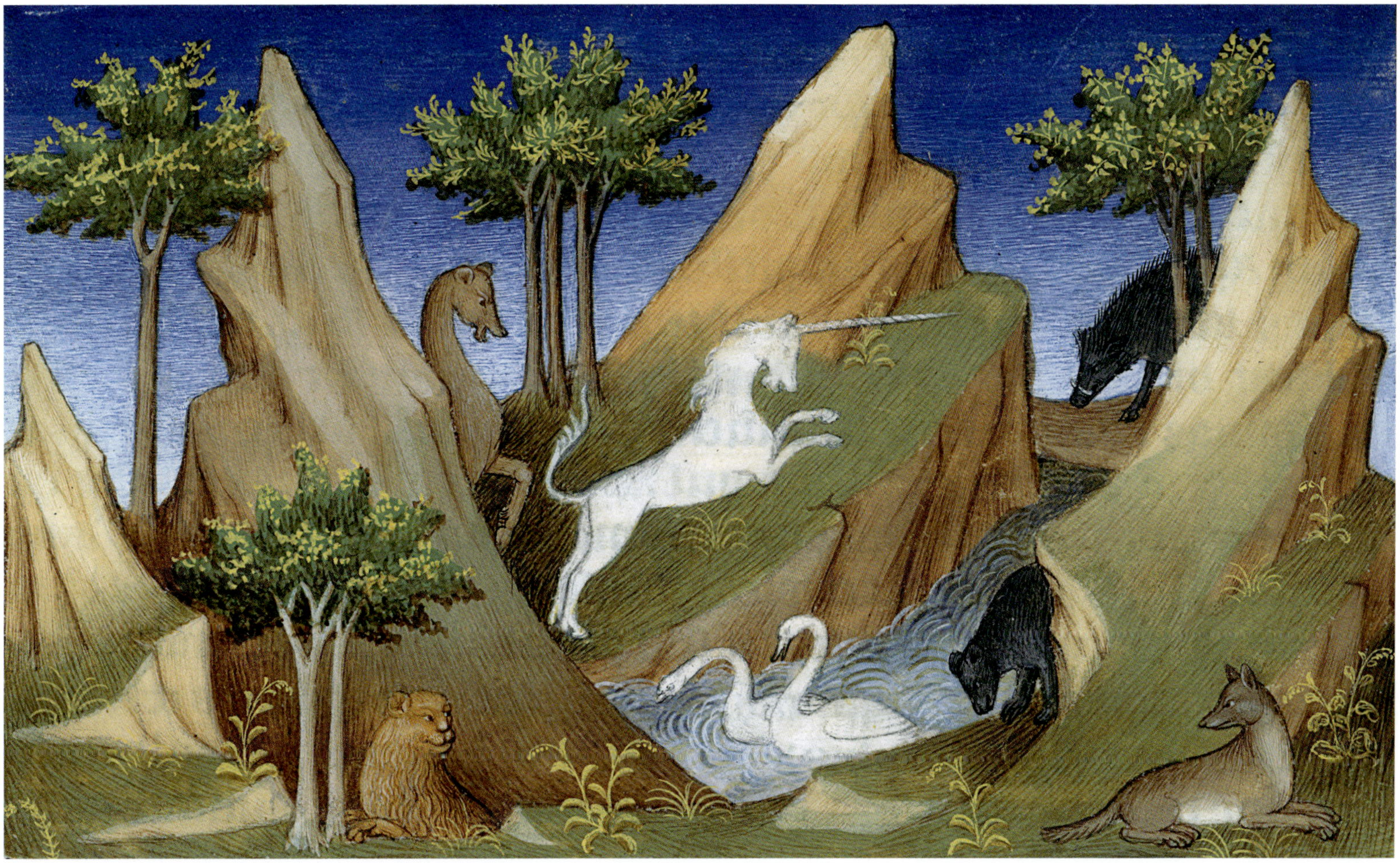

La faune sauvage du royaume de Malabar
Marco Polo, *Le Livre des merveilles*
Paris, vers 1410
Paris, Bibliothèque nationale de France,
ms. fr. 2810, fol. 85

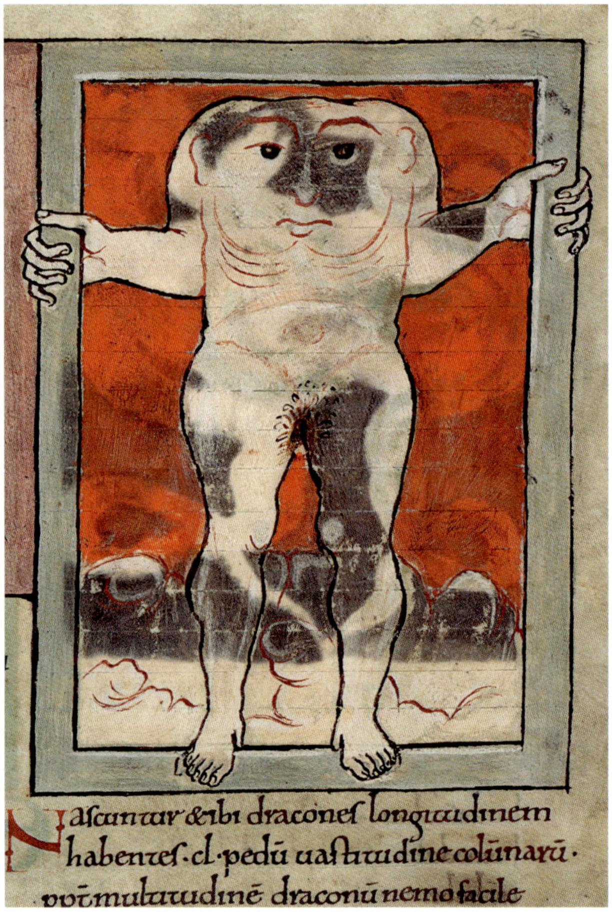

Mais celle-ci n'est jamais définitive, ni univoque. L'historien le sait, qui doit constamment en tenir compte, non seulement dans ses enquêtes mais aussi dans ses réflexions. Tout au plus peut-il faire des comparaisons. Il lui faut accepter que la science se définisse et se pratique différemment selon les périodes et selon les sociétés.

Contrairement à une idée reçue, les hommes du Moyen Âge savent très bien observer la faune. Mais avant le XIVe ou le XVe siècle, ils n'ont pas idée que l'observation ait un rapport avec le savoir, encore moins qu'elle puisse les conduire à la « vérité » des êtres et des choses. Cette dernière ne relève pas de la physique mais de la métaphysique : le réel est une chose, le vrai en est une autre, différente. En outre, les artistes et les imagiers, qui savent fort bien représenter les animaux de manière réaliste, ne le font guère avant la fin du Moyen Âge parce que les représentations conventionnelles – celles que l'on voit dans nos bestiaires enluminés – sont, à leurs yeux, plus importantes, plus authentiques, plus « vraies » que les représentations naturalistes. Pour la culture médiévale, l'exact n'est pas le vrai. Au reste, pour l'historien, qu'est-ce au juste qu'une représentation réaliste sinon une forme de représentation conventionnelle parmi d'autres ? Elle n'en est pas le contraire, et sa diffusion à la fin du Moyen Âge ne constitue pas un progrès. Faute de l'admettre, on ne comprendrait rien ni à l'art médiéval ni à l'histoire des images. Dans l'image, tout est convention, y compris le réalisme ou le naturalisme.

L'historien de la zoologie médiévale doit se souvenir que des notions qui nous sont aujourd'hui familières sont alors inconnues. Ainsi la notion de mammifère, que certes Aristote discernait déjà plus ou moins, mais dont il ne faisait pas un élément essentiel de ses classifications. Le Moyen Âge l'ignore totalement. Il faut attendre l'époque des Lumières pour que quelques savants, tel Linné, lui accordent une certaine importance dans l'organisation du monde animal. Ainsi également les notions de reptile, de batracien, de cétacé qui n'émergent vraiment qu'au tournant du XVIIIe au XIXe siècle et qui conduisent tardivement à séparer ou à regrouper des espèces dont la parenté était longtemps demeurée incertaine. Ainsi encore la notion d'insecte, inconnue des savoirs antiques et médiévaux ; elle n'émerge vraiment qu'au XVIe siècle, donnant peu à peu naissance à un domaine spécifique des études de zoologie : l'entomologie.

Aucune de ces catégories ne peut être projetée telle quelle, sans précaution aucune, sur le savoir médiéval. Les auteurs de bestiaires et d'encyclopédies ordonnent et décrivent le monde animal selon d'autres critères.

Monstre humain
Livre des merveilles de l'Orient
Angleterre, vers 1120-1130
Londres, The British Library,
Ms. Cotton Tiberius B. V, Part 1, fol. 82

Plusieurs bestiaires mentionnent l'existence de monstres humains vivant aux confins de la terre, près du grand océan circulaire : centaures, sirènes, cyclopes, sciapodes. Certains de ces monstres n'ont même pas de nom, tel celui-ci, dépourvu de tête et portant son visage sur la poitrine.

Leurs classements diffèrent profondément des nôtres, hérités pour l'essentiel de systèmes proposés par les grands naturalistes des XVIIIe et XIXe siècles.

Comme les auteurs grecs et romains, ceux du Moyen Âge distinguent le plus souvent cinq grandes familles : les quadrupèdes, les oiseaux, les poissons, les serpents et les vers. Toute espèce prend place dans l'une de ces catégories, dont les contours sont larges, mouvants, ouverts. Les « poissons », par exemple, comprennent non seulement les poissons proprement dits mais aussi la plupart des créatures vivant dans les eaux, y compris les mammifères marins, ainsi que des êtres qui sont pour nous totalement chimériques : la sirène, le moine de mer, l'énigmatique *serra*. Quant aux vers *(vermes)*, ils comprennent tous les animaux de petite taille qui n'entrent dans aucune des catégories précédentes : larves et vermines, mais également rongeurs, insectes, batraciens, gastéropodes.

La licorne, quant à elle, est toujours rangée au nombre des quadrupèdes, en général parmi les quadrupèdes sauvages qui vivent dans les bois et les forêts. Mais nos auteurs ne la font pas voisiner avec le cerf, l'ours, le loup ou le sanglier. Ils savent qu'elle ne se rencontre pas en Europe mais qu'elle vit dans des pays lointains, l'Inde, l'Éthiopie, l'insituable royaume du Prêtre Jean, voire les confins du Paradis. C'est un animal exotique que seuls les grands voyageurs prétendent avoir aperçu. Marco Polo affirme en avoir vu plusieurs dans l'île de Sumatra, au cours du périple qu'il fit en Asie à la fin du XIIIe siècle. Il les a trouvées laides, étranges et ne ressemblant aucunement à l'image qu'en donnent habituellement les bestiaires et les encyclopédies :

« Les habitants de Sumatra ont des éléphants et des licornes, celles-ci pas plus grandes que ceux-là. Elles ont un pelage semblable à celui du bœuf sauvage, les pieds comme ceux de l'éléphant et, au milieu du front, une corne grosse et blanche. Avec cette corne elles ne font aucun mal, mais elles en font avec leur langue car celle-ci est pourvue de grandes épines. Les licornes ont en outre une tête semblable à celle du sanglier et l'inclinent constamment vers le sol. Généralement elles se tiennent près des lacs et des marais. Ce sont des bêtes affreuses, horribles à regarder, et contrairement à ce que l'on dit, elles ne se capturent pas du tout en les attirant dans le sein d'une pucelle[6]. »

Cette description invite à penser que Marco Polo a vu à Sumatra non pas des licornes mais des rhinocéros. Les pieds sont massifs, la corne est grosse et non pas longue, la tête ressemble à celle du sanglier : l'animal est hideux et ne correspond pas à l'image qu'il se fait d'une licorne. Ce que souligne sa dernière remarque : on ne le capture pas en ayant recours à la ruse des chasseurs telle qu'elle est racontée par les bestiaires. Certains historiens ont parfois douté que Marco Polo ait vraiment accompli ses voyages lointains en Asie. À eux seuls, ce portrait du rhinocéros et la notation qui l'accompagne confirment, si besoin était, qu'il s'est bien rendu à Sumatra et qu'il a observé la faune locale.

Revenons à nos bestiaires. Composite, insolite, farouche et parfois redoutable, la licorne médiévale n'est cependant pas un monstre. Là-dessus s'accordent tous les auteurs. Au reste, les curieux *libri monstrorum* (« livres de monstres ») que le Moyen Âge nous a laissés en assez grand nombre n'en parlent jamais. De même, les grandes encyclopédies qui comportent un livre ou un chapitre spécialement consacré aux créatures monstrueuses ne la rangent pas à cet endroit mais bien avec les quadrupèdes[7].

Pour la culture chrétienne médiévale, le monstre se définit de différentes façons : soit c'est un homme dont l'anatomie est brouillée ou insolite (ainsi les peuples qui vivent aux confins de la terre : sciapodes, cyclopes, etc.) ; soit c'est un être qui est mi-homme mi-animal (ainsi les enfants d'une femme qui a été enlevée et violée par un ours) ; soit c'est un animal hybride qui emprunte les parties composant son anatomie aux différentes catégories du règne animal (quadrupède et poisson, oiseau et serpent). Ce dernier cas est celui du basilic, qui possède une tête et un corps de coq mais une queue serpentiforme. C'est aussi, et plus encore, celui du dragon, qui a le corps et les pattes d'un

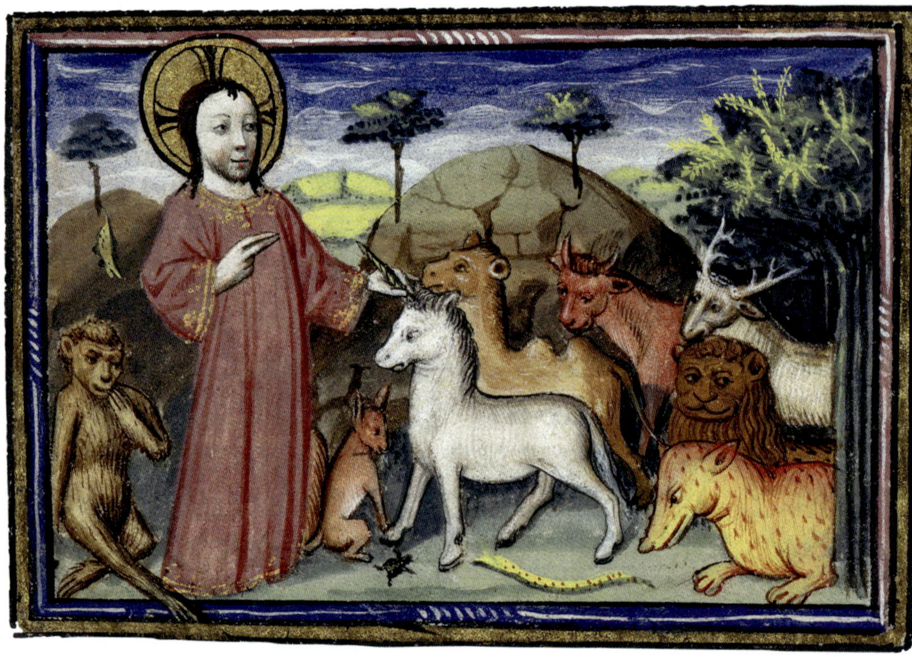

quadrupède, les ailes d'un oiseau et la queue d'un serpent. En revanche, ce n'est pas le cas de la licorne. Elle est certes composite, mais toutes les parties de son corps et de sa tête sont empruntées à des quadrupèdes : cerf, cheval, chèvre ou bouc, parfois lion ou taureau. En ce sens, ce n'est pas un monstre.

Ce n'est pas non plus une créature dont l'existence est mise en doute. Pour ce faire, il faudra attendre l'époque moderne. Au Moyen Âge, la licorne existe réellement. Différents voyageurs l'ont vue, la Bible en parle, les auteurs païens également. En outre, elle est désignée par un nom bien à elle, stable, reconnu, signifiant : *unicornis*. Elle est « vraie ». Une telle certitude n'existe pas pour tous les animaux hybrides. Certains sont tellement composites qu'il est impossible de les nommer ; ou bien ils ne sont pas désignés par un seul vocable mais par plusieurs, instables, incertains, ambigus : cela finit par remettre en cause leur existence même. D'autres hybrides possèdent un nom fixe et récurrent, sont aussi célèbres que la licorne, ont été entrevus ici ou là, mais font néanmoins douter plusieurs auteurs. C'est le cas de la sirène et surtout du phénix, le plus merveilleux de tous les oiseaux. Il n'en existerait qu'un seul au monde, individu de grande taille et d'une beauté incomparable : son cou serait fait d'or fin, son poitrail aurait la couleur de la pourpre, ses ailes brilleraient comme le saphir ou l'émeraude, ses pattes ne posséderaient pas de griffes mais se termineraient par des rubis. Apercevoir le phénix est cependant impossible : il se cache dans les déserts d'Arabie et ne se montre jamais[8]. Dès le XIIIe siècle, plusieurs aviaires (livres spécialement consacrés aux oiseaux) s'interrogent sur son existence. D'autres ouvrages font de même à propos de la sirène : qu'elle soit oiseau ou poisson, existe-t-elle vraiment ? Est-elle si séduisante ? Chante-t-elle si mélodieusement qu'elle attire les marins vers des rochers ou des gouffres redoutables qui renversent les navires et précipitent l'équipage au fond de l'eau ? Bien avant le XVIe siècle, plusieurs auteurs ne le croient plus[9].

La création des quadrupèdes
Bible
Pays-Bas du Nord, vers 1440
Londres, The British Library, Ms. Add 1043, fol. 44 v°

Nombreuses sont les bibles enluminées qui comportent une image de l'apparition des quadrupèdes sur terre, le sixième jour de la Création. La licorne n'est pas toujours du nombre, mais, ici, elle est la vedette de l'image, bien au centre.

Le Déluge
Augustin, *La Cité de Dieu*
Rouen, vers 1470
Paris, Bibliothèque nationale de France, ms. fr. 28, fol. 66 v°

Lorsqu'ils représentent l'arche de Noé flottant sur les eaux du Déluge, les enlumineurs ne disposent pas d'une place suffisante pour représenter un grand nombre d'animaux. Leur sélection constitue un important document d'histoire culturelle.

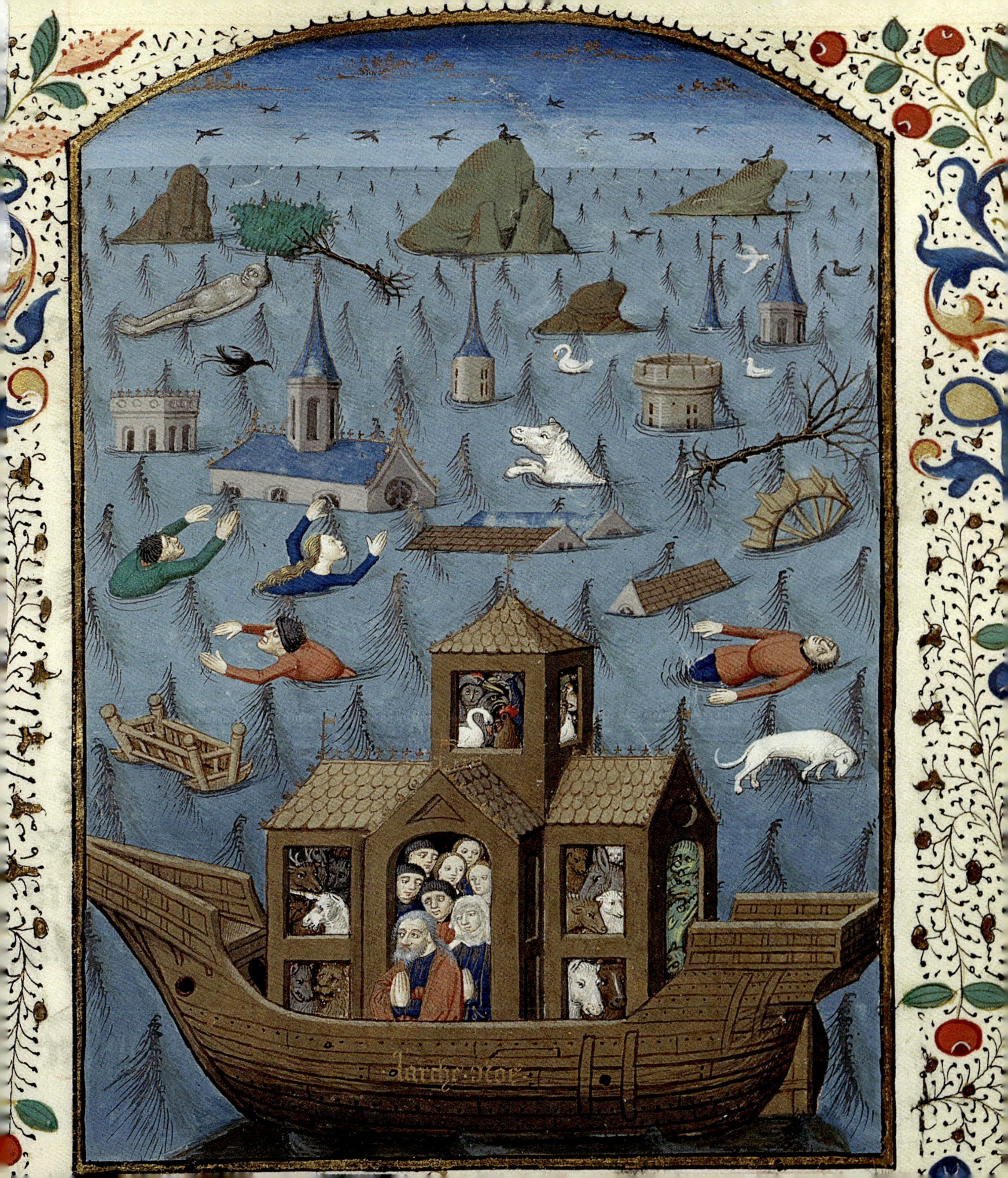
larche noe

DE L'AMOUR DIVIN À L'AMOUR PROFANE

De bonne heure, le texte latin des bestiaires fut traduit et adapté en langues vernaculaires : anglo-saxon, anglo-normand, ancien et moyen français, moyen haut allemand, norrois, moyen néerlandais ; plus tard, toscan, vénitien, galicien, catalan. Le mot français *bestiaire* apparaît pour la première fois au début du XIIe siècle, sous la plume d'un clerc anglo-normand, Philippe de Thaon, attaché à la cour du roi d'Angleterre Henri Ier Beauclerc. Son *Bestiaire* versifié, compilé à l'horizon des années 1120-1130, comporte trente-huit chapitres, dont près de la moitié sont consacrés aux oiseaux. Ce qui ne l'empêche pas de mentionner la licorne *(monoceros)*, en deuxième position, juste après le lion et avant la panthère, et d'affirmer que « ceste beste signefie Jesu Crist [...] li fiz Sainte Marie » (« cette bête signifie Jésus-Christ, le fils de Sainte Marie »)[10].

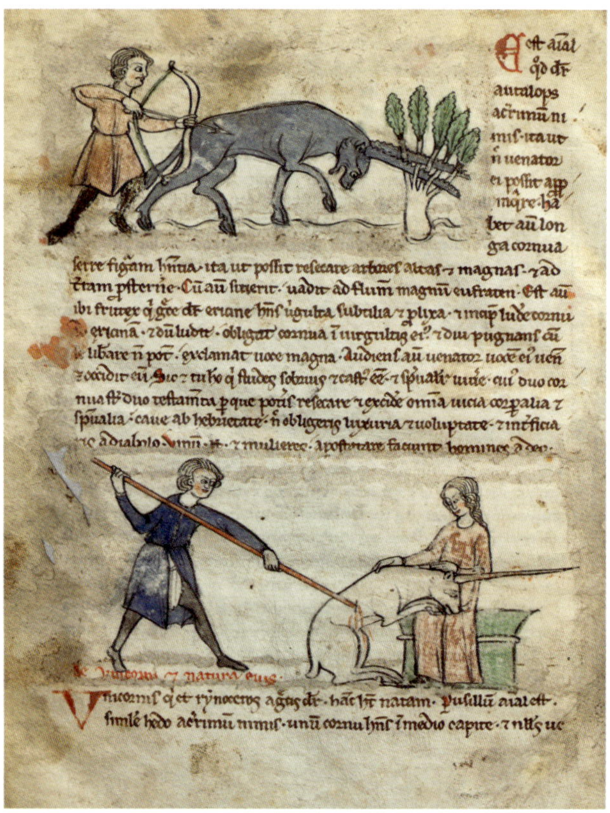

Cette symbolique christologique, déjà présentée neuf siècles plus tôt par le *Physiologos*, est développée cent ans plus tard par un auteur dont nous ne savons presque rien sauf son nom, Guillaume, devenu pour l'histoire littéraire Guillaume le Clerc. Probablement normand, il a laissé une œuvre à la fois latine et vernaculaire dont un *Bestiaire divin*, écrit en vers français et dédié à un énigmatique « seigneur » nommé Raoul. Le poème a connu un certain succès, comme l'attestent les vingt-trois manuscrits conservés. Divisé en trente-cinq chapitres, long de plus de trois mille quatre cents vers, il se montre sévère à l'égard des grands personnages de son temps – clercs et laïcs – mais témoigne aussi de fortes préoccupations morales et religieuses. Les mœurs des animaux constituent des exemples pour glorifier ou condamner certains comportements humains, tandis que la symbolique animale sert d'enseignement théologique et spirituel. Voici ce que Guillaume nous dit de la licorne :

« Cette bête extraordinaire, qui possède une corne sur la tête, représente Notre Seigneur Jésus-Christ, notre Sauveur. Il est la licorne céleste qui est venue se loger dans le sein de la Vierge dont la bonté est infinie. En elle, il revêtit la forme d'un homme, et c'est ainsi qu'il se montra aux yeux du monde. Son peuple ne le reconnut pas, bien au contraire [...] mais le conduisit devant Ponce Pilate. Là, il fut condamné à la mort. En vérité, cette bête qui ne possède qu'une seule corne est le symbole de l'unité divine, comme le Christ l'a déclaré lui-même très clairement dans l'Évangile : *Mon Père et moi nous ne sommes qu'un*[11]. »

Contemporain de Guillaume le Clerc, Pierre de Beauvais, clerc polygraphe proche de la maison comtale de Dreux, a rédigé lui aussi, dans les premières années du XIIIe siècle, un bestiaire en français, mais aux vers il a préféré la prose. Une première version relati-

Chasse à l'ibex et chasse à la licorne
Bestiaire latin
France du Nord, vers 1260-1280
Paris, Bibliothèque nationale de France,
ms. lat. 6838 B, fol. 3 v°

L'ibex est une antilope qui vit sur les bords du Nil. Elle est presque aussi difficile à capturer que la licorne. Les chasseurs profitent de ce que ses deux cornes dentelées comme des scies se sont prises dans la foisonnante végétation de la rive pour l'attaquer par derrière.

vement courte (trente-huit chapitres) fut suivie, une trentaine d'années plus tard, par une version beaucoup plus longue (soixante et onze chapitres), due à Pierre lui-même ou à un continuateur. Dès le prologue, l'auteur propose pour la première fois une définition du genre : « Ici commence le livre que l'on appelle *Bestiaire*. Il est appelé ainsi parce qu'il parle de la nature des bêtes[12]. » Le chapitre consacré à la licorne est bref et n'ajoute rien à ce qu'en a dit quelques années plus tôt Guillaume le Clerc. Mais il fait suite au chapitre qui parle du renard, et c'est l'occasion de souligner combien les deux animaux sont opposés. Le premier est une créature du diable, « fourbe et plein de ruse ». La seconde « représente sur terre la licorne des cieux, Jésus-Christ ». Elle est « petite et douce », et si elle se montre parfois féroce, c'est uniquement contre les chasseurs qui cherchent à s'emparer traîtreusement de sa corne merveilleuse.

Les bestiaires de Guillaume le Clerc et de Pierre de Beauvais ont été imités, adaptés ou remaniés par différents auteurs pendant plusieurs générations. La réécriture la plus remarquable, qui connut un succès considérable, est due à Richard de Fournival, clerc savant et bibliophile (sa bibliothèque personnelle constitue le noyau le plus ancien de la bibliothèque de la Sorbonne) dont l'œuvre abondante, en latin et en français, touche à tous les genres. Partant du modèle proposé par ses devanciers, Richard rédige, vers le milieu du XIIIe siècle, un bestiaire d'un type nouveau, le *Bestiaire d'Amour*. À dire vrai, il s'agit d'une œuvre originale, différente des textes précédents. Des propriétés des animaux, Richard tire non pas des enseignements moraux ou religieux mais des considérations sur l'amour et la stratégie amoureuse : comment conquérir la dame, comment conserver son amour, quelles erreurs à ne pas commettre ; ou bien, au contraire, comment résister à ses charmes, comment ne pas être victime de son inconstance et de ses caprices. À chaque « propriété » d'un animal donné correspond un « cas » exemplaire du comportement des hommes et des femmes. Par là même, certains animaux apparaissent plusieurs fois, et la casuistique courtoise, très à la mode en ce milieu du XIIIe siècle, y est poussée dans ses ultimes retranchements. Le passage consacré à la licorne est à cet égard remarquable. Richard interprète l'épisode de la chasse à la lumière de la conquête amoureuse et, en amant déconfit et trompé, il se compare à la licorne, se présente comme victime et dénonce la cruauté de sa dame :

« La nature de la licorne est telle qu'il n'existe aucune bête aussi périlleuse à capturer. Elle possède sur les naseaux une corne à laquelle aucune armure ne peut résister, de sorte que personne n'ose ni l'attaquer ni l'approcher, si ce n'est une jeune fille vierge. Quand par son flair elle en découvre une, elle s'agenouille devant elle et la salue humblement, avec douceur, comme si elle se mettait à son service [...]. Alors arrivent les chasseurs qui la tuent. C'est de cette même manière qu'Amour s'est joué de moi [...]. Amour a placé sur mon chemin une jeune fille que j'ai aimée d'amour avec autant d'ardeur que j'ai entendu dire que l'on pouvait aimer. Devant sa douceur je me suis endormi ; mais elle, elle m'a fait mourir d'une mort propre à l'amour : le désespoir sans espérance de pitié. J'ai été pris au piège de son odeur[13]. »

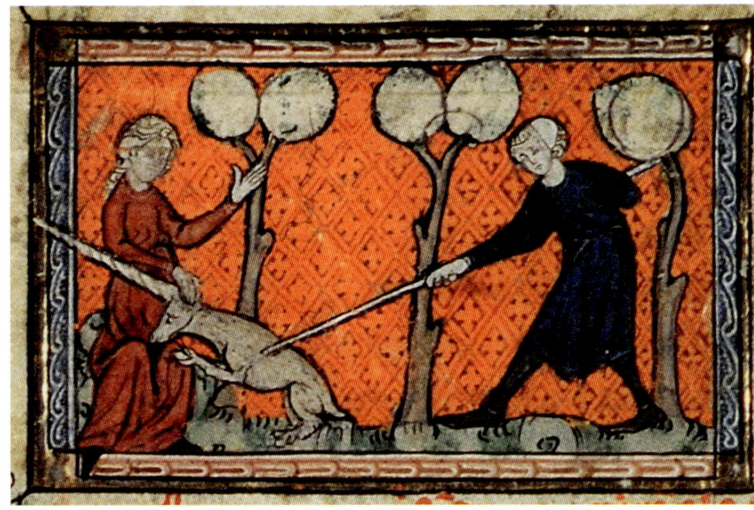

Chasse à la licorne
Richard de Fournival, *Bestiaire d'Amour*
Paris, vers 1300
Paris, Bibliothèque nationale de France, ms. fr. 1951, fol. 14

Le *Bestiaire d'Amour* de Richard de Fournival eut de nombreux imitateurs ou remanieurs. Certains le mirent en vers, d'autres le traduisirent en différentes langues, d'autres encore lui répondirent en proposant des interprétations différentes, appuyées sur une casuistique renouvelée ou bien sur des considérations amoureuses présentant les femmes sous un jour plus favorable. Chez Richard, elles sont souvent frivoles et inconstantes, parfois insensibles et cruelles. Le poète est victime de leurs caprices, de leur froideur ou de leur infidélité. Il se plaint de l'amour, qui est « constamment agité de vagues ».

Concernant la licorne, le bestiaire de Richard de Fournival est important à un autre titre : il est le premier à faire participer l'animal aux jeux et aux enjeux de l'amour profane. Jusque là, l'animal était surtout associé à l'amour divin. Il était l'emblème ou le symbole du Christ, parfois de la Vierge, et sa symbolique s'inscrivait toujours dans le champ religieux. Désormais, il participe aussi aux subtilités et aux artifices de l'amour courtois, et même aux appétits de l'amour charnel. Sa longue corne n'est plus seulement protectrice ou prophylactique, elle devient fertile et fécondante et peut même prendre, de manière métaphorique, une dimension plus ou moins phallique. Moins innocent et moins farouche, l'animal se laisse approcher, caresser, chevaucher. Dans les images du Moyen Âge finissant, il prend parfois place dans des scènes très débridées, parmi les hommes ou les femmes sauvages à qui il sert de monture. Dans les armoiries, il apparaît en cimier ou en support, perd toute signification christologique et devient un emblème profane.

Pour ce faire, toutefois, il faut attendre les XIVe et XVe siècles. Rien de tel au Moyen Âge central, où les images de la licorne restent prisonnières du discours des bestiaires et se réduisent souvent à deux scènes : d'une part, la ruse des chasseurs pour capturer l'animal ; de l'autre, l'eau purifiée par sa corne merveilleuse à laquelle viennent s'abreuver les différents animaux.

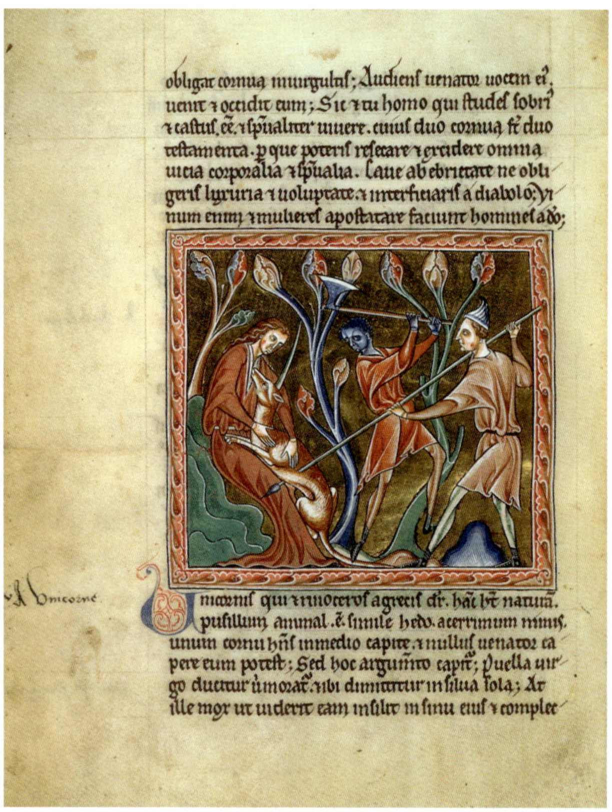

LA LICORNE ENLUMINÉE

Un grand nombre de bestiaires latins et vernaculaires des XIIe et XIIIe siècles nous ont été conservés dans des manuscrits enluminés. La licorne y figure en bonne place et a toujours droit à une image (ce n'est pas le cas de tous les animaux), parfois deux ou trois. Tantôt elle est représentée seule, occupant tout l'espace de la miniature et formant comme une sorte de portrait archétypal (c'est le cas le plus fréquent) ; tantôt elle prend place dans une véritable scène, montrant la jeune fille et la ruse des chasseurs ; tantôt, mais plus rarement, on la voit purifier de sa corne l'eau d'une source ou d'une rivière, tandis que les autres animaux attendent sur la rive[14].

Chasse à la licorne
Bestiaire Ashmole
Angleterre du Nord, vers 1200
Oxford, The Bodleian Library,
Ms. Ashmole 1511, fol. 14 v°

La mort de la licorne
Heures Taymouth
Angleterre méridionale, vers 1330-1335
Londres, The British Library,
Ms. Yates Thompson 13, fol. 8

Nous tourne en remissioun
De touz pecchez et fous delitz
Et si nous menez en paradys.

Oreisoun avaunt loffrende

Beau sire deu com il est voir.
Qe li treis rois par un voloir.
Vindrent de diverse terre.
Vers bethleem pur vous requere
Qe pur lestelle, furent menez
A la mayson ou feustes nez
Touz vous ount par lour offrendre
Verray dieu et enfaunt tendre
Et si preistes lour douns a gre.
Et puis lour avez conveie.

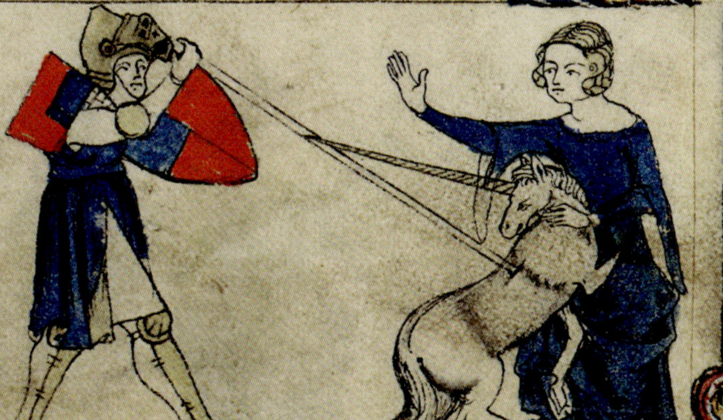

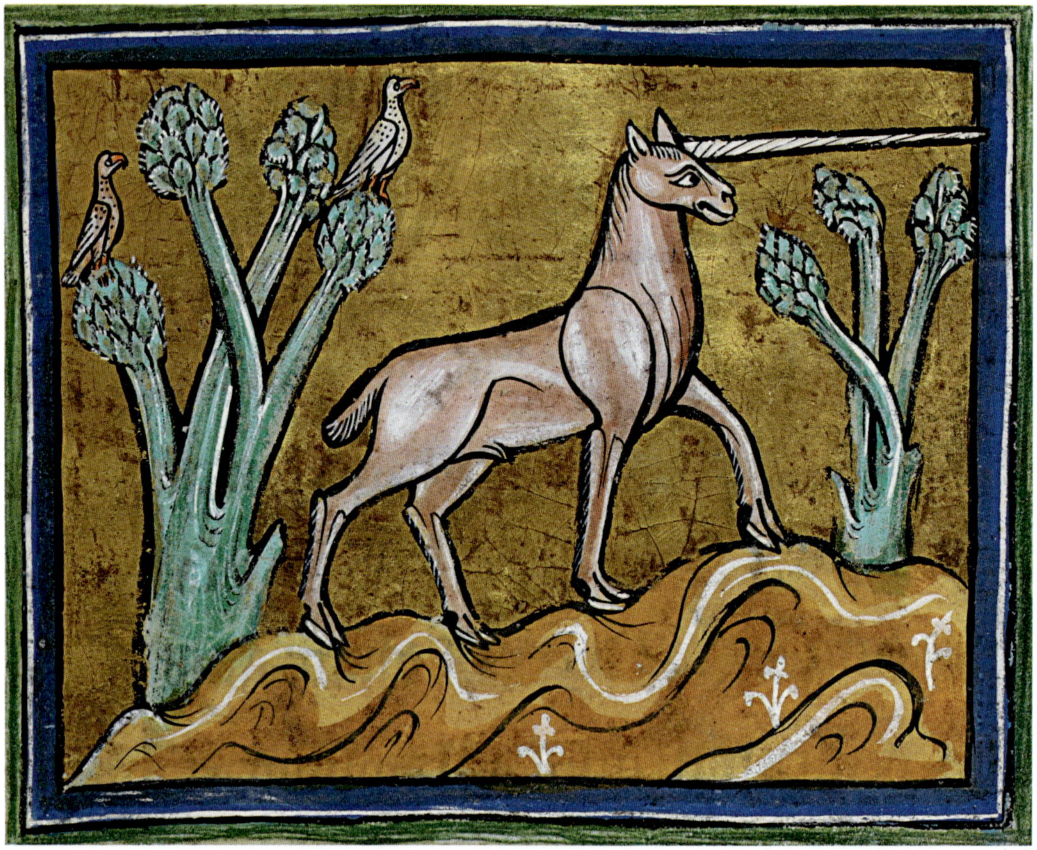

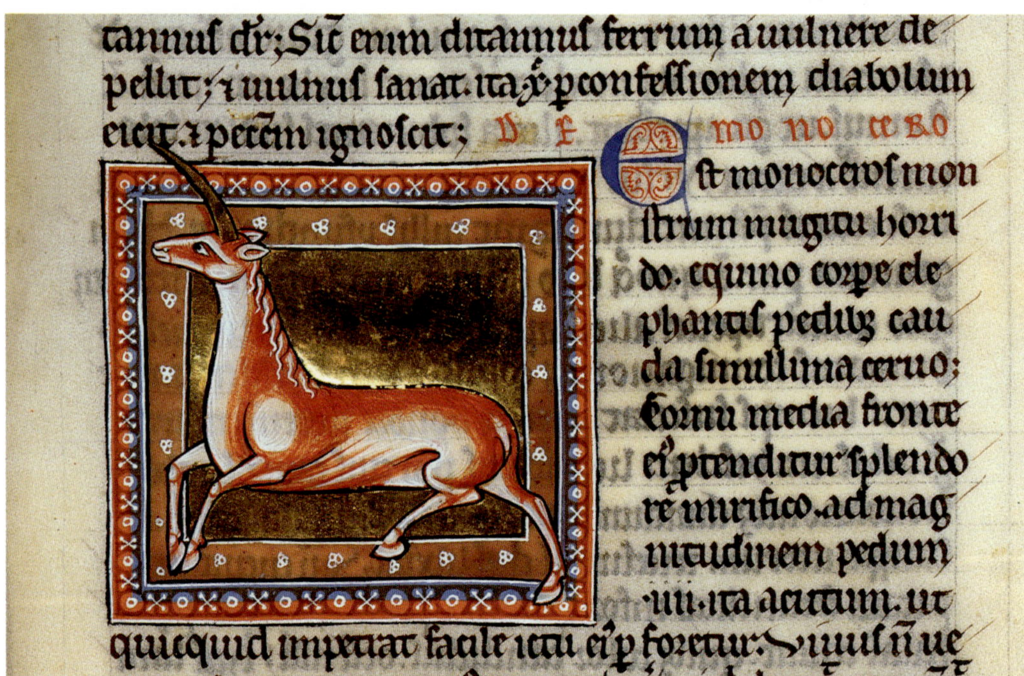
tannus dr; Sic enim ditannus ferrum a uulnere de
pellit; & uulnus sanat. ita xps per confessionem diabolum
eicit. & peccatum ignoscit; DE MONOCEROTE
Est monoceros mon
strum mugitu horri
do. equino corpore ele
phantis pedibus cau
da simillima ceruo;
Cornu media fronte
eius protenditur splendo
re mirifico. ad mag
nitudinem pedum
iiii. ita acutum. ut
quicquid impetat facile ictu eius perforetur. Viuus non ue
nit in hominum potestatem. & interimi quidem potest. capi non potest;

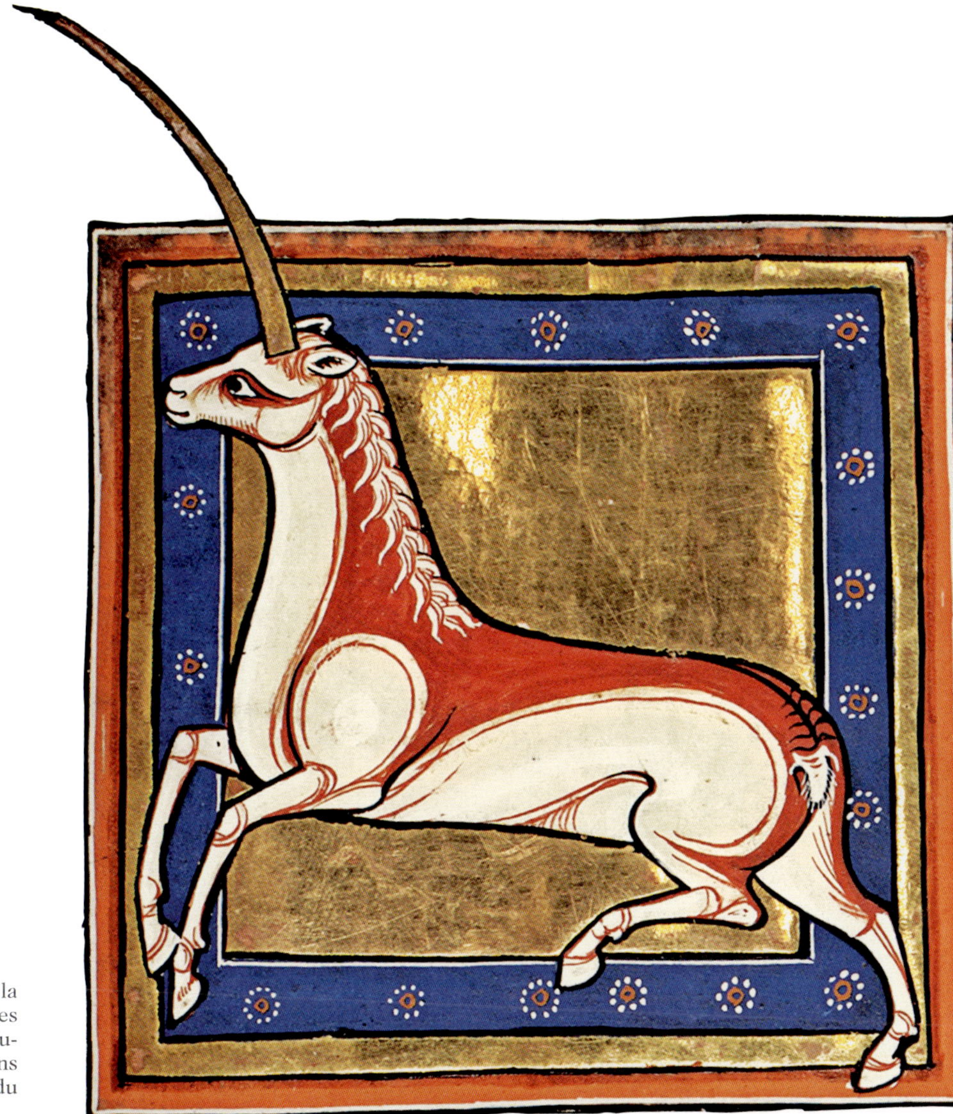

La licorne des bestiaires et des encyclopédies

Bestiaire Rochester
Angleterre, vers 1230
Londres, The British Library,
Ms. Royal 12 F. XIII, fol. 21

Bestiaire Ashmole
Angleterre du Nord, vers 1200
Oxford, The Bodleian Library,
Ms. Ashmole 1511, fol. 21

Bestiaire d'Aberdeen
Angleterre du Nord, vers 1200
Aberdeen, The University Library,
Ms. 24, fol. 65 v°

Bestiaire Sloane
Angleterre, vers 1250-1260
Londres, The British Library,
Ms. Sloane 3544, fol. 9 v°

La chasse à la licorne et l'eau purifiée par la corne de l'animal ne sont pas les deux seules scènes que représentent les enlumineurs. Souvent, la bête merveilleuse est figurée seule, dans la forêt, sa longue corne dépassant parfois du cadre de l'image.

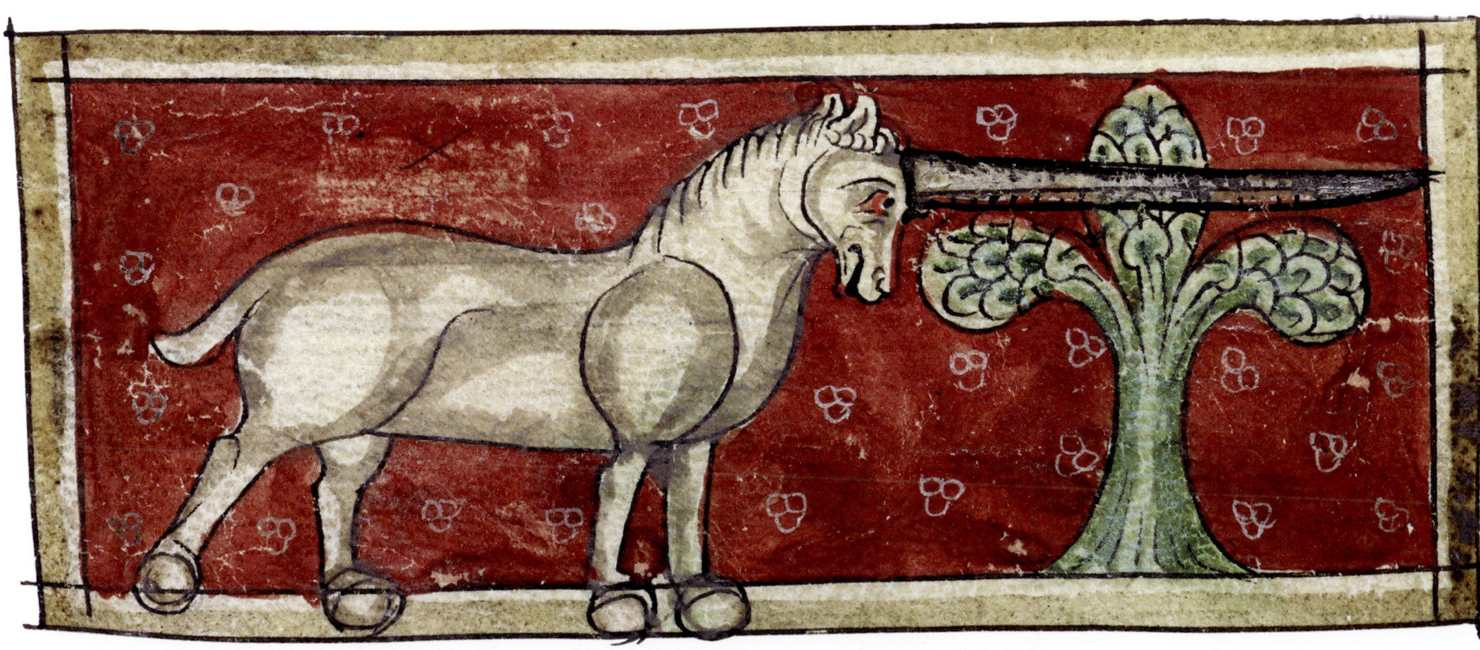

Son aspect varie beaucoup d'un manuscrit à l'autre, d'une miniature à l'autre. À commencer par son anatomie composite. Sa tête peut être celle d'une chèvre, d'une biche ou d'un cheval, voire d'un lévrier ou d'un bouc. Elle est toujours dotée d'une courte barbe, parfois d'une crinière, et sa corne est immuablement présente entre ses deux oreilles, au milieu du front.

Son corps est plus incertain : ce peut être celui d'un cerf, d'un cheval, d'un âne ou d'un chien, mais il est parfois laineux comme celui d'une chèvre ou d'un mouton[15]. Sa queue est petite, mais ses pattes s'apparentent soit à celles d'un éléphant ou d'un bœuf, soit à celles d'une biche ou d'une jument. Dans tous les cas, elles se terminent par des sabots bien marqués. Dans les bestiaires où prend place une image de *monoceros*, celui-ci se distingue de la licorne par un corps plus massif, des pattes plus volumineuses et dépourvues de sabots, une corne plus courte. En général, le *monoceros* est privé de barbe mais il possède une crinière.

Les attitudes de la licorne enluminée sont aussi variées que ses formes. Plusieurs auteurs mettant en exergue sa rapidité, certains enlumineurs la représentent courante, comme un cheval ou un cerf. D'autres insistent sur ses bonds prodigieux et la figurent saillante ou sautante, comme un bouquetin. D'autres encore préfèrent la peindre au repos, assise, couchée, agenouillée devant la jeune fille avec laquelle elle fait corps. Quelquefois elle est simplement passante, seule dans l'image ou bien semblant sortir d'un bois. Aucun bestiaire ne montre deux licornes affrontées, comme c'est parfois le cas pour la chèvre sauvage, le bouquetin, l'antilope et même pour l'incertain et inquiétant *eale* (quadrupède fougueux à deux cornes, ressemblant à la fois au bouc, à la gazelle et au chameau). La licorne est un animal solitaire.

Malgré cette grande plasticité formelle, malgré de fréquentes différences de taille ou de proportion (la bête est plus grande lorsqu'elle est figurée seule, plus petite lorsqu'elle vient poser sa tête dans le giron de la vierge), la licorne des manuscrits enluminés se reconnaît aisément, ne serait-ce qu'en raison de son unique corne frontale. Celle-ci est longue, voire très longue, au point de sortir parfois du cadre de la miniature. Elle peut être droite ou légèrement incurvée, fine ou épaisse à sa base, lisse ou légèrement torsadée. Les enlumineurs s'efforcent de bien mettre en valeur la pointe qui la termine : c'est cette pointe qui, au même titre que les sabots, rend l'animal extrêmement dangereux. Parfois la corne est d'une couleur différente de celle de la tête et du corps, plus foncée ou plus claire, voire bichrome ou bien dorée. Dans ce dernier cas, il est possible que le choix de l'or soit un moyen de souligner le caractère précieux et magique de cette corne, qui suscite la cupidité des chasseurs.

Dans les miniatures, le pelage de la licorne peut être de différentes couleurs, mais c'est le blanc qui est le plus fréquent, un blanc bien blanc, uniforme, nettement distinct de la couleur du parchemin. Il souligne la pureté et l'innocence de l'animal. Le doré de sa corne peut alors être interprété non seulement comme celui d'un objet précieux mais aussi comme une sorte de blanc superlatif, un « super-blanc », soulignant combien la corne est encore plus immaculée que la bête elle-même. Quand la licorne n'est pas blanche, elle est brune, beige, grise, plus rarement rouge ou verdâtre. Quelquefois elle est tachetée ou polychrome comme la panthère, autre animal à forte signification christologique sur lequel aiment à s'attarder les bestiaires[16]. Cette panthère médiévale n'a guère de rapport avec l'animal que nous connaissons sous ce nom. C'est un fauve, certes, mais un fauve dont deux propriétés sont merveilleuses. D'une part son pelage n'est pas uniforme mais fait de différentes couleurs, le plus souvent sept, nombre qui au Moyen Âge constitue une perfection. D'autre part son odeur est merveilleuse : la panthère exhale un parfum si suave qu'il attire vers elle tous les animaux terrestres : ils quittent les prés et les bois pour la suivre, respirer son odeur, admirer ses couleurs. Un seul s'enfuit à sa vue ou à son parfum et se réfugie dans les profondeurs de la terre : le dragon. La panthère est l'ennemie du dragon et des forces du mal. En ce sens, c'est une « cousine » de la licorne.

Il n'est pas interdit de penser que les enlumineurs sont animés de fortes préoccupations symboliques

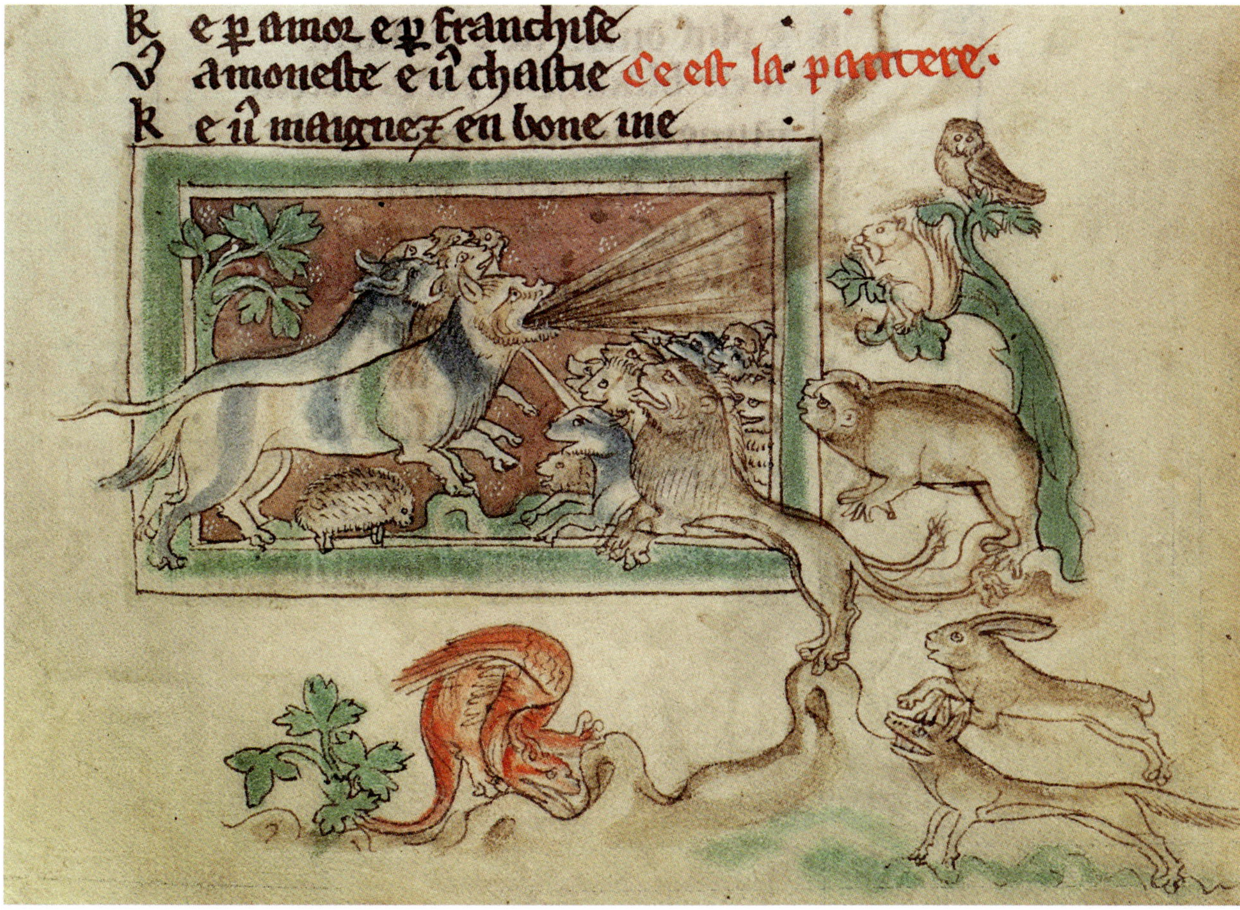

lorsqu'ils choisissent de représenter la licorne de telle façon plutôt que de telle autre, du moins dans les manuscrits les plus ambitieux. Lui donner le pelage de la panthère ou bien la tête et les pattes d'un cerf, c'est souligner sa signification christologique. Celle-ci est accentuée lorsque l'épieu des chasseurs transperce le flanc de la bête à l'image de la lance de Longin qui a transpercé le corps du Christ sur la Croix. Doter la licorne d'une crinière et d'un corps de cheval, c'est, de manière plus profane, mettre en valeur sa beauté formelle et sa rapidité à la course. L'apparenter à une biche, c'est insister sur sa douceur et son innocence ; à un lévrier, c'est faire écho à la perfidie des chasseurs et de leurs chiens ; à un bouc, au contraire, c'est lui donner une symbolique plus négative que positive et peut-être faire allusion à son caractère fortement sexuel. Pour la culture médiévale, le bouc est l'animal luxurieux par excellence. Certes, il ne faut pas aller trop loin dans l'interprétation de ce cousinage des apparences, mais l'iconographie des manuscrits enluminés est tellement coutumière de ces rapprochements plastiques et sémantiques que les représentations de la licorne, elles aussi, y sont soumises.

L'haleine merveilleuse de la panthère
Guillaume le Clerc, *Bestiaire divin*
Angleterre, vers 1270
Paris, Bibliothèque nationale de France,
ms. fr. 14969, fol. 38

LA RELIQUE ET L'EMBLÈME

À l'époque féodale, la licorne ne sort guère des manuscrits des bestiaires et des encyclopédies. C'est un animal philologique, livresque, enluminé, qui appartient essentiellement à la culture savante. Il est rare de la voir peinte ou sculptée dans les églises, visible par tous les fidèles, et plus rare encore que l'on en parle hors de tout contexte exégétique ou scientifique. La vie quotidienne l'ignore, l'anthroponymie et la toponymie ne la connaissent pas, le folklore et les rituels populaires ne la sollicitent jamais, les sceaux et les armoiries ne lui accordent aucune place dans leur faune pourtant abondante.

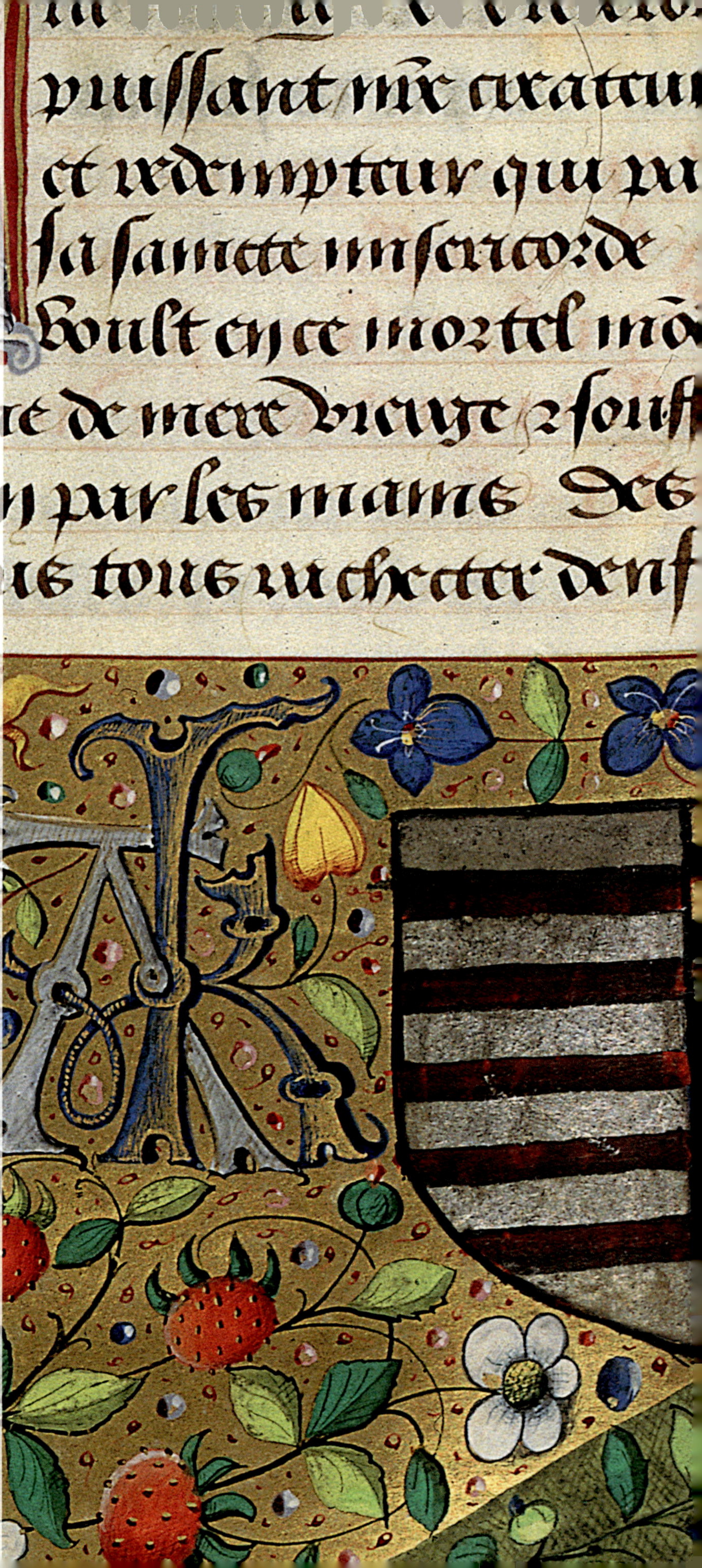

Licorne héraldique, couchée et colletée d'une couronne
Enluminure du Maître du cardinal de Bourbon, dit Louf Guérard
Joseph Flavius, *De Bello Judaico*
Chantilly, musée Condé, ms. 776, fol. 21

nous feusmes soubzmis et obl
Et pour avoir entendement p
langaige françois de listoire d
destruction des Juifz et de la ci
ihrlm ensemble de toute la ter
Juifz ce que plusieurs appellent
vengence de la mort et passion

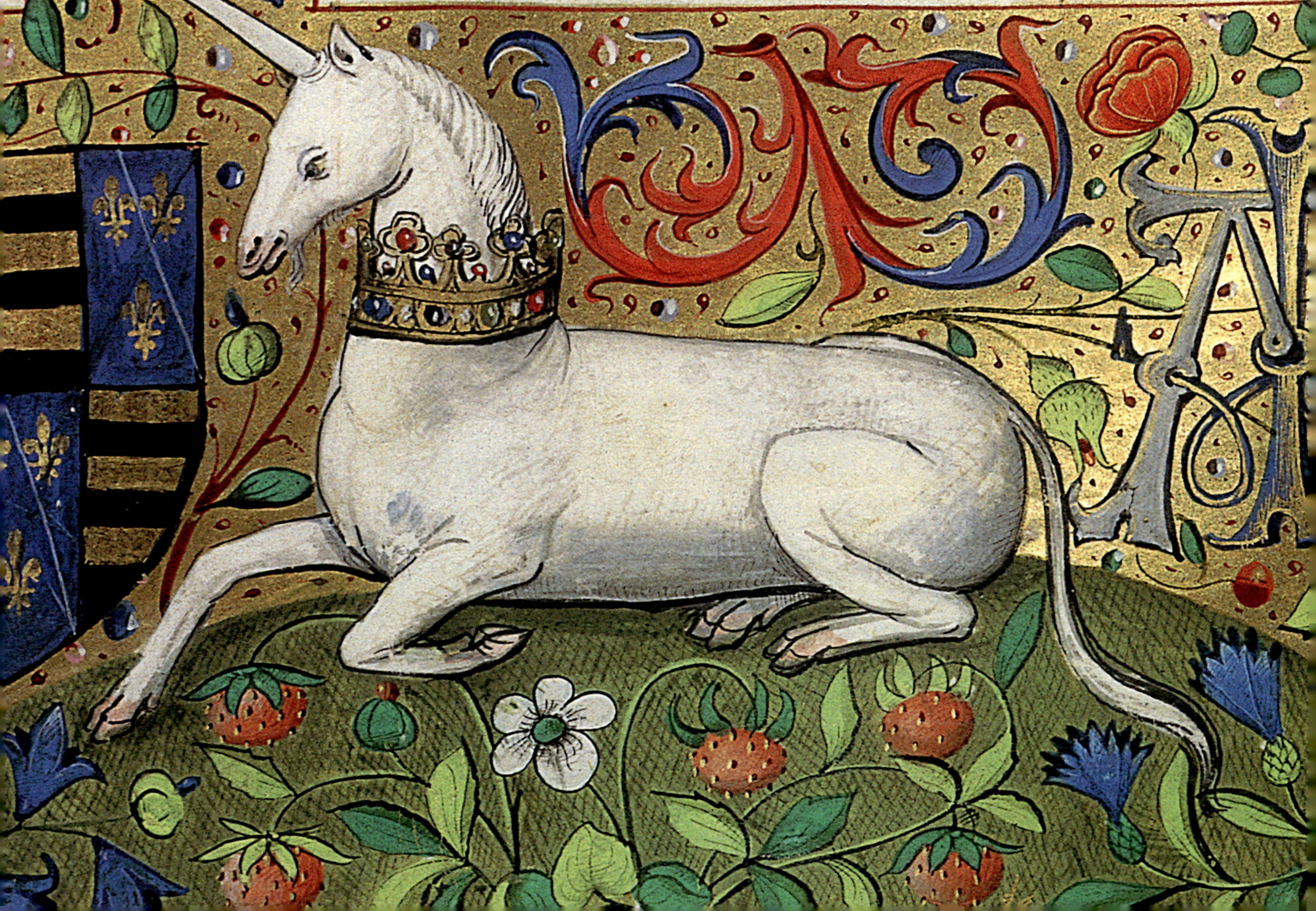

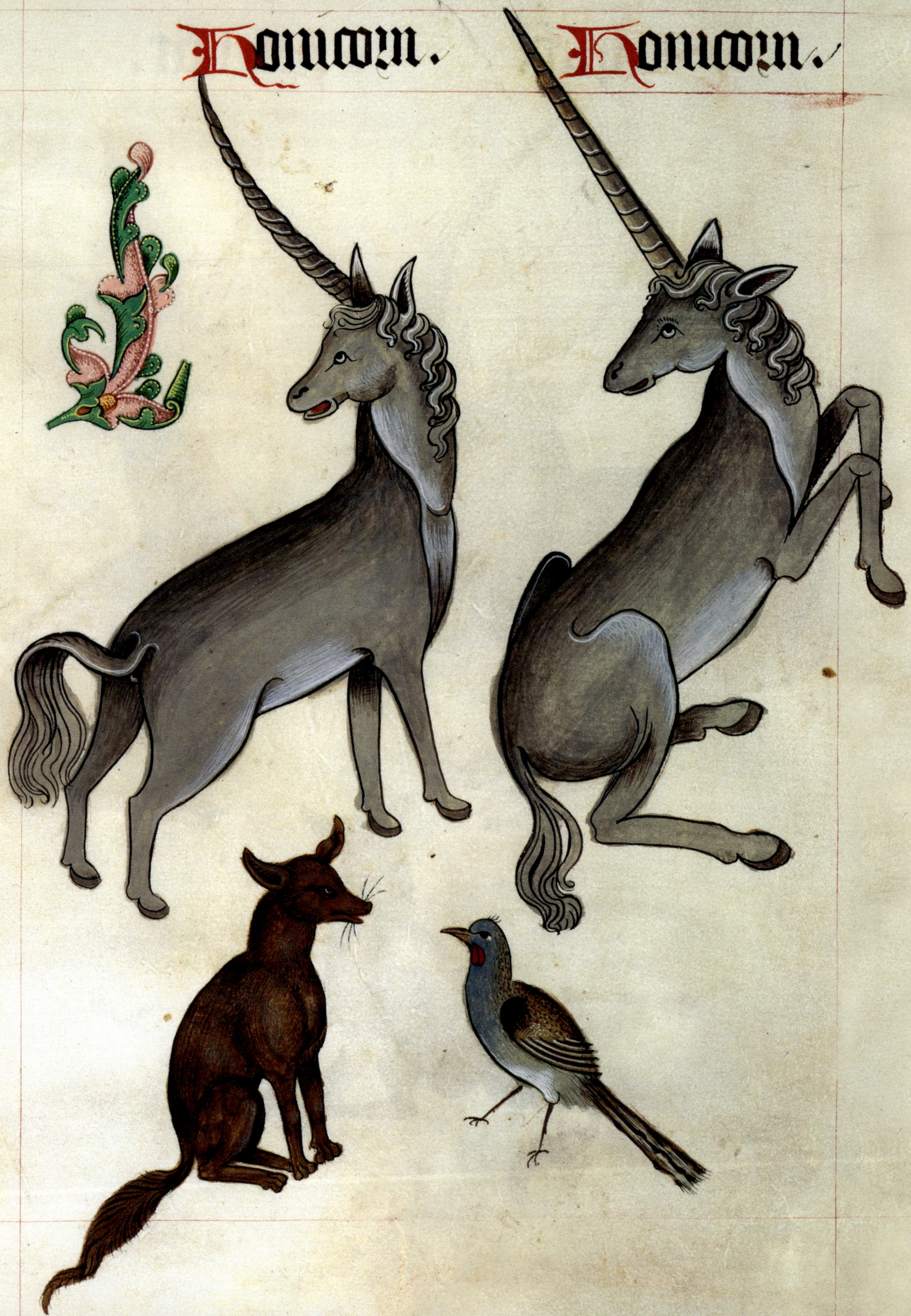

Il n'en va plus de même à la fin du Moyen Âge. Non seulement les textes et les images qui mettent en scène la licorne deviennent plus nombreux et plus variés, mais, par l'intermédiaire de sa corne, elle est physiquement présente dans les trésors ecclésiastiques et princiers. Il est désormais possible d'admirer – et même de toucher – cet attribut merveilleux et de bénéficier de ses vertus salvatrices. Dès lors, aux légendes religieuses, héritées de la Bible et des cultures antiques, s'en ajoutent de nouvelles, plus profanes et plus courtoises. L'héraldique, longtemps réticente, s'empare de la licorne et en fait un élément important de son bestiaire. La littérature et l'iconographie accentuent sa dimension poétique et vont même jusqu'à inverser sa symbolique : autrefois farouche et brutal, fortement masculin, l'animal s'apaise et se féminise, perd ses aspects négatifs, est désormais toujours pris en bonne part. Les temps ne sont plus ceux de l'indomptable unicorne, mais ceux de la douce et fragile licorne.

LES MIRACLES DE LA CORNE

La notion de « trésor » est une notion clef de la culture médiévale. Sous ce mot, on distingue l'ensemble des biens meubles précieux que possède tout détenteur de pouvoir, qu'il s'agisse d'un souverain, d'un grand seigneur, d'un prélat ou d'une abbaye. C'est une sorte de musée imaginaire dont la mise en valeur, la conservation ou l'exposition font partie intégrante de la liturgie du pouvoir. Un grand roi comme un simple abbé se doit de posséder un trésor. La liste est longue des éléments qui peuvent le composer. Toutefois, certains composants sont presque toujours présents. D'abord des reliques et des objets cultuels, des métaux précieux et des pièces de monnaie, de l'orfèvrerie et de la vaisselle, des bijoux et des pierres. Puis, surtout dans les trésors princiers, des armes et des harnachements pour chevaux, des fourrures, des étoffes, des vêtements de luxe. Enfin tout un bric-à-brac comprenant des livres manuscrits et des chartes, des objets liturgiques, des instruments scientifiques et de musique, des pions de jeux, des objets exotiques et des *curiosa* de toutes sortes, au premier rang desquels la corne de licorne[1].

Tous ces éléments jouent un rôle essentiel dans la mise en scène du pouvoir. On les exhibe rituellement, on les montre aux visiteurs de marque, voire aux simples hôtes de passage. Parfois on en donne ou on en échange une partie ; plus souvent, on préfère acquérir, accumuler, thésauriser. Chacun de ces objets a son histoire, sa mythologie, ses origines légendaires, ses vertus merveilleuses, voire miraculeuses. Ce sont en effet les croyances qui les accompagnent et les matériaux dont ils sont faits qui confèrent à ces objets toute leur efficacité. En revanche, le travail artistique ou intellectuel par lequel ils ont été produits compte peu. Ils ont, pour ceux qui les possèdent ou les convoitent, une forte dimension politique, économique, prophylactique ou onirique, mais pas vraiment esthétique, du moins pas au sens où nous entendons ce mot aujourd'hui.

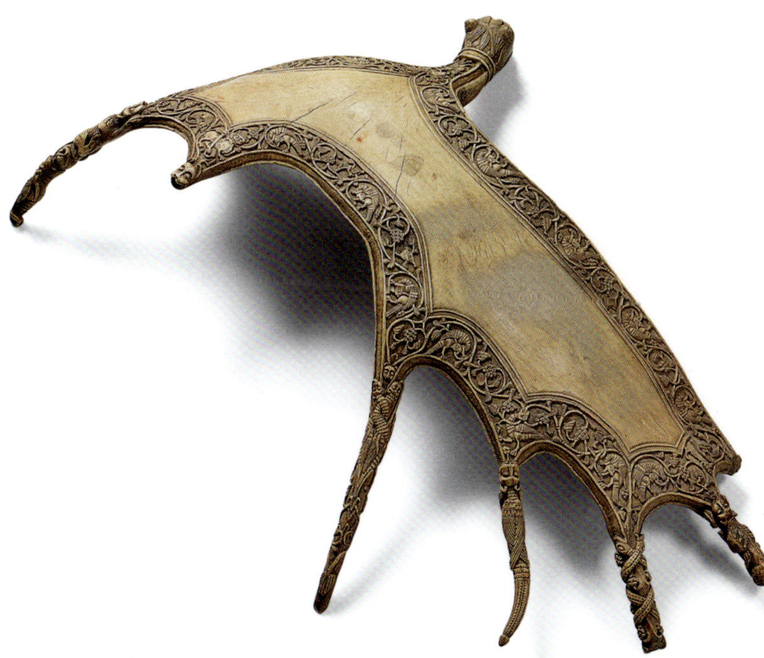

Modèles de deux licornes
The Tudor Pattern Book, Angleterre méridionale, vers 1520
Oxford, The Bodleian Library, ms. Ashmole 1504, fol. 37 vº

Animal composite, qui emprunte ses formes au cheval, au cerf, à la chèvre, parfois au lion, à l'âne ou au taureau, la licorne n'est pas facile à dessiner. C'est pourquoi elle est souvent présente dans les recueils de modèles d'animaux à la fin du Moyen Âge et au début de l'époque moderne.

Bois d'élan sculpté
Provient du trésor de Saint-Arnoul de Metz
XIe-XIIe siècle
Amsterdam, Rijksmuseum, inv. BK-16990

Les trésors d'église sont de véritables cabinets de curiosités. Outre des reliques, des livres, des biens meubles, des pièces d'orfèvrerie, des étoffes et des parements liturgiques, ils abritent des objets insolites, parfois venus de fort loin.

Par sa présence dans les trésors d'églises et d'abbayes, par les croyances et la dévotion populaire qui l'entourent, la corne de licorne peut être considérée comme une relique. Certes, ce n'est pas le reste corporel d'un saint, ni un objet qui lui a appartenu ou qui est entré en contact avec lui, mais c'est un objet qui fait des miracles, qui guérit, qui détecte la présence du poison, c'est-à-dire des forces du Mal. Toute corne de licorne semble entretenir une relation étroite avec « la licorne du ciel », Jésus-Christ. C'est pourquoi elle est précieuse, vénérable, thésaurisée, parfois sanctifiée. Au demeurant, ce n'est pas la seule « relique » animale que l'on trouve dans les trésors médiévaux. Plusieurs églises sont fières de posséder tel ossement de tel animal qui a joué un rôle exemplaire dans la vie d'un saint ou d'une sainte, voire dans la vie du Christ lui-même. Au XVIIIe siècle encore, on pouvait ainsi admirer dans le trésor de l'église abbatiale de Tynieck, en Pologne, une grande omoplate de bovidé – peut-être un aurochs – qui passait pour appartenir au bœuf de la Nativité[2]. Quant à l'église Saint-Zénon de Vérone, elle était célèbre au Moyen Âge pour abriter dans son trésor, particulièrement riche, un fémur ayant appartenu à l'ânesse sur laquelle Jésus était monté lors de son entrée à Jérusalem, le jour des Rameaux[3].

Comme toute relique, la corne de licorne fait des miracles. Elle guérit de nombreuses maladies – lesquelles varient d'une église à l'autre – mais surtout elle reconnaît la présence du poison et annule ses effets pernicieux. En contact avec celui-ci, quel qu'il soit, elle saigne, transpire, verse des larmes, se couvre de pustules ou produit une odeur épouvantable. À la fin du Moyen Âge, lorsque la peur du poison devient obsessionnelle en milieu princier, on la sollicite constamment. Non pas tant la corne entière conservée dans tel ou tel trésor que des fragments de corne dans lesquels on a taillé différents objets : récipients, coupes, étuis, manches de poignard ou de couteau. Souvent, lors d'un banquet fastueux, un morceau de corne est présent sur la table et trempé dans chaque coupe avant que les convives ne boivent. Si l'eau ou le vin sont empoisonnés, ils se mettent à bouillir ou à dégager de la fumée. Parfois, ce ne sont pas seulement les boissons que l'on teste avec une corne de licorne mais les aliments eux-mêmes[4]. En ce domaine, le XVIe siècle se montre encore plus craintif et superstitieux que les derniers siècles du Moyen Âge. Le roi de France Charles IX, par exemple, à la fin de son règne (1561-1574), ne veut rien boire ni manger qui n'ait pas subi « l'épreuve de la licorne ». Quelques décennies plus tôt, le pape Clément VII (1523-1534) avait envoyé à François Ier et à Charles Quint deux cornes de licorne destinées à les protéger contre les « mesfaits et ruses » des hérétiques (les protestants)[5].

Ses vertus merveilleuses font de la corne de licorne un objet convoité. Aux XVe et XVIe siècles, tout trésor digne de ce nom se doit d'en posséder au moins une, mais il n'est pas rare qu'une église ou une abbaye prestigieuse en conserve plusieurs : deux à Saint-Denis et à Westminster, trois à Saint-Gall, sept à Saint-Marc de Venise, dont quatre « authentiques ». Au début du XVIe siècle, le plus beau cadeau qu'un roi ou un prélat puisse offrir à une église n'est plus tant la relique d'un saint ou une bible enluminée qu'une corne de licorne. Les grands réformateurs protestants ont beau jeu de se moquer de la crédulité des princes et des prêtres de l'Église romaine et de dénoncer le commerce et les trafics dont la corne fait l'objet dans toute la chrétienté.

La plupart des cornes de licorne médiévales sont aujourd'hui identifiées comme des dents de narval. C'est pourquoi elles ne viennent pas d'Orient, comme l'affirme la tradition des bestiaires, mais de l'Europe du Nord et des mers froides de l'Atlantique septentrional. Certaines sont directement offertes par les rois d'Écosse et de Danemark, grands pourvoyeurs de cornes destinées aux trésors royaux ; d'autres sont vendues par des marchands scandinaves ou allemands, les villes hanséatiques étant les principaux centres de redistribution. Dans les années 1500, il en circule tellement – le plus souvent sous forme de demi-cornes ou de fragments – qu'il faut les mettre à l'épreuve pour distinguer les vraies des fausses. Ce qui donne lieu à des

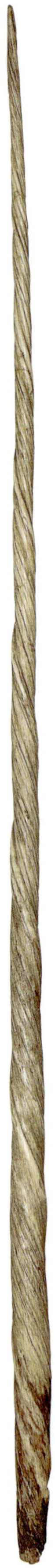

Corne de licorne
Dent de narval provenant de l'ancien trésor de l'abbaye de Saint-Denis
Paris, musée de Cluny, inv. Cl. 20202

À la fin du Moyen Âge, tout trésor royal ou princier, tout trésor d'église se doit de posséder une ou plusieurs cornes de licorne. Assimilables à des reliques, celles-ci passent pour avoir des vertus thérapeutiques et, parfois, faire des miracles. Ce n'est qu'à partir du XVIIe siècle que l'on commence à comprendre que ces cornes sont en fait des dents de gros animaux marins, les narvals.

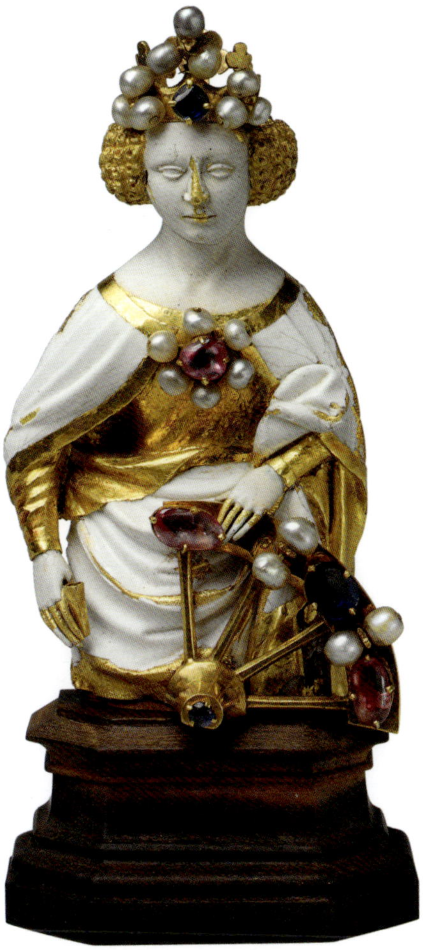

tricheries, des supercheries, des contestations. Quelquefois, les cornes de licorne ne sont ni offertes, ni achetées ou échangées mais, comme les reliques des saints, bel et bien volées. Dans la nuit du 26 au 27 novembre 1423, l'abbaye de Saint-Évroul, en Normandie, se fit ainsi dérober une partie de son trésor, dont deux pièces bien connues dans la région : un bras de saint Frambert et « le grant corneau engreslé d'un vieil unicorne »[6].

Le prix d'une corne de licorne n'est pas seulement lié aux vertus ou aux miracles qu'on lui prête, il vient aussi de sa matière même. Malgré le nom qui la désigne, celle-ci n'est nullement faite de corne ordinaire, matériau relativement vil dont la symbolique peut certes être positive (fertilité, fécondité) mais qui ne joue aucun rôle sur le plan économique. Non, la corne de licorne est faite d'un ivoire extraordinaire, différent de celui de l'éléphant ou du morse (le premier plus apprécié que le second), et dont le prix, même lorsqu'il est réduit en poudre, peut rivaliser avec celui des matières les plus précieuses.

À la fin du Moyen Âge, la hiérarchie de ces dernières est solidement établie, tant sur le plan marchand que sur celui du prestige et de l'esthétique. L'or n'occupe pas la première place, il est devancé par les pierres, spécialement le rubis, le saphir, l'émeraude et le diamant. Mais il existe des objets encore plus admirés et convoités que les pierres : ce sont les perles, sommet de la beauté et de toutes les richesses. Or la corne de licorne est parfois placée au même rang que la perle. Toutes deux sont particulièrement recherchées par les princes et les prélats. Toutes deux sont accompagnées de légendes très anciennes qui soulignent leur pureté et leurs liens avec la Vierge. Pour le savoir médiéval, en effet, « la perle naît de l'huître lorsque celle-ci a été fécondée par la rosée du matin sur la mer ». Il n'existe rien de plus pur au monde, « c'est pourquoi l'huître symbolise la Vierge, fécondée par la rosée du ciel, c'est-à-dire l'Esprit Saint, et matrice d'une perle, Notre Seigneur Jésus-Christ »[7].

LA LICORNE HÉRALDIQUE

Contrairement à beaucoup d'autres animaux, y compris le dragon ou le griffon, la licorne fait une entrée tardive dans le bestiaire héraldique. Les plus anciens exemples datent des années 1280-1300, soit près d'un siècle et demi après l'apparition des premières armoiries. Tous appartiennent aux régions méridionales du monde germanique, dans une zone rayonnant autour du lac de Constance[8]. Par la suite, aux XIVe et XVe siècles, lorsque les licornes deviendront un peu moins

Sainte Catherine d'Alexandrie
Paris, vers 1400
New York, The Metropolitan Museum of Art, inv. 17.190.905

Pour la culture médiévale, l'or n'est pas le matériau le plus précieux. Certaines pierres (saphir, rubis, diamant, émeraude) le sont davantage. Et au sommet de la hiérarchie, plus précieuses que les pierres elles-mêmes, se trouvent les perles.

rares dans les écus, ces régions resteront celles où l'indice de fréquence de l'animal sera le plus élevé. Toutefois, même ici, cet indice demeurera modeste : jamais plus d'une armoirie sur deux ou trois cents, alors que pour le lion, vedette du blason, l'indice se situe entre douze et quinze pour cent. Ailleurs en Europe, voir des licornes dans les écus est presque exceptionnel. Des pays entiers l'ignorent, du moins au Moyen Âge (Espagne, Portugal, Suède). D'autres préfèrent en faire une figure sigillaire, directement inscrite dans le champ d'un sceau, qu'une véritable figure du blason (France, Angleterre, Pays-Bas du Nord et du Sud). Ce lien privilégié de la licorne héraldique avec la haute vallée du Rhin, la Suisse, le Tyrol, l'Italie du Nord demeure inexpliqué. Le bouquetin des Alpes y est-il pour quelque chose ? Notons cependant qu'à la fin du Moyen Âge, c'est dans ces mêmes régions que la licorne peinte et sculptée, et même brodée ou tissée, est le plus fréquemment mise en scène. L'héraldique et l'iconographie ont ici partie liée.

Dans les armoiries, la licorne est généralement figurée entière, fièrement dressée (*rampante* ou *saillante*, dit la langue française du blason) et remplissant la totalité de l'écu. Mais on connaît aussi des exemples de

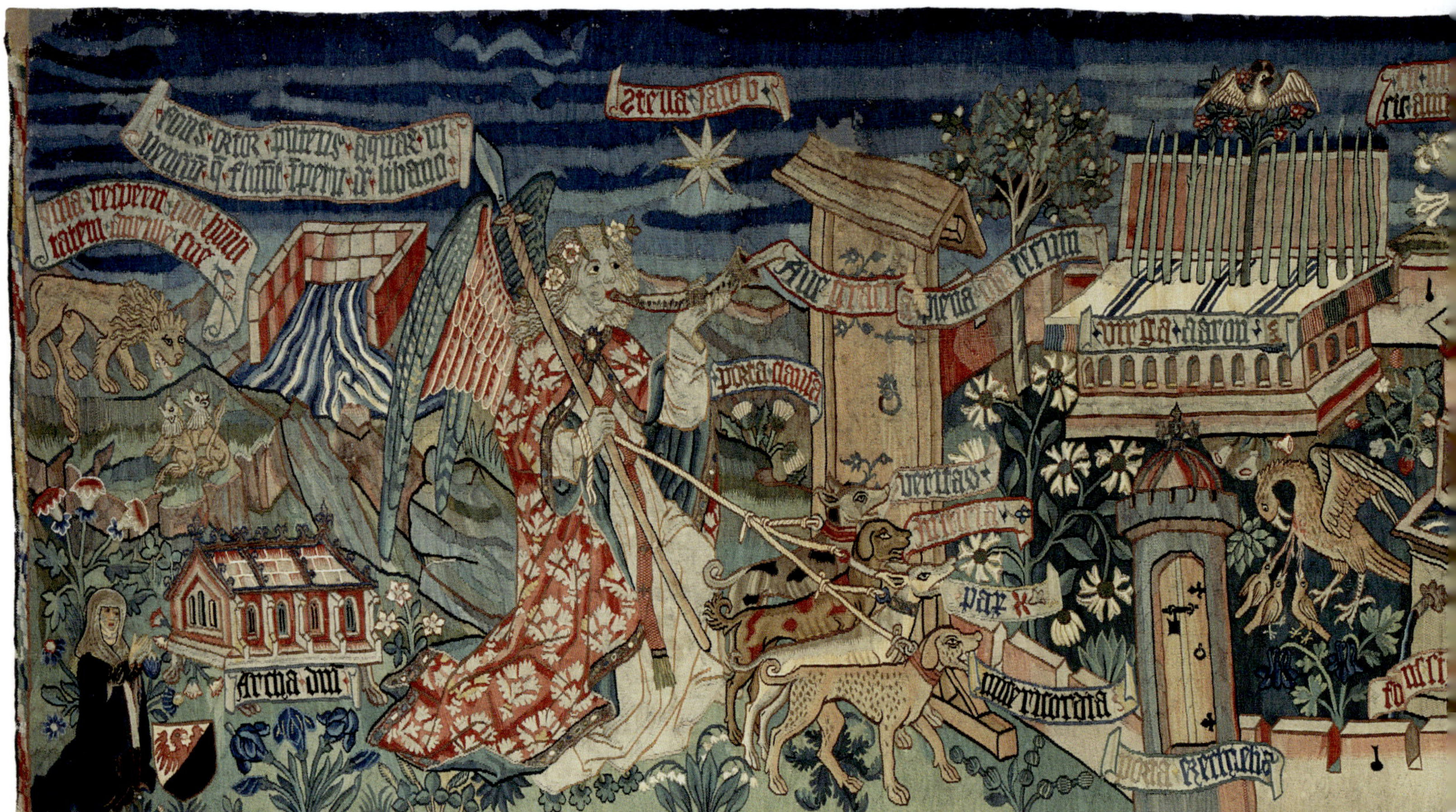

licornes représentées à mi-corps *(naissantes* ou *issantes)* et même, à l'époque moderne, de têtes de licornes employées isolément (Angleterre, Écosse). Graphiquement, l'animal ne diffère guère de celui que l'on voit sur les miniatures : ses formes varient d'un écu à l'autre et s'apparentent tantôt à celles d'une chèvre ou d'un bouc, tantôt à celles d'un cerf, d'une biche ou d'un cheval. Seule sa longue corne frontale permet de l'identifier sans hésitation. La plupart de ces licornes héraldiques sont *d'argent* (blanches), mais il existe aussi des licornes *d'or*, *d'azur* et même *de sable* (noires). Un bel exemple suisse en est peint dans le spectaculaire armorial de Conrad Grünenberg, achevé en 1483[9].

Rare à l'intérieur des écus, la licorne l'est beaucoup moins tout autour. À la fin du Moyen Âge, elle est souvent choisie comme cimier, figure emblématique qui surmonte le casque et dont l'emploi est plus libre et plus changeant que celui de la figure qui orne l'écu. Arborée dans les joutes et les tournois, elle fait la joie des spectateurs : le chevalier qui porte une tête ou un avant-corps de licorne en cimier semble en effet disposer sur son heaume d'une seconde lance, constituée par la corne de l'animal. Ailleurs, notamment sur les

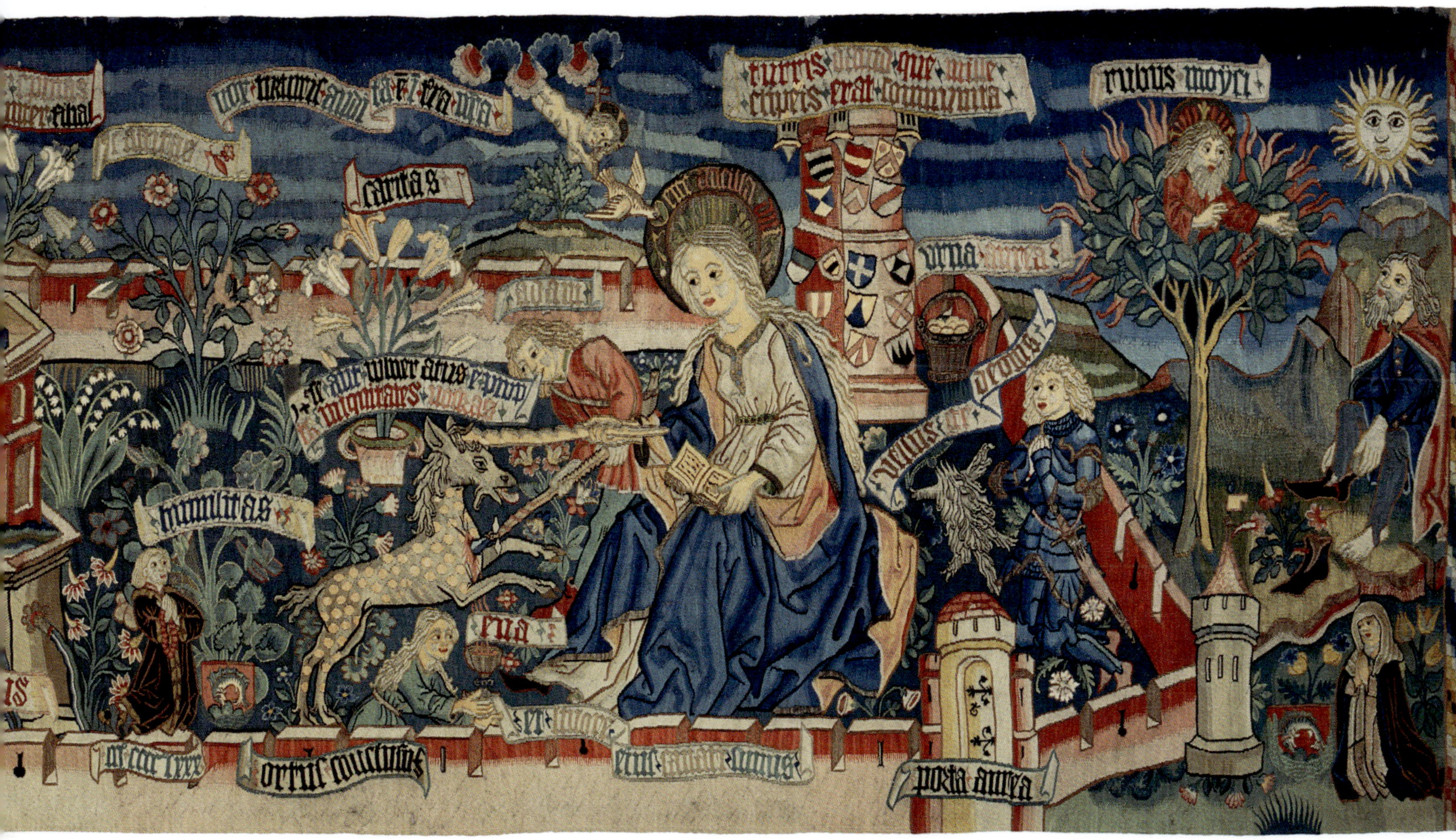

La licorne, attribut de la Vierge
Tapisserie de *La Chasse mystique*
Bâle, vers 1470-1480
Zurich, Schweizerisches Landesmuseum, inv. LM 1959

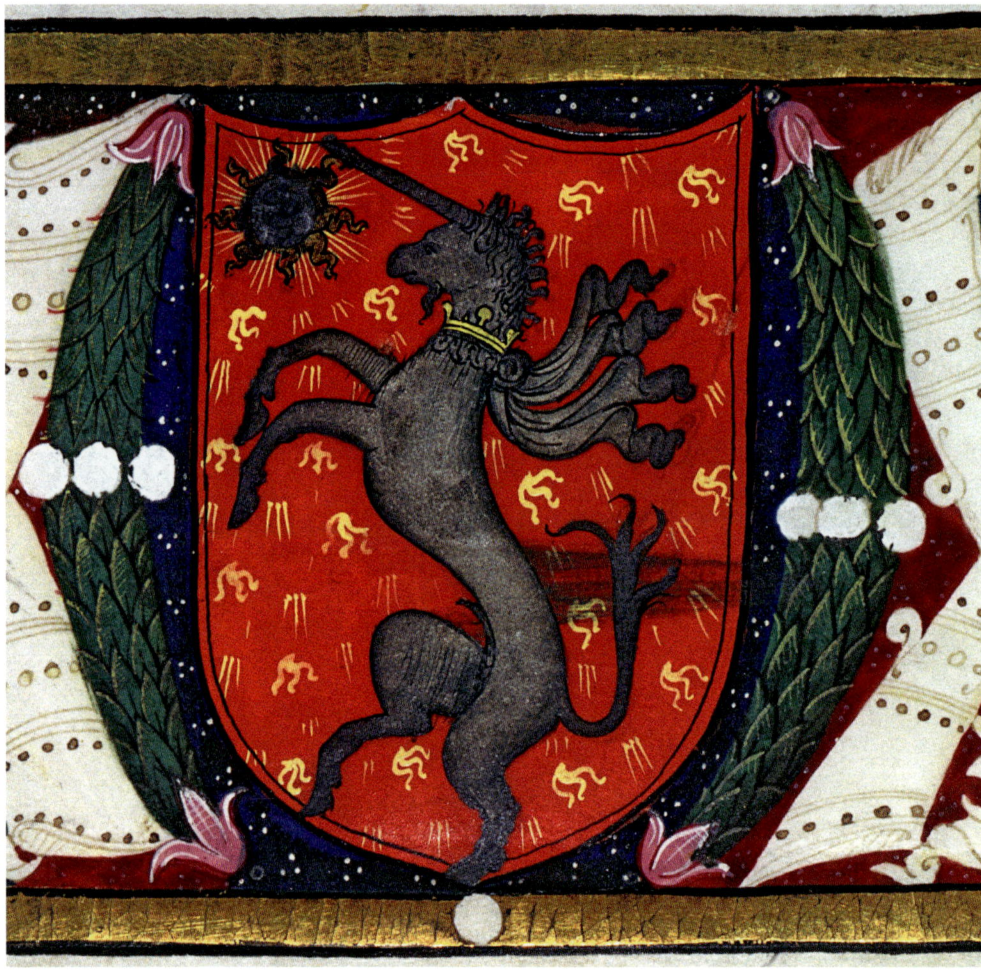

sceaux et les monnaies, la licorne est parfois choisie comme support de l'armoirie, c'est-à-dire comme figure tenant l'écu (parfois il ne s'agit pas d'une licorne, mais de deux, placées de part et d'autre). L'un des exemples les plus anciens se voit sur une monnaie frappée en Écosse pendant le règne de Jacques III (1466-1488) : les armes royales, chargées d'un lion enfermé dans un trescheur, sont tenues par une licorne. Au XVe siècle, cet animal est depuis quelques décennies déjà une figure emblématique du royaume d'Écosse, mais nous n'en savons pas vraiment les raisons[10]. Peut-être une légende liée à la jeune dynastie des Stuarts ? Par la suite, lorsque l'Écosse et l'Angleterre seront associées pour former le Royaume-Uni (1603), la licorne fera couple avec le lion pour tenir les nouvelles armes créées à cette occasion : à dextre le lion anglais, à senestre la licorne écossaise. Aujourd'hui, ce couple devenu pleinement britannique soutient encore les grandes armes de la reine Elisabeth, souveraine du Royaume-Uni.

Licorne héraldique
Armoiries italiennes non identifiées : *de gueules semé de flammes d'or, à la licorne d'argent, colletée d'une couronne d'or, au soleil rayonnant d'argent posé en chef à dextre*
Vers 1400
Milan, Biblioteca Nazionale Braidense

Armorial de Conrad Grünenberg
Écus et cimiers à la licorne
Constance, 1483
Berlin, Staatsarchiv
Preussischer Kulturbesitz,
Codex VIII HA II, fol. 21

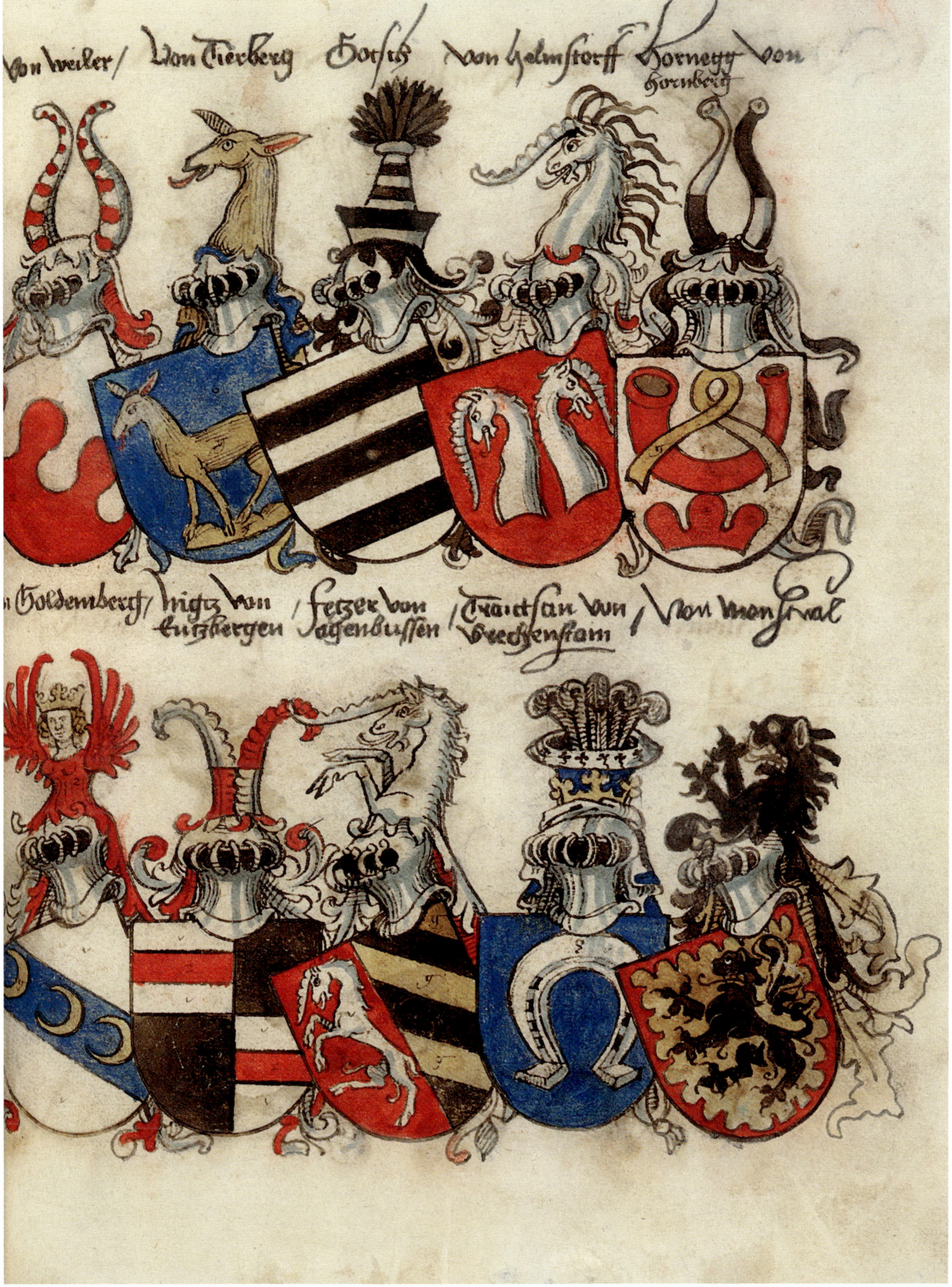

von weiler /
Von Tierberg
Hotsch /
von helmstorff
Hornegg von Hornberg
n Goldemberg /
Migtz von Eutzbergen
/ Fetzer von Sagenbussen
/ Traictsan von Brechsenstain
/ Von Monsral

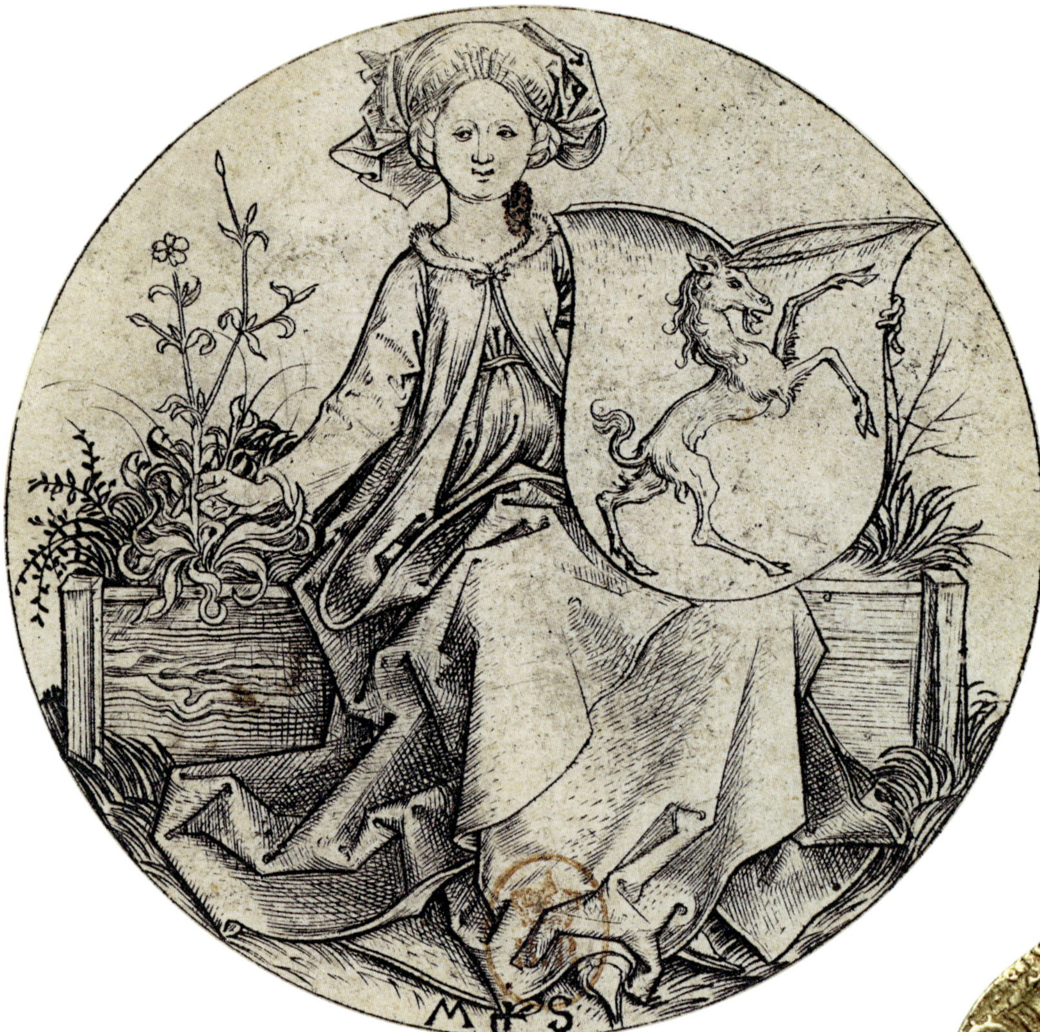

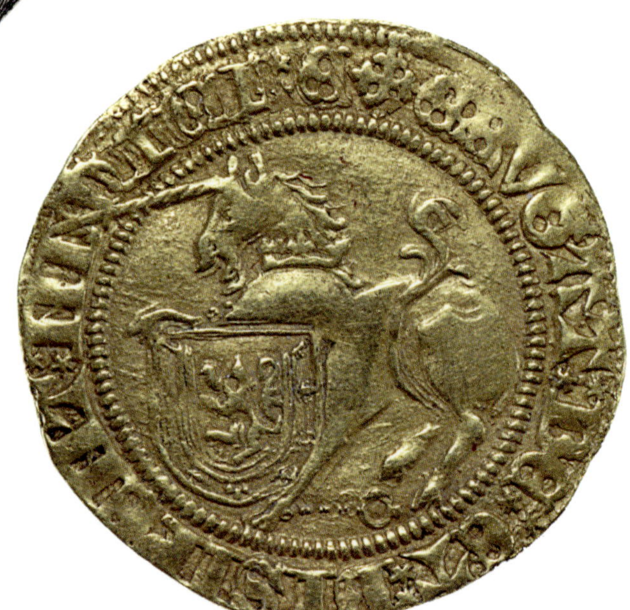

Jeune femme tenant un écu à la licorne
Martin Schongauer
Gravure au burin
Vers 1480-1490
Paris, Bibliothèque nationale de France,
département des Estampes et de la Photographie,
Res. EA-47 (5)

Monnaie d'or écossaise
Vers 1485
Londres, The British Museum,
Department of Coins and Medals, inv. E.2512
Monnaie d'or frappée sous le règne de Jacques III roi d'Écosse,
premier témoignage de la licorne employée comme support
héraldique des armoiries royales.

Un cimier à la licorne
Portrait équestre de Guilbert de Lannoy
Petit armorial équestre de la Toison d'or
Lille, vers 1440
Paris, Bibliothèque nationale de France,
ms. Clairambault 1312, fol. 271

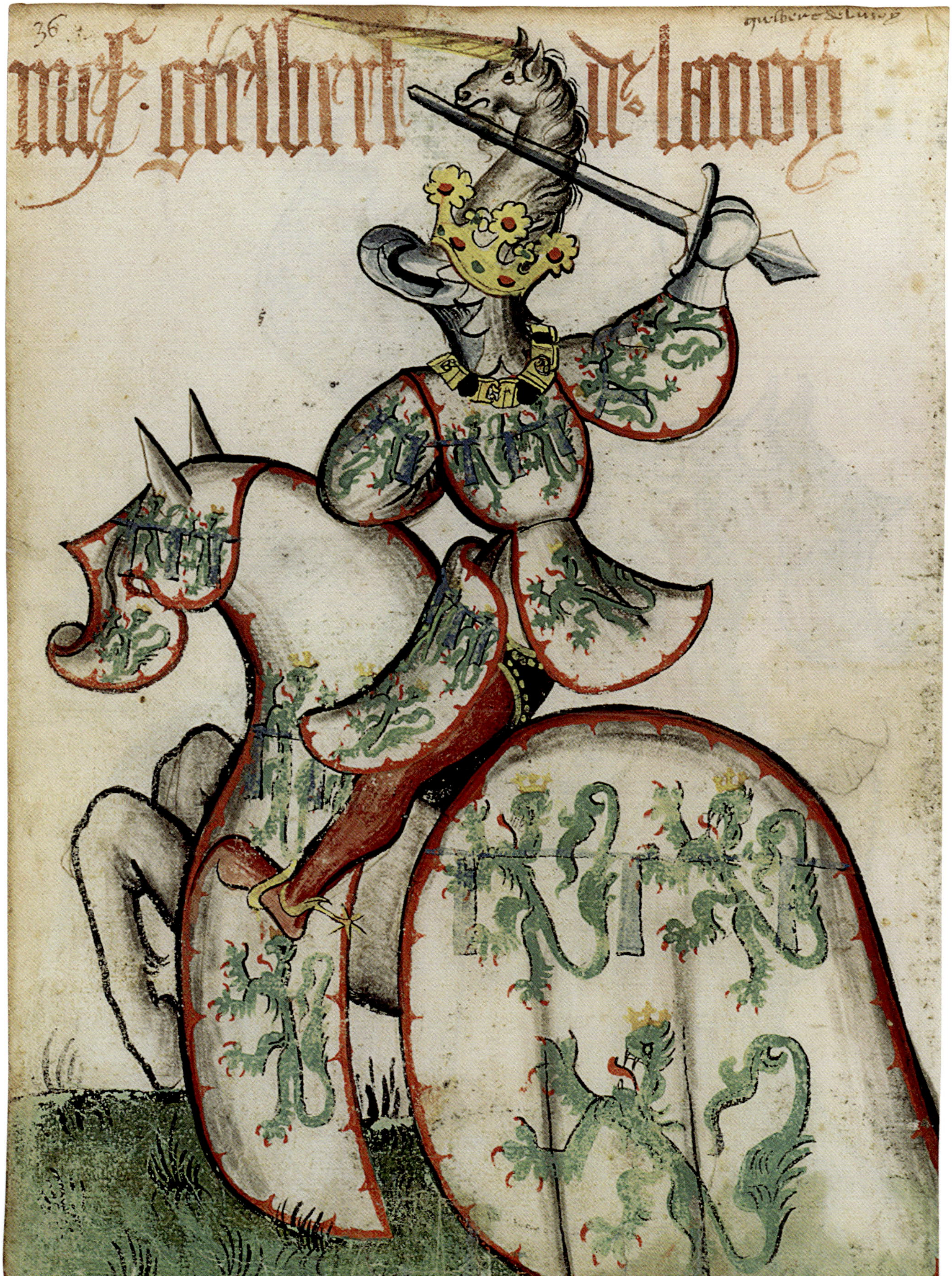
36
mess· guilbert de lanoy
guilbert de lanoy

À la fin du Moyen Âge, le thème de la licorne tenant ou portant autour du cou un écu est bien attesté dans les fêtes princières et les joutes chevaleresques. En octobre 1434, par exemple, lorsque le duc Amédée VIII de Savoie se rend à Milan pour visiter sa fille Marie et son gendre Filippo Maria Visconti, ses différentes armoiries sont fastueusement mises en scène à l'entrée de la ville, et c'est une immense licorne qui tient l'écu de Savoie[11]. De même, quelques années plus tard, en 1449, lors d'un fameux pas d'armes organisé par le chevalier Jacques de Lalaing (1423-1451) à Chalon, en Bourgogne, le « Pas d'armes de la fontaine des Pleurs », c'est au cou d'une grande licorne de pierre que sont suspendues les armoiries du défenseur du pas[12]. Sur ce point, les tentures du musée de Cluny, qui par quatre fois montrent une licorne tenant une bannière ou portant autour du cou un écu armorié, n'innovent en rien mais reprennent au contraire un motif qui semble avoir été courant dans les mises en scène héraldiques du Moyen Âge finissant : la licorne support d'armoiries[13].

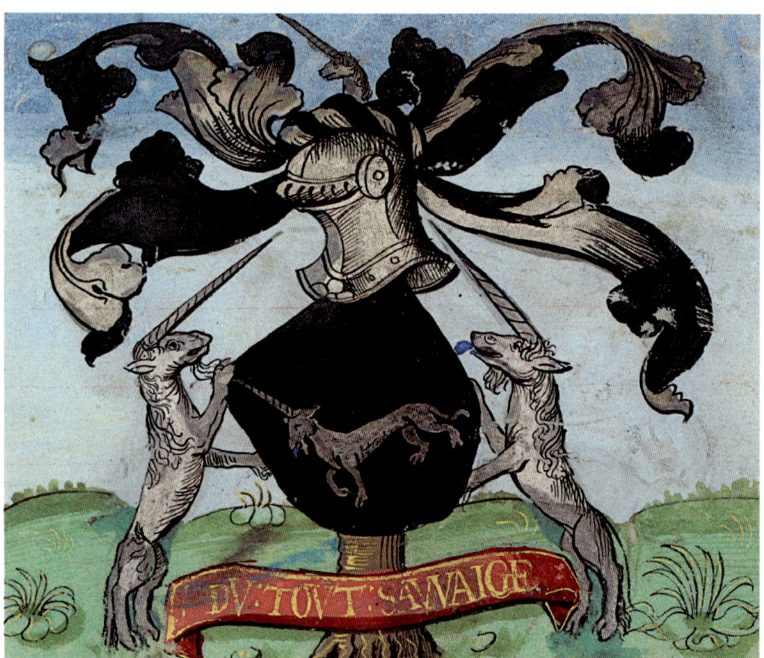

Armoiries de Gringalais le Fort, chevalier de la Table ronde
Armorial des chevaliers de la Table ronde
France de l'Ouest, vers 1490
Paris, Bibliothèque nationale de France, ms. fr. 1437, fol. 115

Dans les armoiries littéraires et imaginaires, la licorne, symbole de pureté, d'innocence, de fierté et de bravoure, est une figure bien plus fréquente que dans les armoiries véritables.

À l'époque moderne, la licorne voit son indice de fréquence grandir considérablement, aussi bien à l'intérieur des écus qu'en support ou en cimier, au point d'être souvent considérée par certains auteurs des XIXe et XXe siècles comme l'une des vedettes du bestiaire blasonné. C'est là une opinion exagérée si l'on s'en tient aux seules statistiques (une trentaine d'animaux au moins ont un indice de fréquence supérieur), mais c'est une opinion fondée si l'on considère la symbolique héraldique et les domaines voisins. Au fil des siècles, en effet, cette symbolique, à l'origine fort simple, se construit de plus en plus sur des fictions, des fantasmes, des mythes et obéit même parfois à une dérive ésotérisante très éloignée de l'esprit originel du blason. Le bestiaire en est la principale victime. Nous en reparlerons.

LA SYMBOLIQUE COURTOISE

Revenons à la fin du Moyen Âge, quittons l'héraldique et évoquons une dimension de la licorne qui prend alors de plus en plus d'importance dans les textes littéraires et dans les arts profanes : la courtoisie. L'animal n'est plus seulement mis en relation avec le Christ, la Vierge ou l'amour divin, mais aussi et surtout avec l'amour charnel, le chevalier et sa dame, le tournoi, la chasse, la forêt. D'où sa présence sur des objets et des images qui ne sont nullement destinés à prendre place dans des trésors d'églises ou d'abbayes : coffrets peints et coffrets d'ivoire, valves de boîtes, broderies et tapisseries, aquamaniles, aumônières, carreaux de pavement, décors éphémères. Le thème de la chasse à la licorne devient une métaphore de la conquête amoureuse, et l'animal se transforme parfois en un véritable attribut de l'amour profane. Par une ambivalence dont la symbolique médiévale est coutumière, la licorne représente tantôt le chevalier, tantôt la dame. La corne peut revêtir aussi bien une signification virile et phallique qu'une dimension féminine et protectrice : s'en emparer, c'est s'emparer de la virginité de la jeune femme. D'où l'ambiguïté

Licorne tenant une bannière aux armes des Le Viste
Le Goût (détail)
Tenture dite de *La Dame à la licorne*
Vers 1500
Paris, musée de Cluny, inv. Cl. 10831

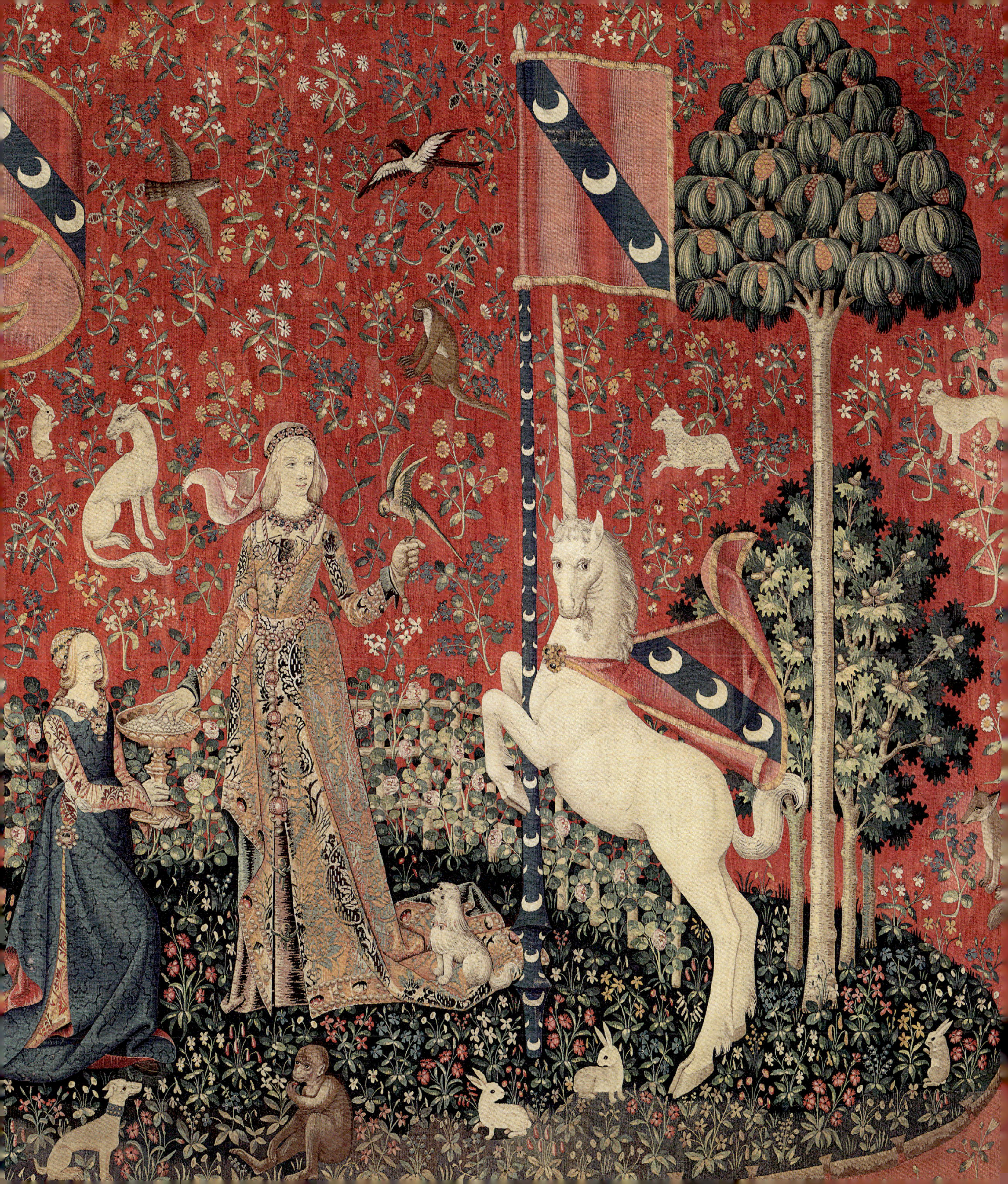

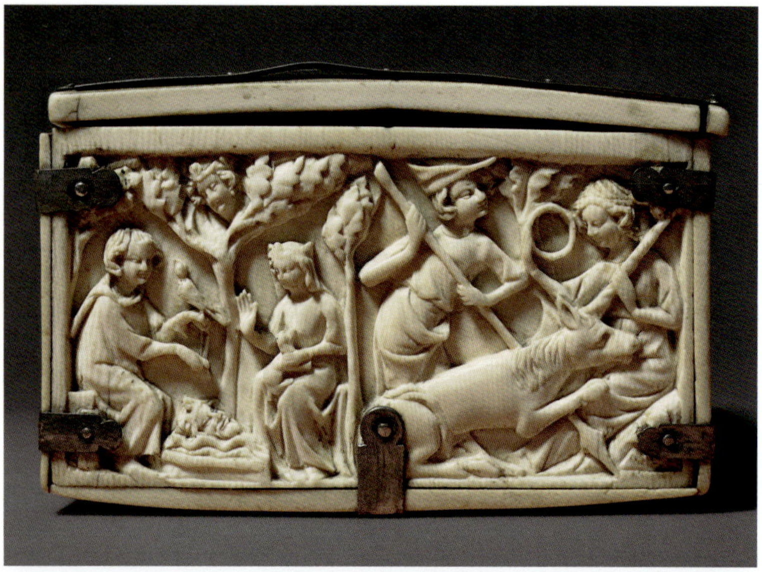

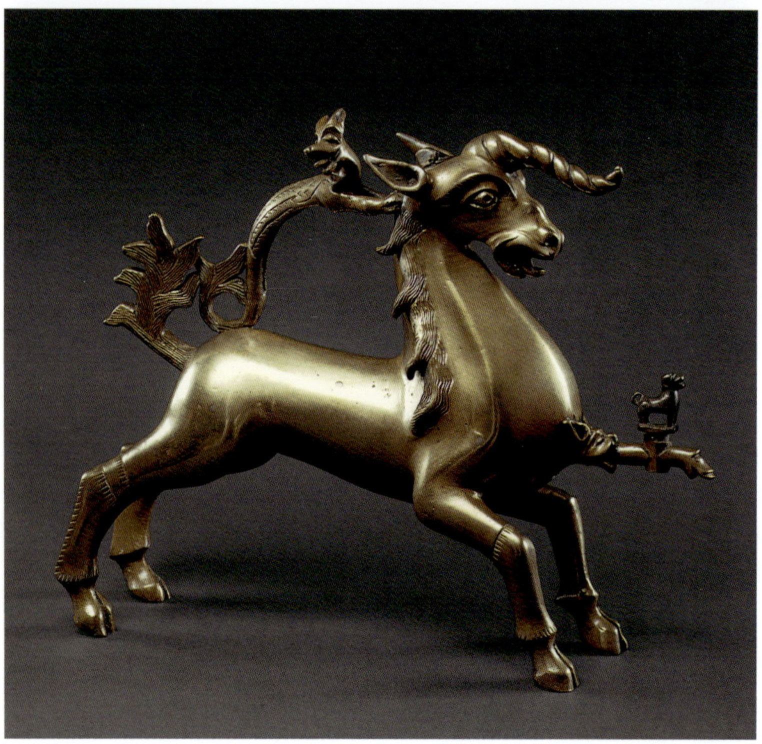

du thème de la chasse et l'importance du contexte. Où nous trouvons-nous ? dans la forêt ? dans un enclos ? ailleurs ? L'animal est-il poursuivi par les chasseurs ? attiré par l'odeur d'une jeune fille vierge ? libre et impétueux parmi les hommes et femmes sauvages ? À la même époque, le thème voisin de la chasse au vol, abondamment représenté sur les mêmes objets et les mêmes œuvres d'art, est bien moins ambigu : l'oiseau chasseur représente le seigneur ou le chevalier ; l'oiseau chassé, la dame à conquérir.

Cette iconographie profane de la licorne naît vers la fin du XIIIe siècle autour du lac de Constance et dans la haute et moyenne vallée du Rhin. Puis elle se diffuse dans le monde germanique méridional, en Suisse et en Italie du Nord, avant de concerner l'Europe occidentale dans son ensemble à la fin du Moyen Âge. Deux thèmes sont particulièrement mis en valeur, tous deux liés à la forêt : la chasse, avec ou sans jeune fille, et la vie parmi les hommes sauvages. À partir de la fin du XIVe siècle, ces derniers sont à la mode. Peints, sculptés, tissés ou brodés, on les voit partout, sur les murs, sur les meubles, sur les vitraux, sur les tentures, dans les marges des manuscrits enluminés et jusque dans le décor des stalles des églises. Les fêtes et les spectacles les mettent en scène, l'héraldique et l'emblématique en font un grand usage. Les sauvages accompagnent désormais les armoiries et, comme les licornes, surmontent les heaumes ou soutiennent les écus : sauvages masculins, portant ou non une massue, mais aussi sauvageonnes nues, vêtues de leur seule pilosité.

La vogue du thème atteint son point culminant dans les années 1400-1430 et perdure jusqu'au début du XVIe siècle[14]. Elle est liée à des curiosités nouvelles, ou renouvelées, pour les êtres étranges, situés aux frontières de l'animalité. Mais elle correspond également aux récits de voyageurs occidentaux qui, vers l'Asie et vers l'Afrique, découvrent alors des peuples ignorés et font reculer les limites du monde connu. En outre, cette vogue s'accompagne parfois d'un certain discours moral : ces sauvages, plus ou moins fantasmés, ne sont pas tous négatifs ou diaboliques ; comme les premiers ermites chrétiens au désert, ils vivent dans l'état de nature et

La mort de la licorne
Coffret en ivoire orné de scènes courtoises
(à gauche, Tristan et Yseut)
Paris (?), vers 1310-1320
Londres, The British Museum, inv. PY 1856,0623.166

Aquamanile
Aquamanile en bronze en forme de licorne
Nuremberg, vers 1400
Paris, musée de Cluny,
inv. Cl. 2136

n'ont pas été corrompus par le dérèglement des mœurs ni la soif du profit. Certes, Jean-Jacques Rousseau et son « mythe du bon sauvage » sont encore loin, mais s'exprime déjà, chez quelques moralistes de la fin du Moyen Âge, l'idée que certains peuples sauvages peuvent représenter des modèles pour une société chrétienne ayant sombré dans la licence, le malheur ou le désespoir[15].

Les images associent parfois la licorne au sauvage, notamment dans les tapisseries. Comme lui, elle vit dans la forêt, loin des hommes et de la corruption. Comme lui, elle est libre, nue, pileuse. Son pelage blanc s'oppose ou s'harmonise au pelage sombre du sauvage, sorte d'ours plus ou moins humanisé. D'un côté une beauté douce et blanche ; de l'autre une pilosité drue, touffue et sombre : la belle et la bête ne sont pas celles que l'on croit.

La littérature profane n'est pas en reste qui accorde à la licorne une place nouvelle et valorisante. Fini le temps des bestiaires et des animaux symboliquement ambivalents. La mauvaise licorne a disparu et cédé la place à une créature entièrement positive, attribut de la pureté et de la loyauté, de la courtoisie et de l'amour. Un roman anonyme composé vers le milieu du XIVe siècle en constitue une sorte d'archétype : *La Dame à la licorne et le beau chevalier au lion*[16]. Le texte versifié, plus ou moins inspiré du *Chevalier au lion* de Chrétien de Troyes, est long (plus de vingt mille octosyllabes) et quelque peu fastidieux pour un lecteur moderne. Peut-être écrit pour la reine Blanche de Navarre, seconde femme du roi de France Philippe VI, il met en scène une princesse vertueuse, qui a pour animal protecteur une licorne, envoyée par le dieu d'Amour, et un beau et vaillant chevalier, épris de la dame, qui a pour compagnon un lion apprivoisé. Ici aussi, comme sur les sceaux et les armoiries et comme, plus tard, sur les tapisseries du musée de Cluny, les deux animaux font couple. L'histoire raconte comment la dame est enlevée par un seigneur félon alors que son chevalier est parti au loin courir l'aventure. De retour, ce dernier assiège le château du ravisseur, libère la dame, et tous deux s'en reviennent, lui chevauchant son lion, elle, montée sur la licorne[17].

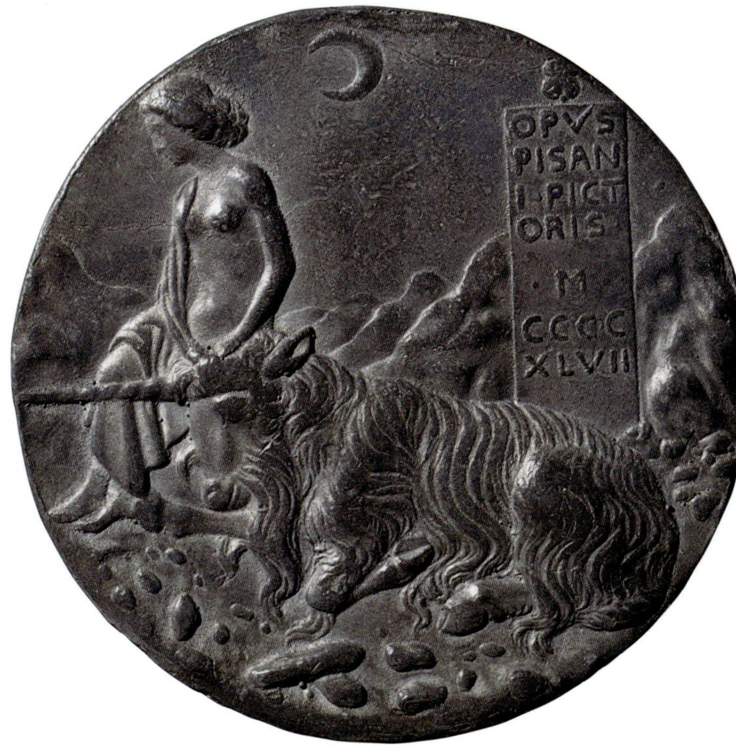

La licorne symbole de pureté
Pisanello, médaille à l'effigie de Cécile de Gonzague, 1447
Washington, National Gallery of Art,
Samuel H. Kress Collection, inv. 1957.14.609.b

Inventée par le peintre Pisanello à la fin des années 1430, la médaille est une création biface : au droit, l'effigie ou le portrait d'un personnage ; au revers, ses armoiries, ses emblèmes ou une allégorie représentant une idée qui lui est chère.

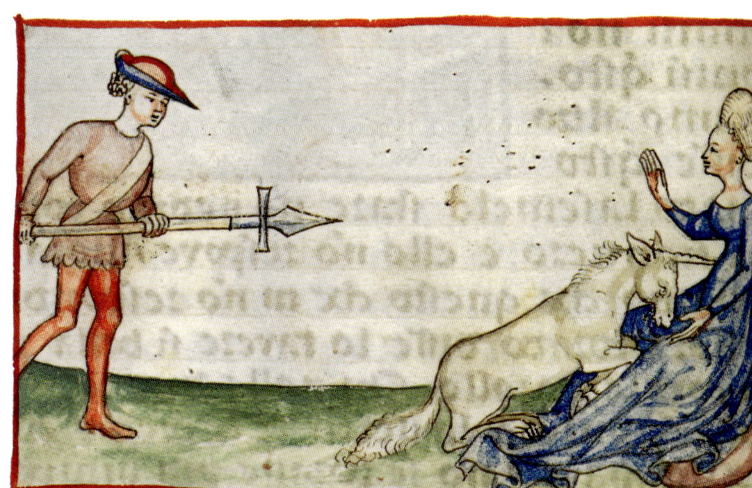

La jeune fille, la licorne et le chasseur
Fiore de virtu e de costumi
Italie du Nord, vers 1440
Londres, The British Library, ms. Harley 3448, fol. 36 v°

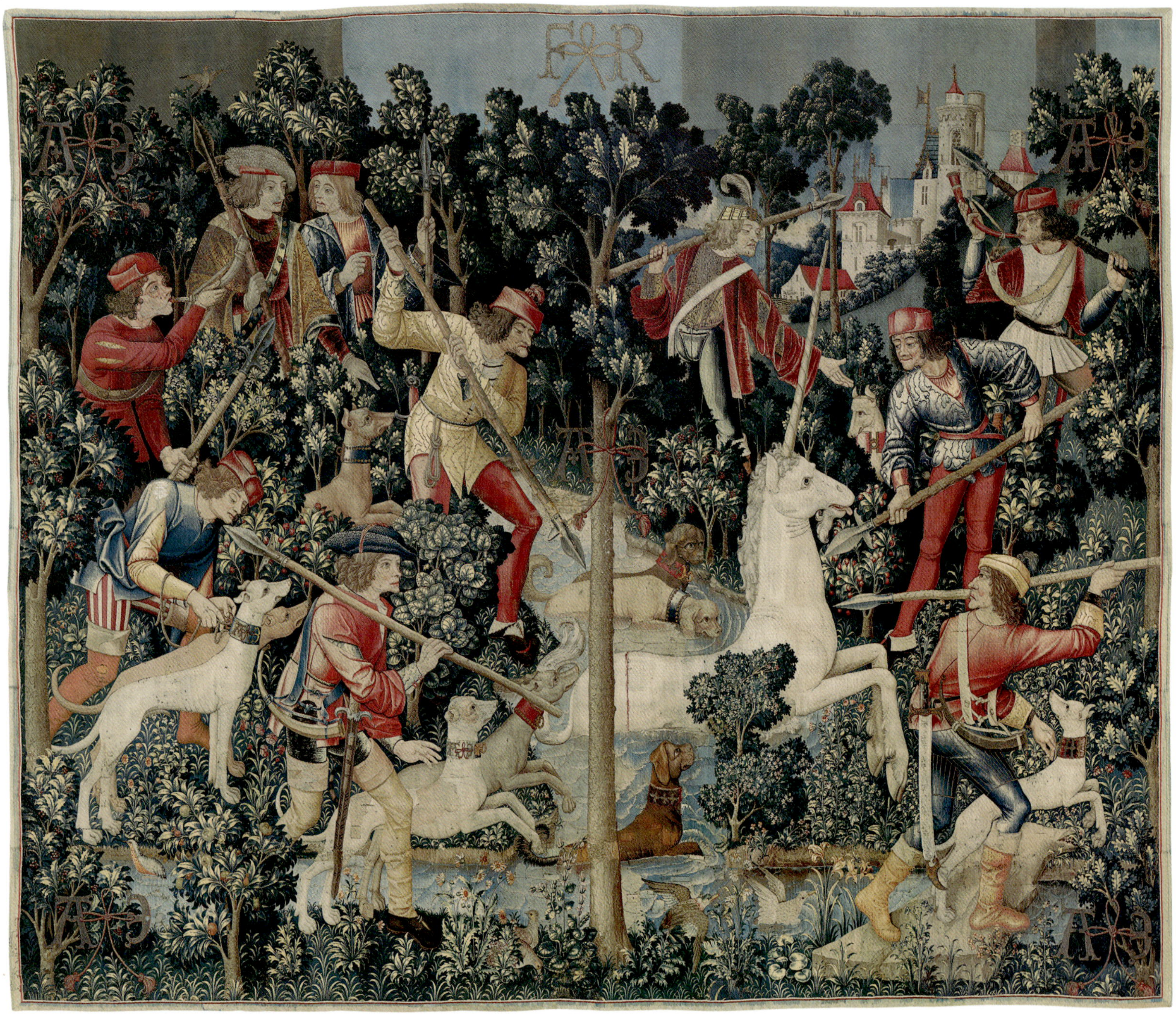

La licorne franchissant un ruisseau
Tenture de *La Chasse à la licorne*
Vers 1500
New York, The Metropolitan Museum of Art,
Cloisters Collection, inv. 37.80.3,
don John D. Rockefeller, 1937

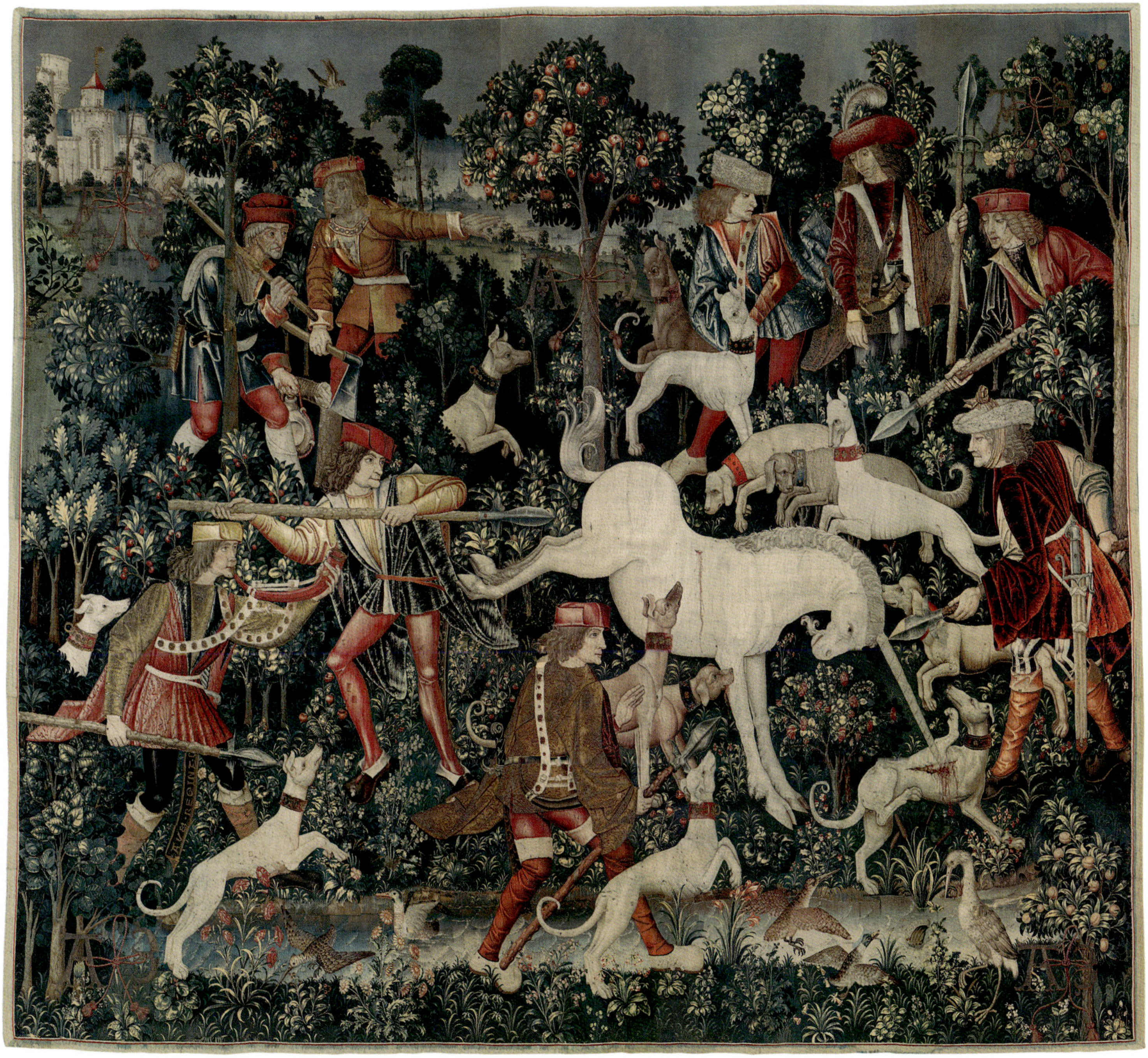

La Licorne aux abois
Tenture de *La Chasse à la licorne*
Vers 1500
New York, The Metropolitan Museum of Art,
Cloisters Collection, inv. 37.80.4,
don John D. Rockefeller, 1937

Tout aussi célèbres que celles du musée de Cluny, à Paris, les sept tapisseries du musée des Cloîtres, à New York, ne représentent pas les cinq sens mais la chasse et la capture du fier animal, qui se défend courageusement, blesse les chiens de sa corne et frappe les chasseurs de ses sabots.

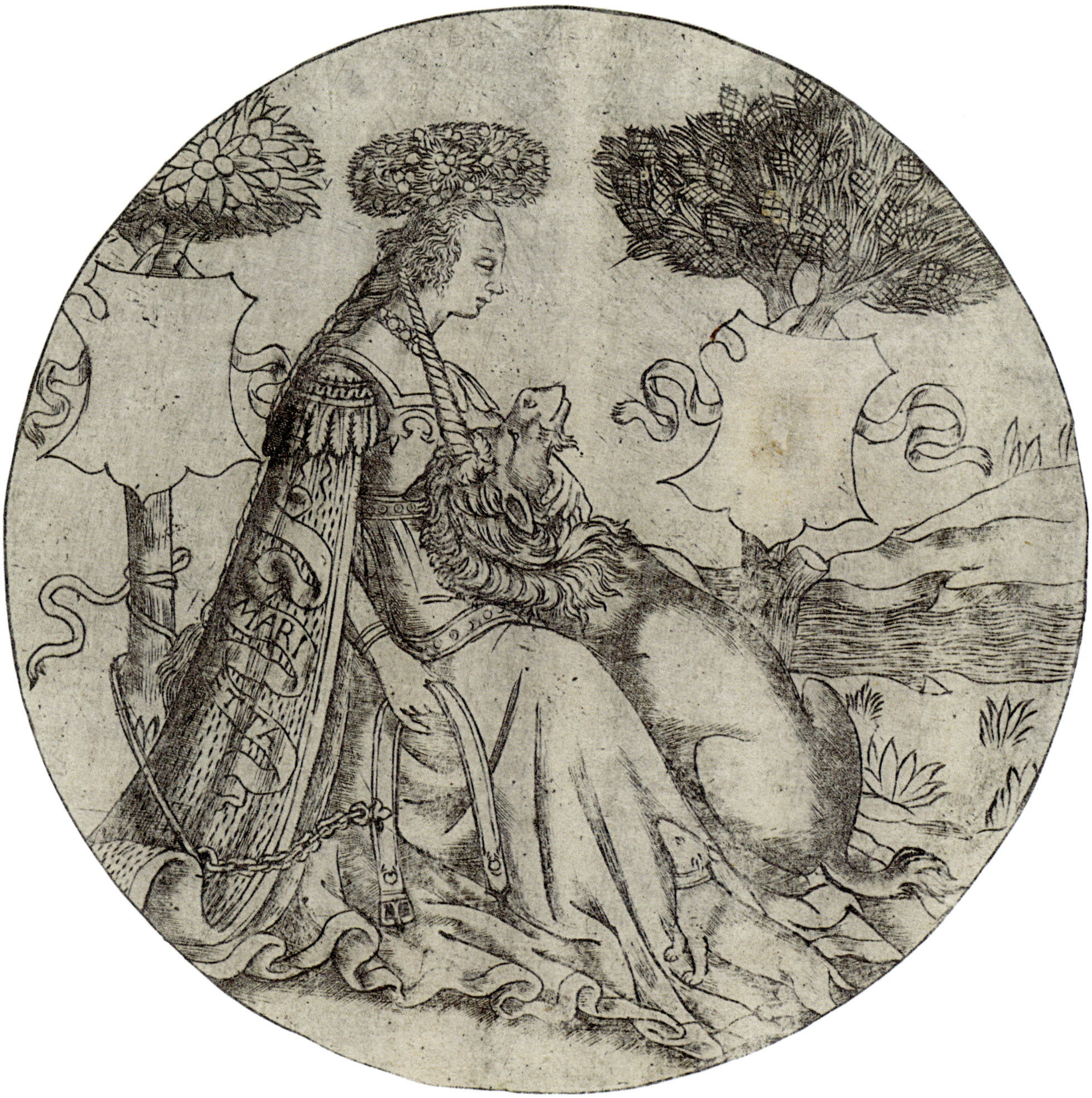

Capture d'une licorne
Attribué à Bartolomeo Baccio Baldini
Florence, vers 1475
Londres, The British Museum, inv. 1852,0301.2

Les chasseurs ne sont pas toujours présents dans la scène de la capture de la licorne. Parfois, c'est la jeune fille elle-même qui profite de ce que l'animal s'endort sur son sein pour lui passer un collier ou une chaîne.

Les propriétés de la licorne
Platearius, *Le Livre des simples médecines*
Paris, vers 1520
Paris, Bibliothèque nationale de France, ms. fr. 12322, fol. 188

Sur cette miniature, la grand enlumineur Robinet Testard a fusionné en une seule scène les deux propriétés les plus remarquables de la licorne : elle est attirée par l'odeur de la virginité ; sa corne a pour vertu de purifier l'eau empoisonnée.

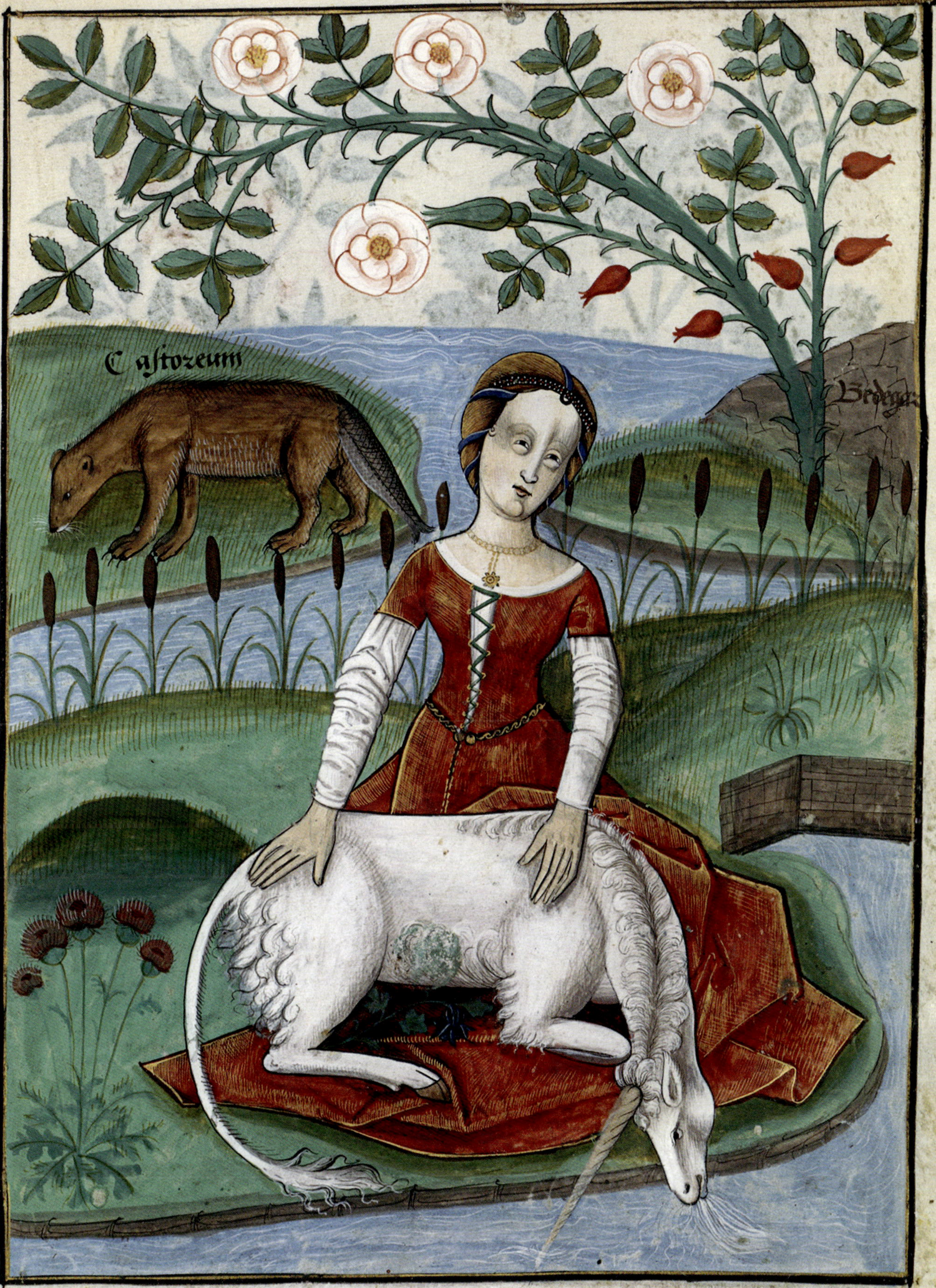
Castoreum
Bedegar

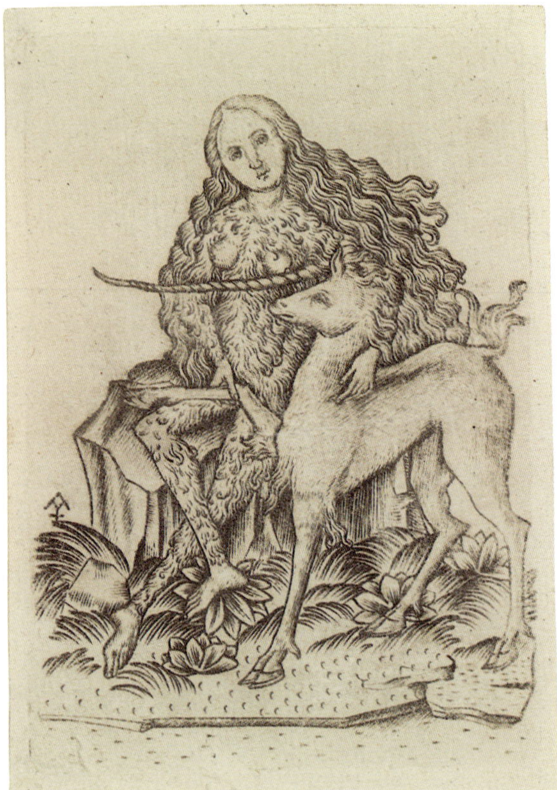

Femme sauvage et licorne
Maître ES
Carte à jouer gravée
Allemagne méridionale, vers 1460
New York, The Metropolitan Museum of Art, inv. 22.83.16

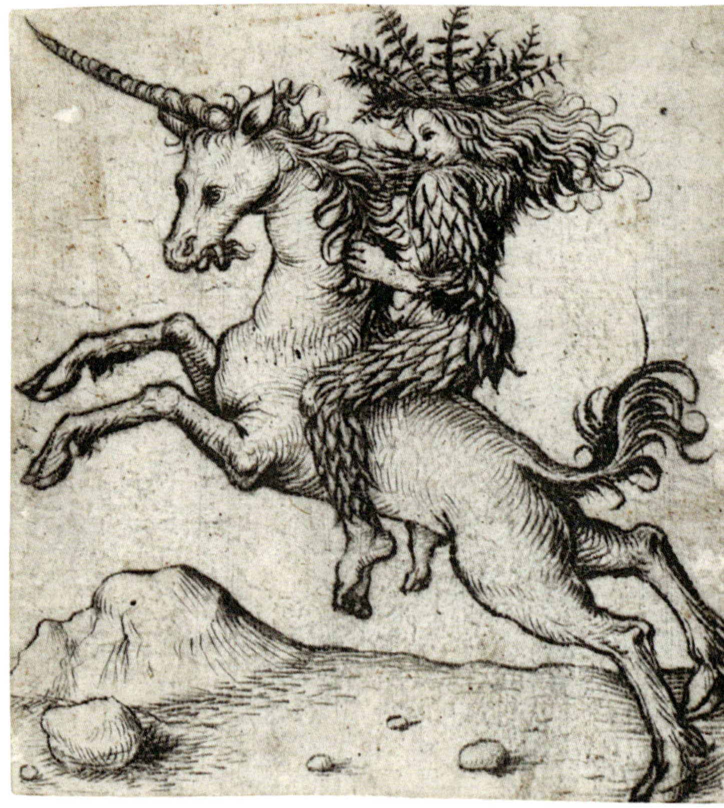

Femme sauvage chevauchant une licorne
Carte à jouer gravée
Flandre, fin du XVᵉ siècle
Amsterdam, Rijksmuseum,
inv. RP-P-OB-915

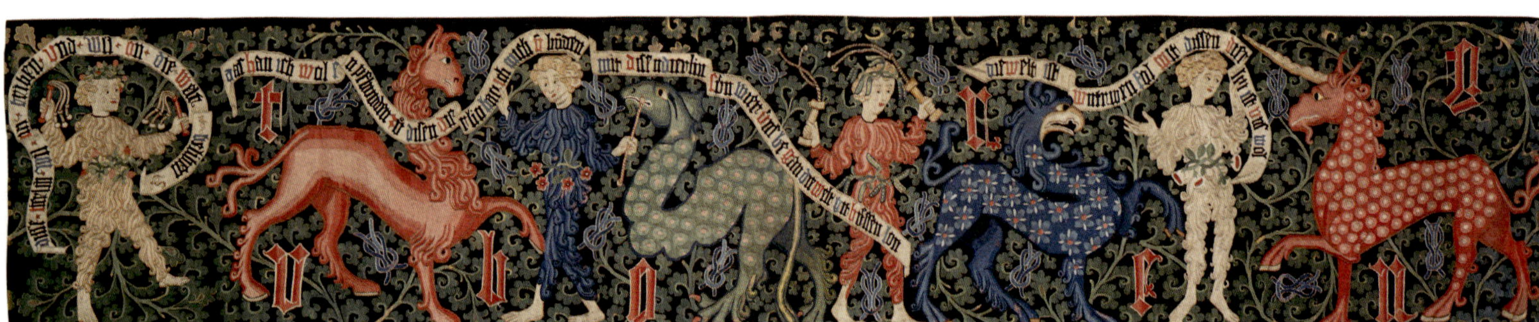

Licorne et griffon
Tapisserie
Bâle, vers 1460
Vienne, Österreichisches Museum für angewandte Kunst,
inv. T 9124

Dès la fin du XIIIᵉ siècle, l'Occident commence à douter de l'existence du griffon, animal composite, hérité de l'Antiquité orientale, formé d'un avant-corps d'aigle et d'un arrière-train de lion. L'iconographie le remplace parfois par un simple lion à tête d'aigle.

Ci-contre
Jeune fille sauvage et licorne
Tapisserie
Strasbourg, vers 1490
Bâle, Historisches Museum

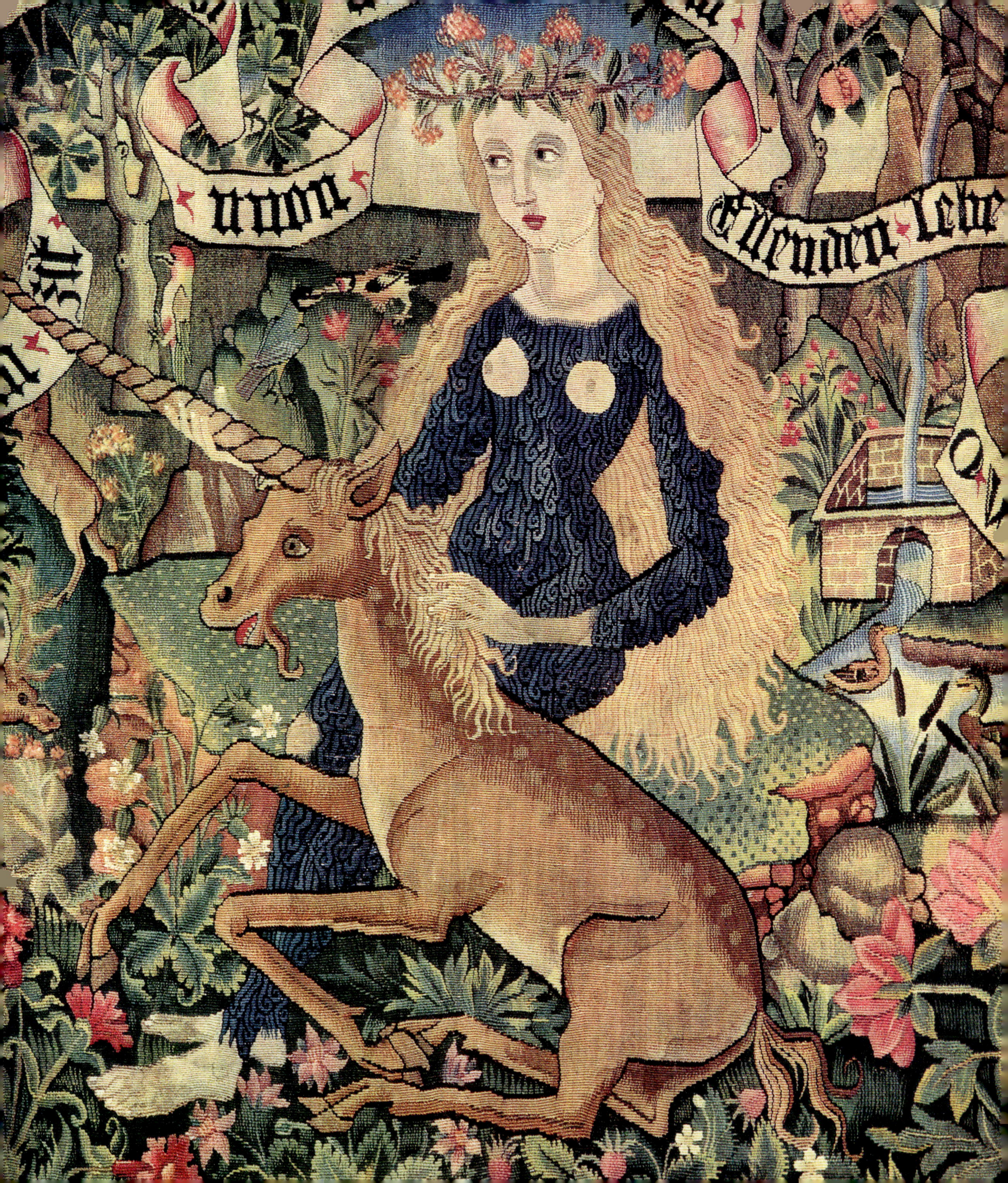

LE BESTIAIRE DES CINQ SENS

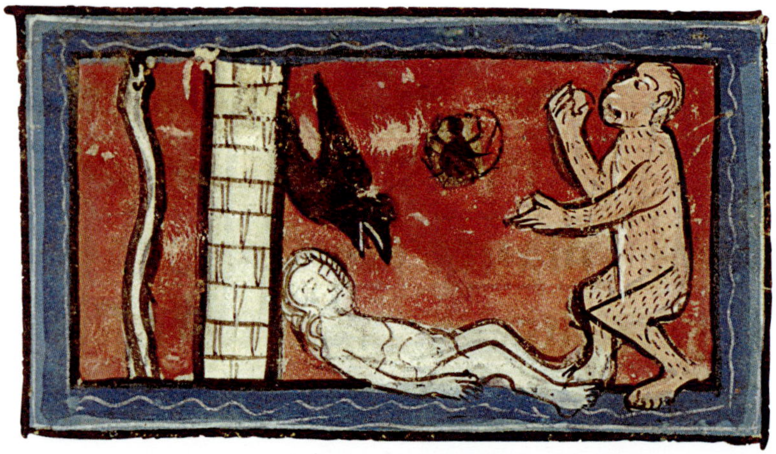

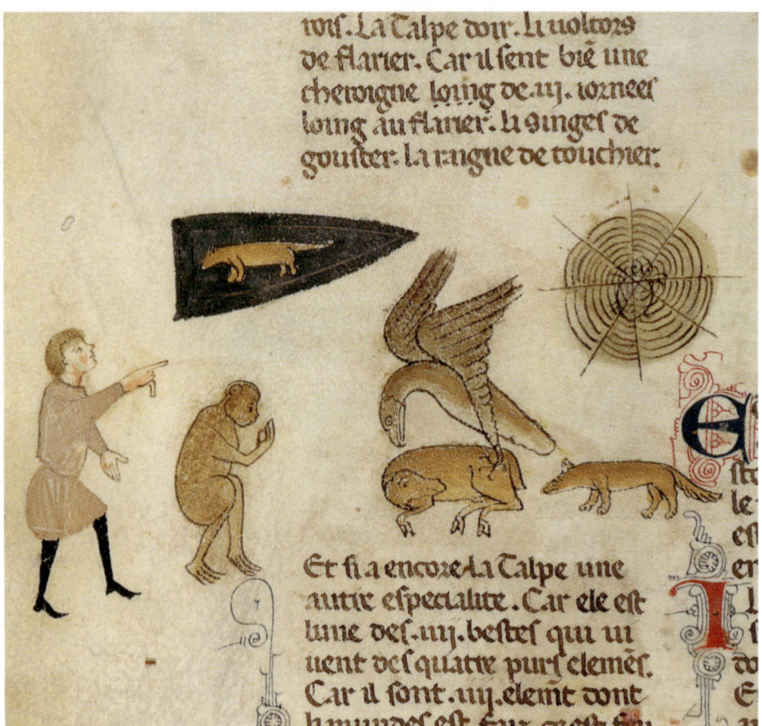

Dans les images du Moyen Âge finissant, la licorne joue parfois un rôle qui n'était jamais le sien précédemment : attribut de deux des cinq sens, le toucher et l'odorat. Associer un ou plusieurs animaux à chacun des sens n'est pas une invention de la culture médiévale. Les auteurs grecs et romains le faisaient déjà, et Pline a établi dans son *Histoire naturelle* une liste qui a fait autorité pendant plus d'un millénaire : l'homme l'emporte pour le sens du goût et pour celui du toucher, l'aigle pour la vue, le vautour pour l'odorat et la taupe pour l'ouïe[18]. Nous ignorons quelles ont été les sources de Pline pour la rédaction de ce passage (il ne semble pas s'agir d'Aristote), mais lui-même a été la source de nombreux auteurs du Moyen Âge. Quelquefois, certains d'entre eux remplacent l'homme par le singe pour le goût et par l'araignée pour le toucher, d'autres substituent le lynx à l'aigle pour la vue, mais, dans l'ensemble, cette liste des champions des cinq sens varie peu.

À partir du XIIIe siècle, toutefois, elle tend à s'allonger et à se diversifier, en même temps que le thème des sens connaît une vogue nouvelle, notamment dans la littérature allégorique et l'iconographie emblématique. Chacun des sens finit par posséder son propre bestiaire, un bestiaire abondant mais qui diffère quelque peu selon les sources : encyclopédies, poésies didactiques, livres de chasse, traités de blason, armoiries imaginaires, manuscrits enluminés, peintures murales, tapisseries ; plus tard, jetons et médailles, bois gravés, et plus tard encore, livres d'emblèmes et manuels d'iconologie.

Les animaux associés au sens du toucher sont relativement nombreux. Tout d'abord l'araignée, qui ne voit ni n'entend, mais qui perçoit tactilement une présence avant même d'être effleurée. Puis trois animaux qui possèdent au bout de leurs pattes antérieures des mains plus ou moins semblables à celles de l'homme et qui sont par là même capables de prendre un objet et de le manipuler : le singe, l'écureuil, l'ours. Les images les montrent souvent tenant quelque chose

Les « champions » des cinq sens
Richard de Fournival, *Bestiaire d'Amour*
Paris, vers 1280
Paris, Bibliothèque nationale de France, ms. fr. 1444, fol. 259 v°

Pour la symbolique médiévale, chacun des cinq sens est représenté par un animal : la vue par le lynx (assimilé parfois à un grand ver au regard perçant les murailles) ; l'ouïe par la taupe (plus rarement par le sanglier) ; l'odorat par le vautour ; le toucher par l'araignée ; le goût par le singe.

Le bestiaire des cinq sens
Richard de Fournival, *Bestiaire d'Amour*
Paris (?), vers 1290
New York, The Morgan Pierpont Library, ms. 459, fol. 9 v°

dans leurs mains. S'y ajoutent des animaux répugnants au toucher, notamment ceux qui ont un corps visqueux ou pustuleux : le serpent, le crapaud, le dragon. Enfin, mais plus rarement, deux animaux qui par pudeur ou par fierté ne se laissent pas toucher : l'hermine et le cygne.

À cette liste il faut adjoindre le blaireau, dont le nom latin *(taxus)* entretient une relation phonique avec celui du toucher *(tactus)*[19], et surtout la licorne, qui a le pouvoir de purifier tout ce qu'elle touche de sa corne, notamment l'eau souillée ou empoisonnée. Au XVe siècle, la licorne devient même, à l'égal de l'araignée, l'une des deux championnes du sens du toucher : les images qui la représentent trempant sa corne dans l'eau d'une source empoisonnée par le dragon se multiplient et sont désormais plus nombreuses que celles de la chasse. Attribut nouveau du toucher, la licorne contribue à la revalorisation de ce sens, autrefois jugé moins noble que l'ouïe ou la vue (parce que fonctionnant de près), mais qui connaît à la fin du Moyen Âge une indéniable promotion.

Il en va de même de l'odorat, sens anciennement considéré comme méprisable, voire abject, parce que plus développé chez l'animal que chez l'être humain. Lui aussi se revalorise à l'aube des temps modernes. La vogue grandissante des parfums en milieu de cour explique en partie cette revalorisation, mais il n'est pas interdit de penser que l'admiration pour la licorne, seul animal attiré par l'odeur de virginité, y a aussi sa part. À ce titre, en effet, elle devient également un nouvel attribut de l'odorat et rejoint, dans un riche bestiaire, sa « cousine » la panthère, autre animal christologique qui entretient avec l'odorat des relations privilégiées. Non pas qu'elle soit attirée par telle ou telle odeur remarquable, comme la licorne, mais parce qu'elle produit elle-même un parfum merveilleux, qui sort de son haleine et a pour vertu d'attirer tous les animaux bienfaisants et au contraire de faire fuir les serpents, les dragons et les démons[20].

La licorne et la panthère mises à part, le bestiaire de l'odorat présente une faune plutôt négative. Tout d'abord le vautour, dont Pline faisait déjà le champion

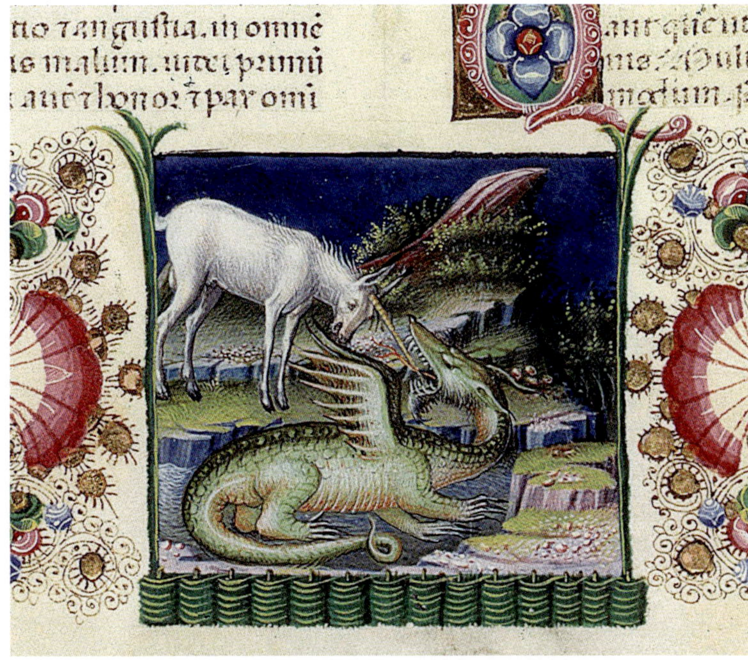

La licorne et le dragon
Bible de Borso d'Este
Ferrare, 1461
Modène, Biblioteca Estense Universitaria, Cod. lat. 422-423, fol. 112

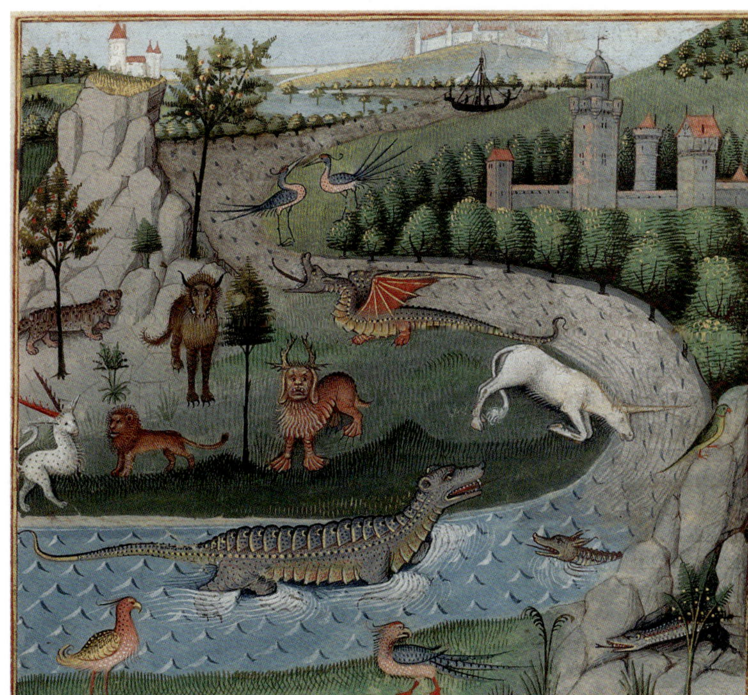

La purification de l'eau
Secrets d'histoire naturelle
Manuscrit enluminé par Robinet Testard
Angoumois, vers 1485
Paris, Bibliothèque nationale de France, ms. fr. 22971, fol. 15 vº

Une scène fréquemment représentée à la fin du Moyen Âge montre la licorne trempant sa corne dans l'eau empoisonnée afin de la purifier, tandis que de nombreux animaux s'apprêtent à boire et que le dragon, créature méphitique, s'enfuit.

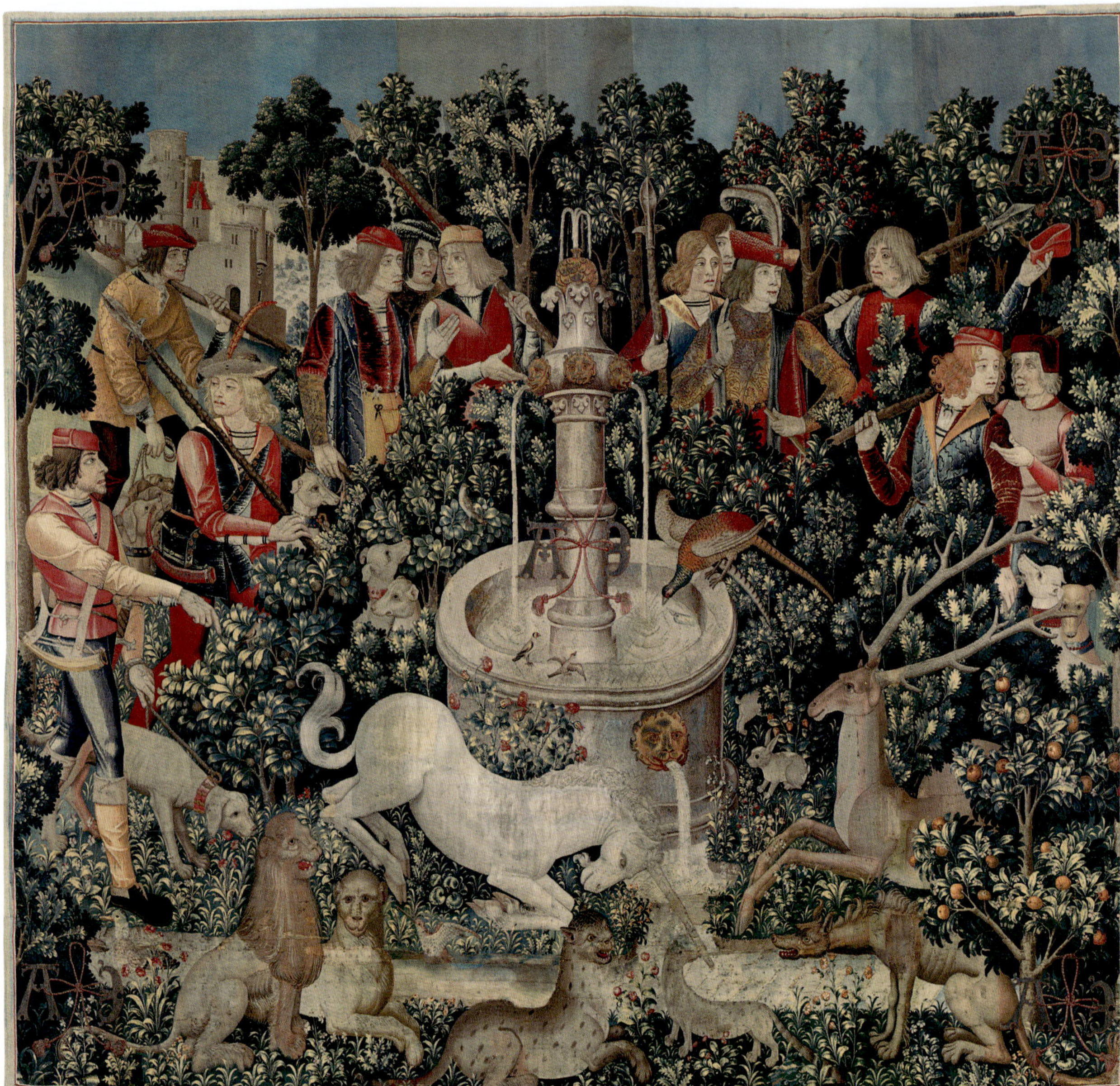

de l'odorat et qui, aux dires des encyclopédies médiévales, sent l'odeur de la charogne de fort loin. Puis plusieurs animaux qui utilisent leur flair pour chercher leur nourriture (l'ours, le renard, le chien), et d'autres qui sentent particulièrement mauvais (le cochon, le dragon). Enfin le rat, dont le nom rime avec celui de l'odorat, aussi bien en latin *(rattus / odoratus)*[21] qu'en français, et qui représente en quelque sorte l'emblème « parlant » de ce sens[22].

L'iconographie des cinq sens constituant le thème principal des tapisseries du musée de Cluny, il n'est pas inutile d'évoquer ici brièvement le bestiaire des trois autres sens, même si la licorne n'y joue aucun rôle.

Tout d'abord la vue, dont le champion est le lynx. Plusieurs auteurs affirment que son regard peut transpercer un mur de quatre pieds d'épaisseur. Une telle idée vient de loin : Pline, Élien, Solin insistent déjà sur la vue exceptionnelle de cet animal. Pour la culture

Les chasseurs trouvent la licorne
Tenture de *La Chasse à la licorne*
Vers 1500
New York, The Metropolitan Museum of Art,
Cloisters Collection, inv. 37.80.2,
don John D. Rockefeller, 1937

médiévale, c'est probablement le nom même du lynx qui en fait une bête au regard si aiguisé : en latin, en effet, le jeu de mots est facile entre *linx* et *lux*[23]. Quatre autres animaux associés à la vue le doivent à une tradition rapportée par les bestiaires : l'aigle a le pouvoir de regarder le soleil en face[24] ; le lion dort les yeux ouverts[25] ; le basilic peut tuer un homme de son seul regard, perçant et venimeux[26] ; enfin le loup peut faire de même s'il voit l'homme avant que l'homme ne le voie[27]. À cette liste s'ajoutent des animaux aux mœurs nocturnes et dont on sait qu'ils voient dans les ténèbres : le chat, la chouette, le renard.

La taupe était déjà chez Pline l'animal supposé avoir l'ouïe la plus fine. C'est encore le cas dans le discours médiéval. Peut-être doit-elle cette qualité au fait que, vivant sous terre, elle passe pour aveugle et serait donc obligée de compenser sa cécité par des capacités auditives remarquables ? Pline ne s'explique pas à ce sujet et ses épigones non plus. Pour la symbolique chrétienne, la taupe, qui vit dans les ténèbres, est une créature infernale[28]. Certains auteurs sont gênés d'en faire la championne de l'ouïe, un sens particulièrement valorisé par la théologie et la liturgie. Aussi lui préfèrent-ils d'autres animaux, à commencer par le gros gibier : le sanglier, qui aux dires des traités de vénerie entend tout et fait lui-même grand bruit lorsqu'il est poursuivi ; l'ours, qui passe pour avoir une mauvaise vue mais qui a l'oreille fine, se déplace sans bruit, écoute le bruissement du vent et est sensible à la musique[29] ; enfin le cerf, dont l'ouïe est si aiguisée qu'on dit qu'il entend le silence[30]. À ces quatre animaux, déjà plus ou moins associés au sens de l'ouïe par la culture gréco-romaine, les traditions médiévales ajoutent ceux qui entretiennent un rapport avec le chant ou la musique : la sirène, l'aspic[31], l'abeille, plusieurs oiseaux, particulièrement le coq, le cygne et la colombe. Cette dernière, lorsqu'elle est envoyée par l'Esprit Saint, est figurée entrant dans l'oreille même de la Vierge et des saints. Quant à l'abeille, chantée par Virgile, par les poètes latins et par les Pères de l'Église, elle est l'animal musical par excellence. L'arbre préféré des abeilles, le tilleul, passe lui-même pour un arbre musicien, et c'est dans son bois, tendre et léger, aux qualités acoustiques exemplaires, que sont taillés un grand nombre d'instruments de musique médiévaux[32].

Terminons par le goût. L'homme était le champion antique du sens du goût. Il est au Moyen Âge supplanté dans ce rôle par le singe, qui porte tout à sa bouche, et par le cerf, qui au contraire évite de manger ce qui pourrait lui être nuisible et qui connaît des herbes merveilleuses dont l'absorption a pour vertu de rendre la jeunesse ou la santé[33]. Le singe représente la dimension négative de ce cinquième sens ; lorsqu'il est figuré mangeant une pomme, il est l'image même du péché originel[34]. Les autres animaux associés au goût sont, comme l'homme, des omnivores : l'ours, le porc et le corbeau, ces deux derniers n'hésitant pas à manger des charognes ni à quérir leur nourriture dans des endroits immondes. Curieusement, les bestiaires font également de l'autruche un oiseau qui peut tout absorber, y compris les matières les plus dures, comme la pierre ou le métal. De bonne heure, l'autruche est ainsi figurée tenant dans son bec un clou ou un fer à cheval, ce qui permet de la distinguer nettement des autres oiseaux. Notons que la culture médiévale ne rapproche jamais du sens du goût des animaux ou des aliments dont la chair est succulente. Les XVIe et XVIIe siècles le feront et doteront le goût d'attributs nouveaux, empruntés pour la plupart au monde des fruits[35].

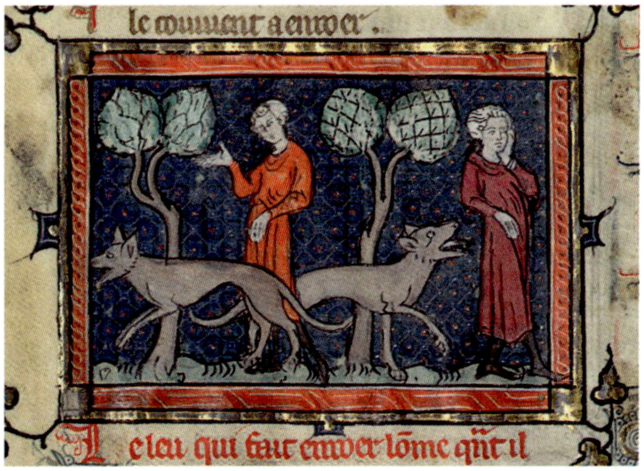

Le loup, attribut de la vue
Richard de Fournival, *Bestiaire d'Amour*
Vers 1300
Paris, Bibliothèque nationale de France, ms. fr. 1951, fol. 3 v°

Les bestiaires font parfois du loup un attribut de la vue, au même titre que le lynx. Si un homme rencontre un loup et qu'il le voie le premier, il aura la vie sauve. Dans le cas inverse, l'homme sera paralysé par le regard de la bête, puis dévoré.

LA DAME À LA LICORNE

La tenture acquise par le musée de Cluny en 1882 est une remarquable illustration du thème de la licorne à la fin du Moyen Âge et une preuve de son renouvellement. Cet ensemble de six tapisseries est aussi exemplaire de l'attrait intemporel exercé par les représentations de l'animal distingué entre tous par son unique et longue corne. De George Sand, en 1844, à Rainer Maria Rilke en 1910 ou Michel Serres en 1985 – pour n'en citer que quelques-uns –, romanciers, poètes et philosophes ont été, comme tant de visiteurs anonymes du musée, séduits et inspirés par le charme envoûtant et mystérieux de la tenture[1].

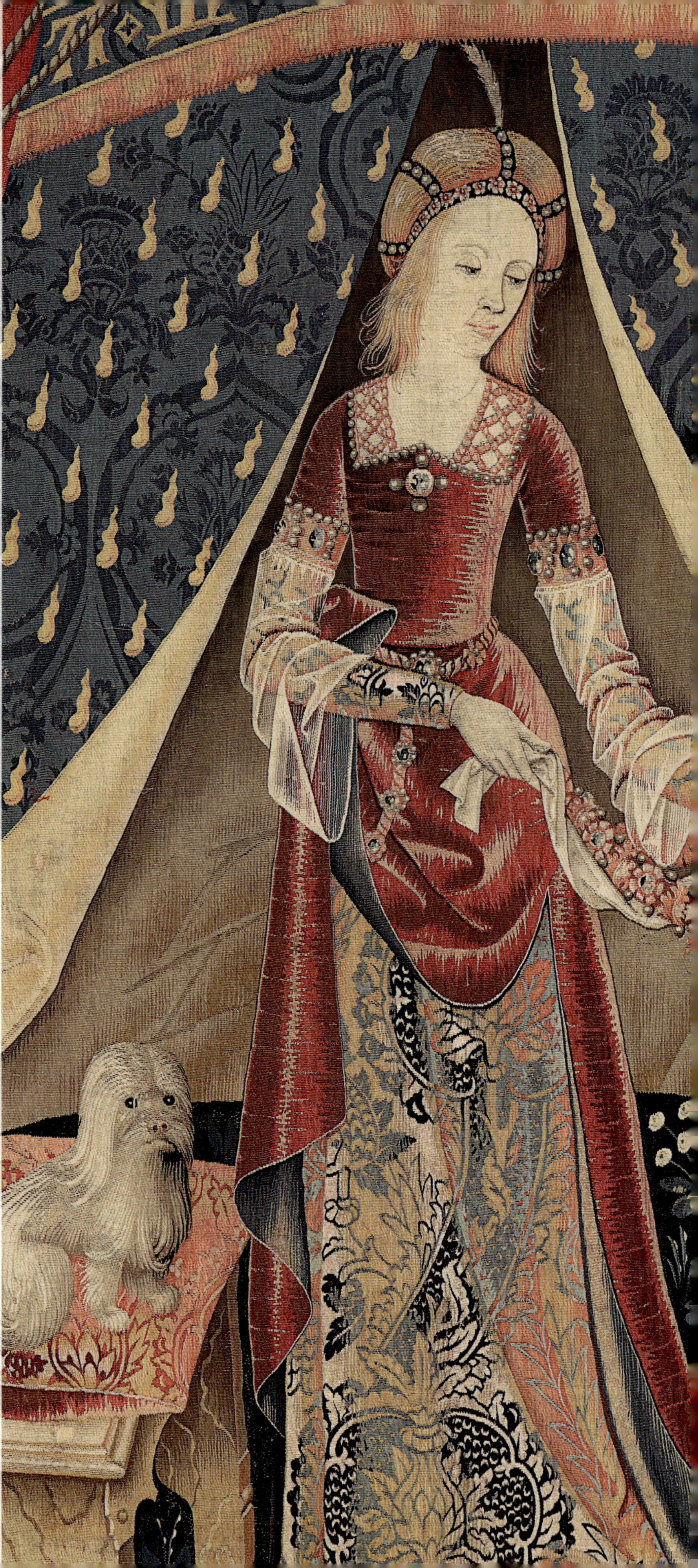

La dame, la demoiselle et la licorne
Mon seul désir (détail)
Tenture de *La Dame à la licorne*
Paris, musée de Cluny

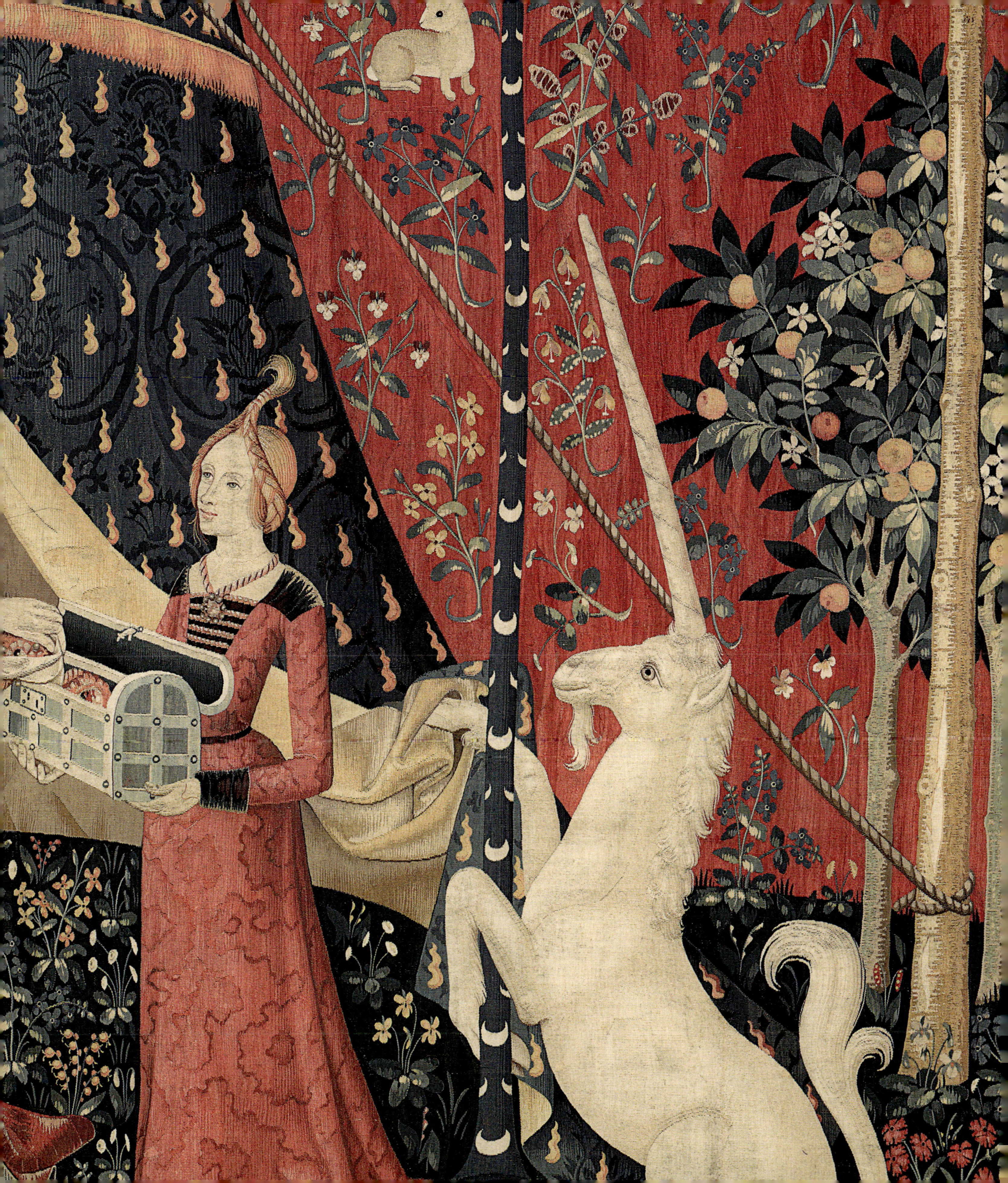

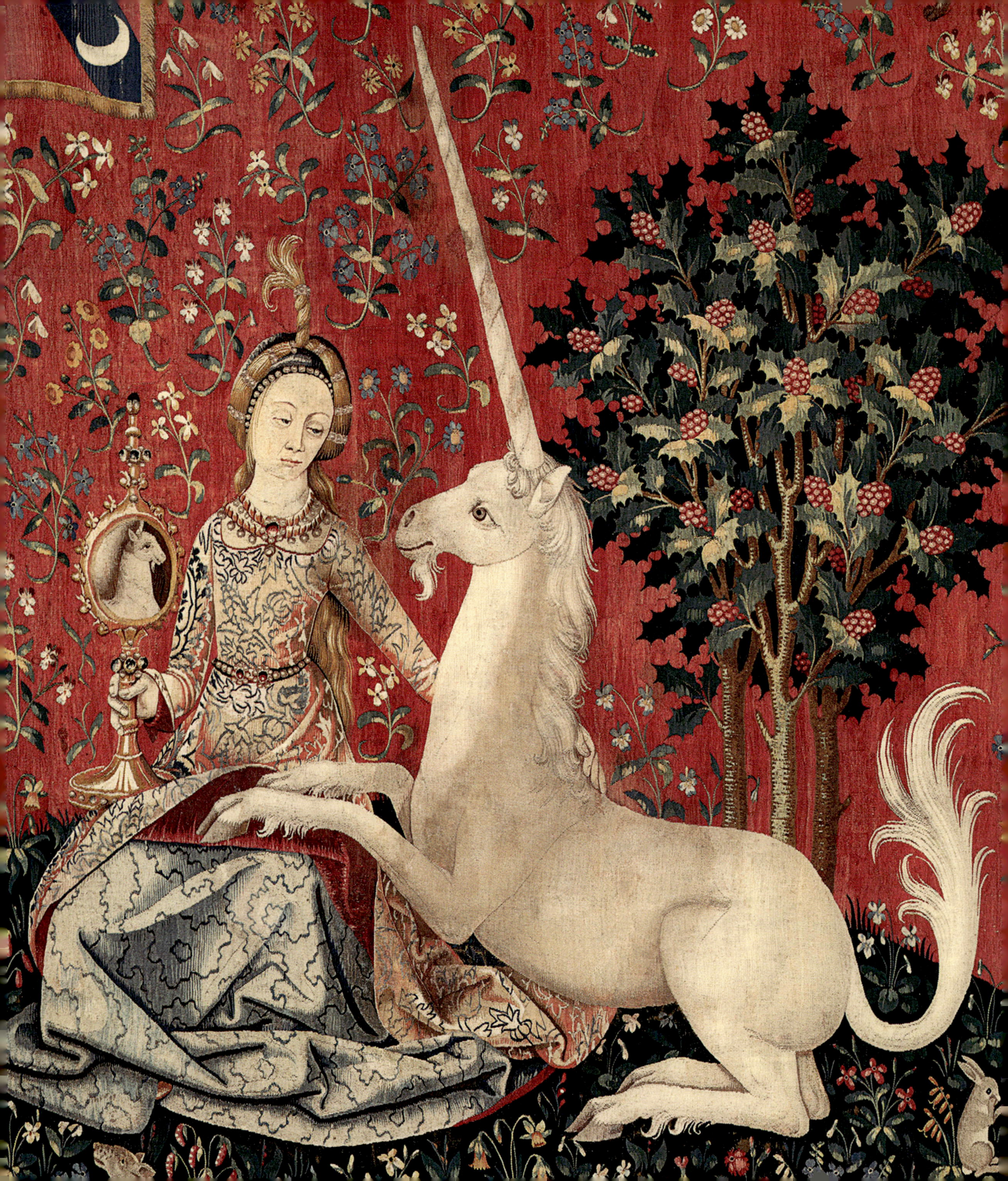

L'histoire de ces tapisseries, où le mystère le dispute au romanesque, contribua sans aucun doute à leur réputation. Celle-ci est aussi due à la simplicité harmonieuse des compositions, à la qualité du dessin, au raffinement du « fond discrètement rouge qui est fleuri et habité par de petites bêtes tout occupées d'elles-mêmes[2] », comme à l'atmosphère intime et secrète de ces « curieuses tapisseries énigmatiques[3] » que composent la dame et la licorne, accompagnées d'un lion et, souvent, d'une demoiselle. La licorne est l'élément clef de cette alchimie mystérieuse. Corps de cheval, tête de chèvre (ou bouc ?) et longue corne, effilée et torsadée, dressée vers le ciel, l'animal dérive des histoires naturelles et des bestiaires. C'est une grande licorne, élégante, dessinée d'un trait sûr, délicatement modelée, non pas blanche mais colorée d'un beige aux nuances variées, une licorne d'artiste tissée dans la laine par des praticiens maîtrisant toutes les subtilités de leur technique.

LA DAME, LA LICORNE, LE LION ET LA DEMOISELLE

Variées dans leur composition, les six tapisseries ne sont pas davantage uniformes au regard de la littérature et de l'iconographie médiévales. Deux d'entre elles sont construites sur un schéma pyramidal, où la dame et la licorne sont actrices d'une scène muette équilibrée par la figure du lion. Sur l'une, la dame porte de la main droite un étendard armorié, tandis que sa gauche effleure la corne dressée ; sur l'autre, elle tend un miroir à la licorne. Nulle autre figure humaine n'apparaît. Le lion détourne pudiquement la tête ; sur la première de ces pièces, peu gâté par le dessinateur, il porte en bandoulière, comme la licorne, un écu armorié ;

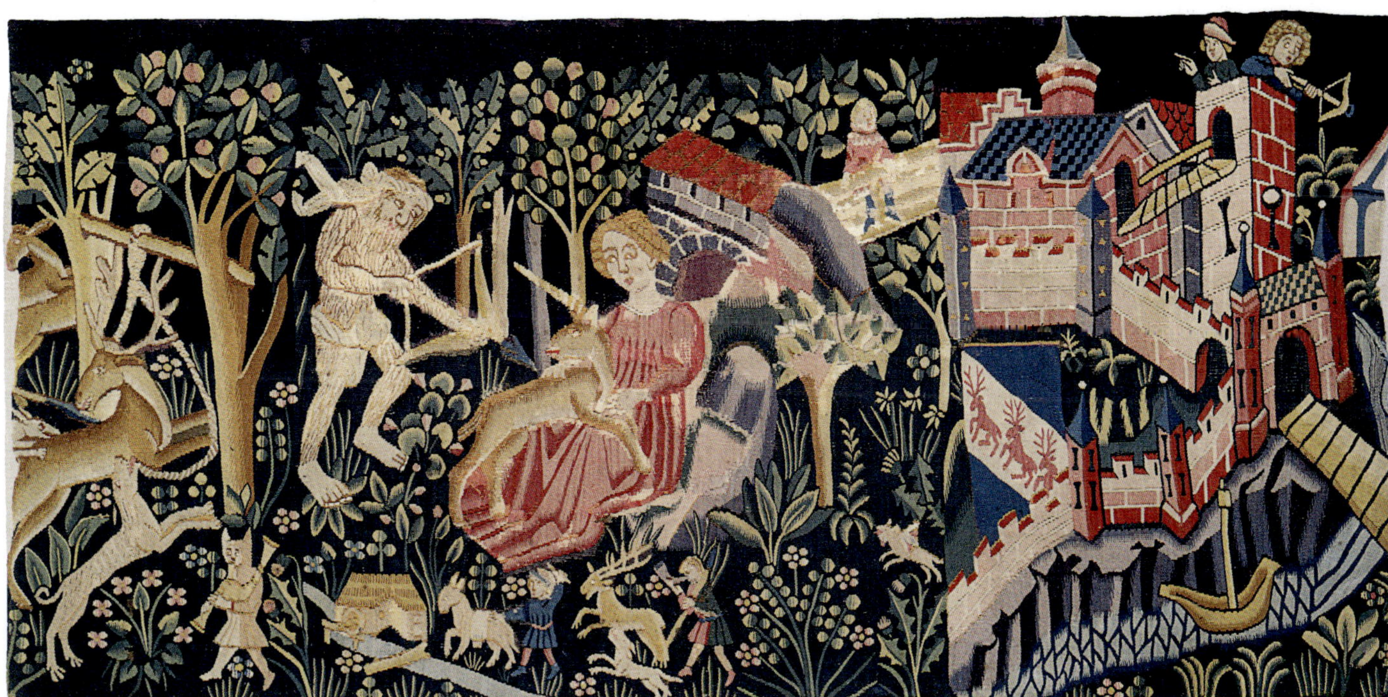

La dame présentant un miroir à la licorne
La Vue (détail)
Tenture de *La Dame à la licorne*
Paris, musée de Cluny

Chasse à la licorne
Bavière (Franconie)
Vers 1460
Munich, Bayerisches Nationalmuseum

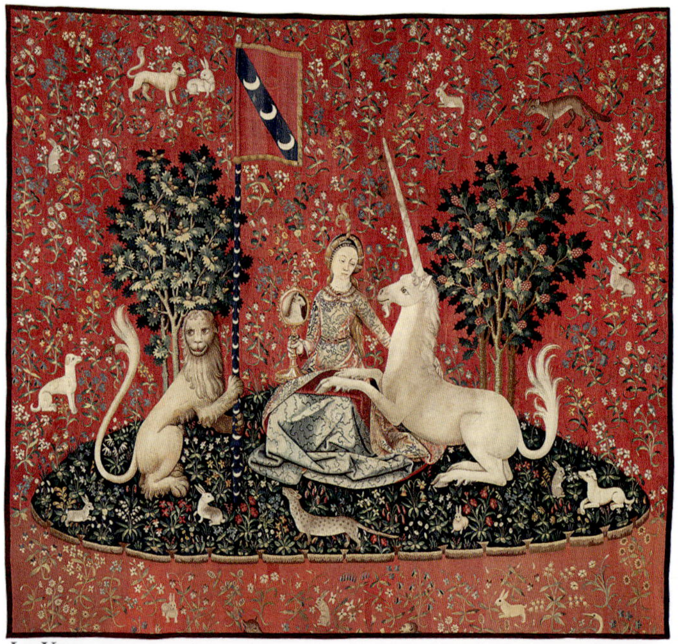
La Vue

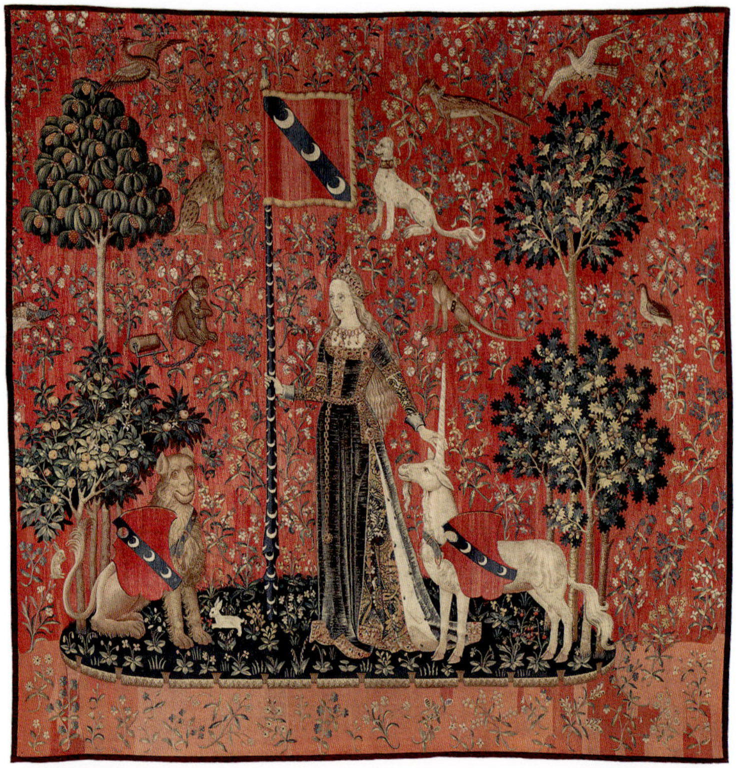
Le Toucher

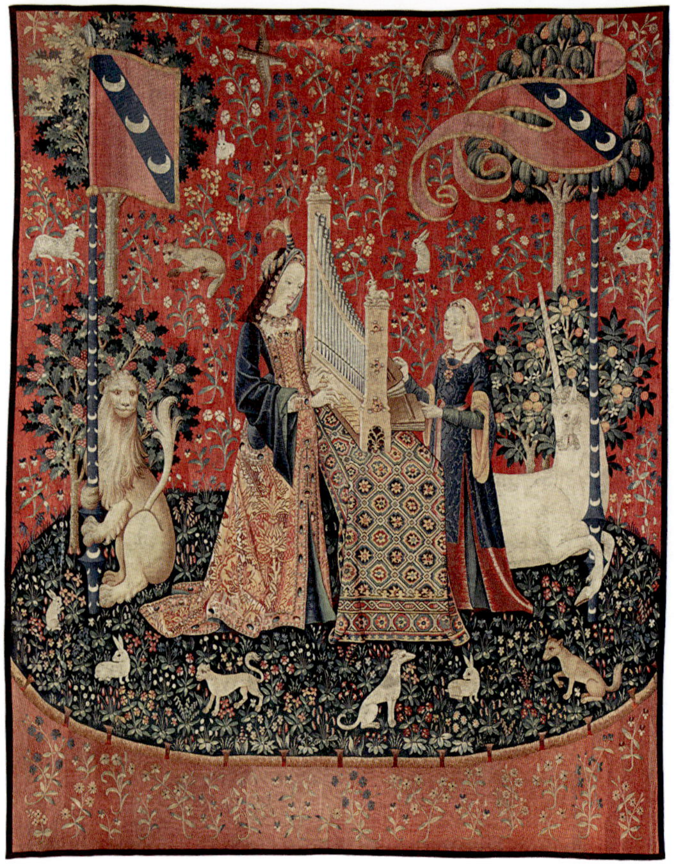
L'Ouïe

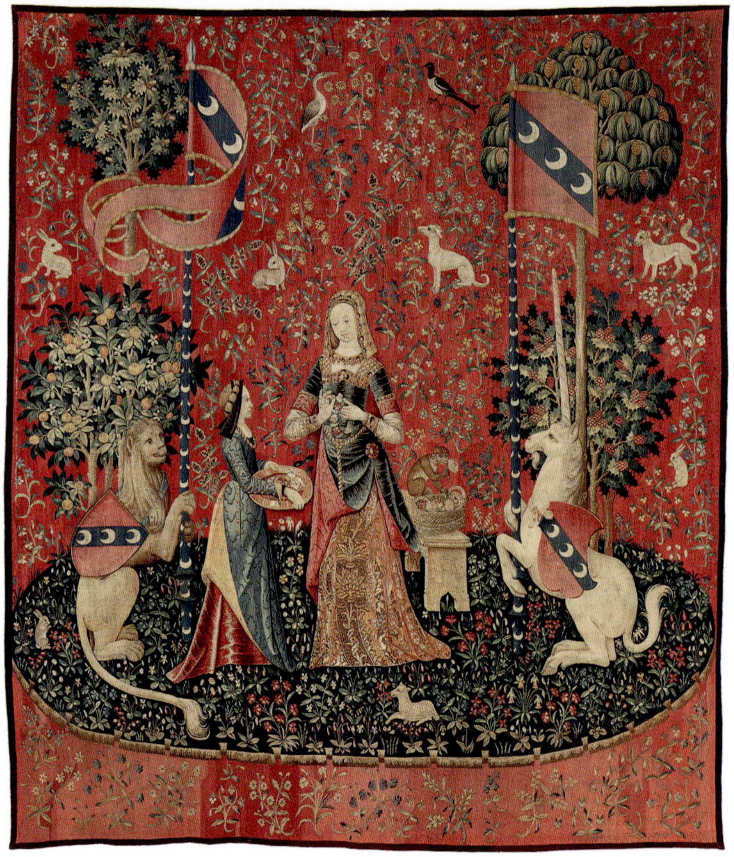
L'Odorat

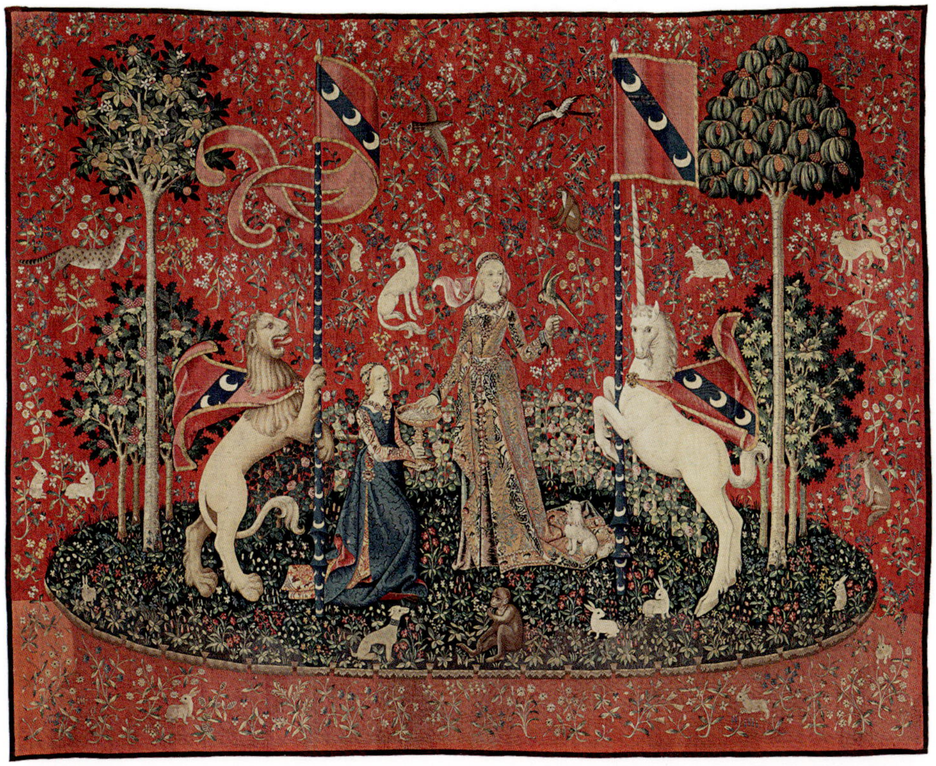

Le Goût

Mentionnées pour la première fois au château de Boussac en 1814, les six tapisseries qui composent la tenture de *La Dame à la licorne* y étaient probablement parvenues au XVIIe siècle à la suite d'héritages familiaux successifs.
En 1837, la ville de Boussac acquit le château et en fit le siège de la sous-préfecture. Peu après, Prosper Mérimée puis George Sand y virent les tapisseries, qui furent achetées par l'État pour le musée de Cluny en 1882.

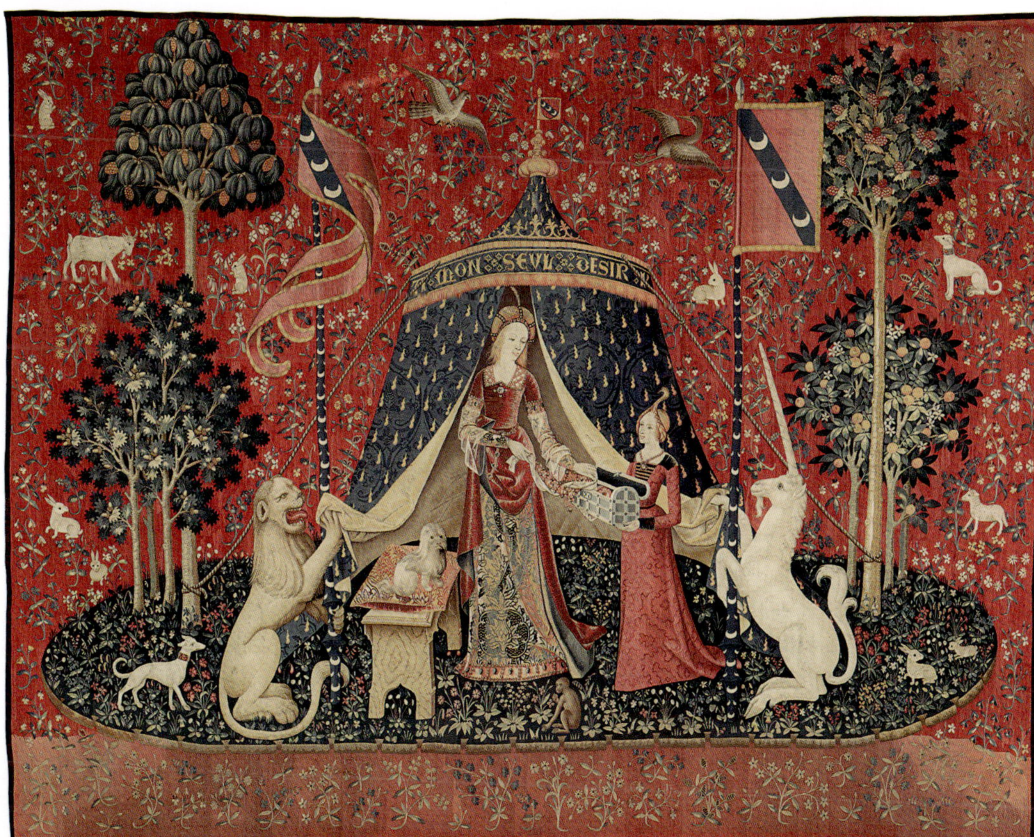

Mon seul désir (Le Cœur ?)

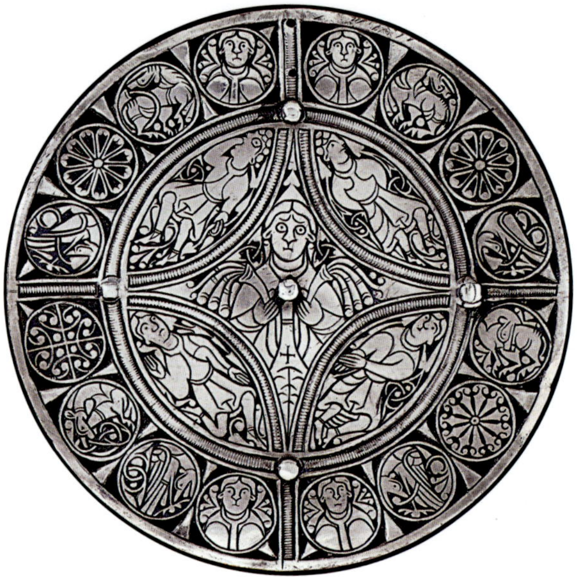

si le lion et la licorne sont tous deux porteurs d'armoiries, seule la licorne est actrice de la scène muette, en relation directe avec la dame, sur deux des tapisseries. La tenture, sans lien précis avec le roman médiéval *La Dame à la licorne et le beau chevalier au lion*, est donc légitimement nommée *La Dame à la licorne* et non *La Dame au lion et à la licorne*.

LES SENS ET LES SIGNIFICATIONS

sur la seconde, il tient la hampe de l'unique bannière aux mêmes armes. Isolée de l'ensemble et hors de tout contexte, la première pièce pourrait être simplement une tapisserie héraldique où les armoiries sont présentées par une dame accompagnée d'une licorne et d'un lion, ce qui n'a rien d'exceptionnel au XVe siècle. La seconde se rattache en revanche à la thématique courtoise de la capture de la licorne, telle que l'ont chantée trouvères et troubadours, dont Thibaut IV de Champagne, « le chansonnier », et l'ont représentée les artistes, jusque dans l'introduction du miroir, peut-être par contamination du thème de la chasse à la licorne par celui de la capture de la tigresse ou de la panthère, que le chasseur trompe, après avoir enlevé ses petits, en lui tendant un miroir où elle croit les reconnaître dans son propre reflet.

Sur les quatre autres tapisseries, le rapport entre la dame et la licorne est différent. L'animal est déplacé sur le côté, et parfois au second plan, porteur d'armoiries ou simple spectateur, tout comme le lion. Une autre figure féminine intervient, plus petite mais richement parée, une « demoiselle » qui forme avec la dame le couple central, interprète de la scène.

Il serait cependant erroné de conclure que les tapisseries sont les vestiges de plusieurs ensembles différents. Les nombreux traits communs, dans le style et le décor et surtout dans la conception, laissent difficilement imaginer deux tentures distinctes. En revanche,

En 1921, Albert Frank Kendrick a proposé de voir dans cinq des tapisseries les allégories des cinq sens. Cette interprétation a été approfondie par des analyses plus récentes, en relation avec la littérature médiévale qui définit une hiérarchie des sens, du spirituel au matériel[4]. Celle-ci s'appuie sur les écrits des Pères de l'Église, s'inspirant eux-mêmes de la philosophie grecque pour distinguer sens internes et sens externes et ordonner ces derniers[5]. Au XIIIe siècle, une telle hiérarchie est mentionnée, avec quelques variantes, par théologiens, encyclopédistes ou moralistes ; Albert Le Grand et Thomas d'Aquin valorisent la vue qui permet l'accès à Dieu par la contemplation[6]. Richard de Fournival, auteur d'un *Bestiaire d'Amour*, se place dans un contexte courtois et associe les sens au récit de la capture de la licorne : « l'homme possède cinq sens : la vue, l'ouïe, l'odorat, le goût et le toucher [...] et je fus pris également par l'odorat tout comme la licorne, qui s'endort au doux parfum de la virginité de la demoiselle[7] ». Brunetto Latini reprend la même progression et laisse entendre qu'un « sixième sens » spirituel domine les cinq sens humains : « le corps a cinq autres sens : voir, entendre, sentir, goûter, toucher. Et comme l'un devance l'autre selon l'honorabilité de sa position [...] Mais toutes ces choses sont devancées par l'âme[8] ».

Les représentations des cinq sens, relativement rares, sont tantôt animales, tantôt humaines[9]. *La Dame à la licorne* se distingue par la mise en scène

Broche Fuller
Art anglo-saxon, IXe ou Xe siècle
Argent niellé
Londres, The British Museum

Cette broche offre la plus ancienne représentation connue des cinq sens. Chacun est évoqué par un geste significatif : se frotter les mains ou toucher les cordes d'une harpe pour le toucher, porter la main à la bouche pour le goût, humer une fleur pour l'odorat, porter la main à l'oreille ou jouer de la flûte pour l'ouïe, se regarder dans un miroir pour la vue (placée au centre de la broche).

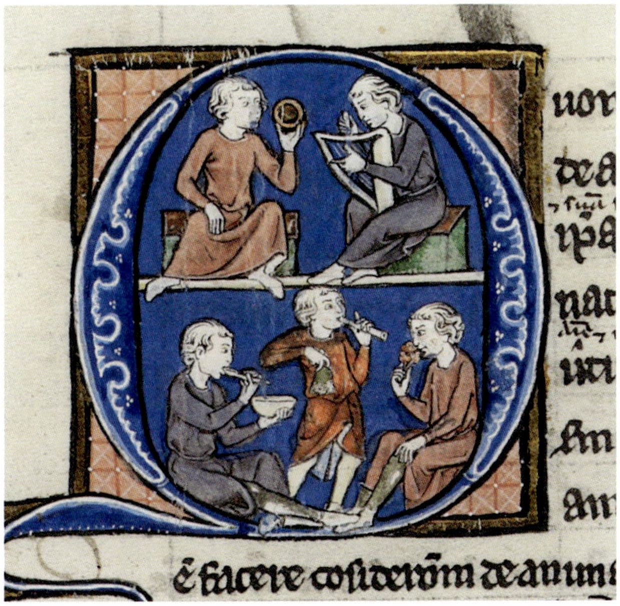

Initiale Q : les cinq sens
Illustration du *De Sensu*
Aristote, *Traités de physique et de métaphysique*
Paris, 2nde moitié du XIIIe siècle
Genève, Bibliothèque publique et universitaire,
ms. lat. 76, fol. 327 r°

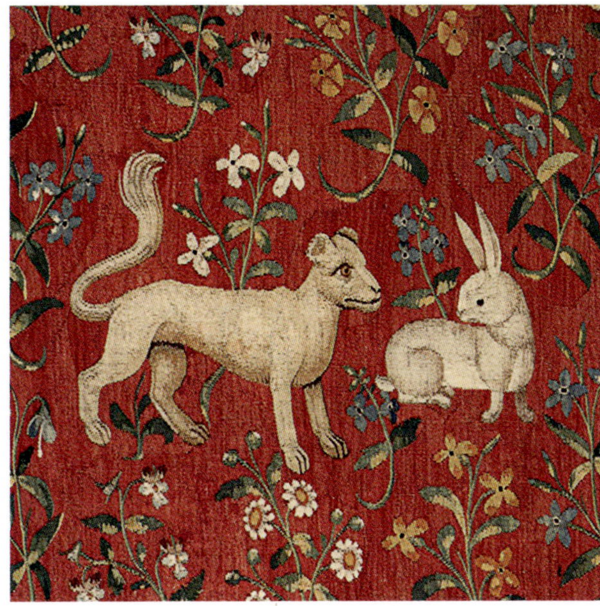

Lionceau et lapin se regardant
La Vue (détail)
Tenture de *La Dame à la licorne*
Paris, musée de Cluny

d'allégories féminines où la figure principale est accompagnée parfois d'une demoiselle, toujours d'un lion et d'une licorne, cette dernière tantôt actrice signifiante tantôt spectatrice porteuse d'armoiries. La tenture introduit en outre une sixième image qui doit se placer à l'une ou l'autre des extrémités de la progression. Sur cette sixième pièce, la dame choisit-elle le lourd bijou ou le remet-elle dans le coffret que lui tend la demoiselle ? Le contexte de la littérature moralisante encourage à privilégier la seconde hypothèse. Le geste serait celui du renoncement et l'inscription « Mon seul désir », signifiant « Ma seule volonté », désignerait le libre arbitre, entendu comme maîtrise de soi, selon un parallèle offert par la tenture « des sens » achetée par Maria de Mendoza en 1539, dont l'une des six pièces portait l'inscription « liberum arbitrium[10] ». La sixième tapisserie de *La Dame à la licorne* illustrerait ainsi un sens interne et spirituel, appelé à dominer les cinq autres. Ce sixième sens pourrait être le cœur, siège de l'amour, des passions mais aussi de « l'âme », de la volonté, selon une conception développée par Jean Gerson (1363-1429) : « six sens, cinq dehors et un dedans qui est le cueur[11] ».

Cependant, la signification morale ne peut rendre compte à elle seule de l'iconographie de la tenture. Depuis Richard de Fournival, les sens sont associés à la quête amoureuse et la capture de la licorne, attirée par l'odeur de la jeune fille, est une métaphore de la séduction de l'amant par la dame. La représentation choisie pour incarner la Vue se rattache directement à cette veine courtoise. L'omniprésence de l'animal ambivalent et de nombreux autres éléments orientent vers une telle signification de l'ensemble de la tenture. Les fonds de millefleurs, le plessis revêtu de roses du *Goût*, la couronne d'œillets de *L'Odorat* évoquent un jardin d'amour. Les vols symétriques du héron et du faucon dans la partie haute du *Toucher* et de *Mon seul désir* sont des symboles sexués, comme le montre une tapisserie du Metropolitan Museum de New York, où un jeune homme offre un héron à une jeune femme portant un faucon sur son poing[12]. Les jeunes animaux disposés dans le semis de fleurs printanières, souvent groupés par deux, semblent engagés dans un échange muet et paisible, même lorsqu'il s'agit d'espèces ennemies.

Enfin, l'inscription « Mon seul désir » placée au sommet du pavillon n'est pas seulement une maxime morale ou philosophique ; c'est aussi un message d'amour, comme le montrent plusieurs bagues du XVe siècle, où sont inscrits les mêmes mots ou une formule équivalente : « mon seul désir », « cest mon desir », « sans mal desyr », « autre ne veuil », « mon cœur avez »[13].

Cette signification dans l'ambiance de la culture courtoise se double peut-être d'allusions sexuelles directes. En effet, le premier sens du mot « désir » au Moyen Âge est celui du désir charnel[14]. Le symbolisme de la corne de la licorne est assez évident dans ce contexte. Le terme le plus courant à cette époque pour désigner l'organe sexuel masculin étant « vit », un jeu de mots sur le nom du commanditaire est fort possible. De même, il est peu probable que les lapins qui parsèment les fonds de millefleurs aient été par pur hasard reproduits en si grand nombre – trente-quatre, sans tenir compte des parties retissées –, alors que cet animal est connu pour son aptitude à la reproduction et que son nom médiéval, « conil » ou « conin », permet le même jeu de mots que le latin *cuniculus* avec le mot « con », qui désigne le sexe féminin. Enfin, le choix des lances et des écus pour porter les armoiries apparaît peu innocent si l'on évoque les fabliaux et les poésies filant la métaphore érotique la plus suggestive[15].

La polysémie est un caractère intrinsèque de la culture médiévale. La meilleure illustration en est sans doute le *Roman de la rose*, poème savant et allégorique à portée morale et spirituelle, roman de l'amour courtois par excellence, dont les débats scholastiques comportent, surtout dans la seconde partie, rédigée par Jean de Meun vers 1280, de claires allusions érotiques, et se terminent par une scène de défloration de la rose justifiée par la nécessité de perpétuer l'espèce[16]. Les discours allégoriques sur la quête amoureuse, où les termes de « cœur » et de « désir » sont employés dans leur signification courtoise, irriguent la poésie et la littérature romanesque du XVe siècle. Le cœur apparaît ainsi dans la poésie de Charles d'Orléans (1394-1465) : « De leal cueur content de joye / Ma maîtresse, mon seul désir / Plus qu'oncques vous veuil servir… » Le roman du *Cœur d'amour espris* de René d'Anjou (1457), pour sa part, narre les aventures du chevalier Cœur, double de l'auteur, en proie aux souffrances suscitées par les sens, et de son compagnon Désir[17]. Cette double conception du cœur et du désir est l'un des témoignages de la recherche de conciliation entre quête spirituelle et plaisirs terrestres caractéristique des années 1500, tout comme le goût pour les jeux de mots et les rébus, en particulier pour évoquer la sexualité.

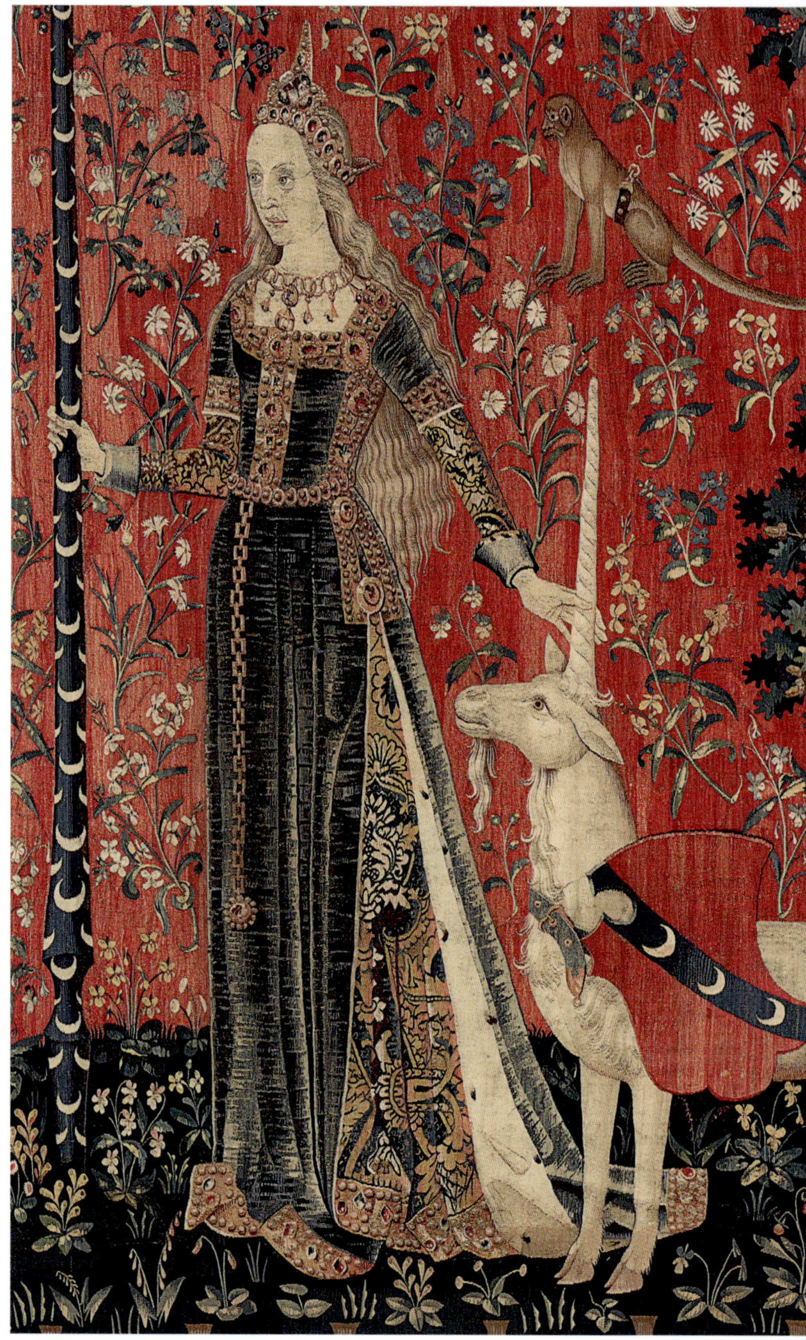

La dame tenant la corne de la licorne
Le Toucher (détail)
Tenture de *La Dame à la licorne*
Paris, musée de Cluny

UNE VISION RÉSOLUMENT POSITIVE

La Dame à la licorne est aussi un exemple de la promotion de la femme à cette époque, peut-être en relation avec l'action d'Anne de Bretagne et de Louise de Savoie. Seule ou accompagnée de la demoiselle, la dame est le sujet central de chacune des tapisseries. Aucune figure masculine n'apparaît. Les animaux jouent des rôles variés, incluant peut-être celui de substitut viril, mais toujours subordonnés. La tenture est ainsi la plus célèbre de ces œuvres des années 1500 qui placent au centre ou isolent une figure féminine : allégories traditionnelles, comme celles des Vertus, ou plus récentes, à l'exemple des Arts libéraux, tandis que se répandent les figures de preuses, sibylles ou héroïnes antiques[18]. La querelle du *Roman de la rose*, inaugurée vers 1400 par Jean Gerson en avocat de la chasteté et Christine de Pisan en champion de la vertu des femmes, trouve dans de telles représentations un épilogue éloquent[19].

Une vision résolument positive se dégage ainsi de la tenture, à l'opposé de la tendance moralisante volontiers négative qui connaît un regain à la fin du XVe siècle. Cette dernière inspire notamment le *Roman de la rose moralisé* de Jean Molinet (vers 1500), où le « vergier » devient le « jardin de dévocion », le dieu d'amour le Saint-Esprit, le bouton vermeil le Christ, la rose à cinq feuilles une allégorie des sens qui « conforte par son odeur, réjouit l'œil par ses couleurs, donne appétit par sa douleur[20] ». *La Nef des folles (Stultiferae naves)* de Jocodus Badius (Josse Bade), pendant féminin de *La Nef des fous* de Sébastien Brandt (1494), stigmatise, pour sa part, les excès auxquels conduisent les sens mal gouvernés. Le texte en prose est cependant ponctué de poèmes célébrant les sens inspirés par Horace et Virgile, où le discours moralisateur est ainsi accompagné d'une vision élégiaque des plaisirs des sens. Les gravures illustrant l'édition latine de cet ouvrage, publiée à Paris en février 1501 (n. s.), sont issues de

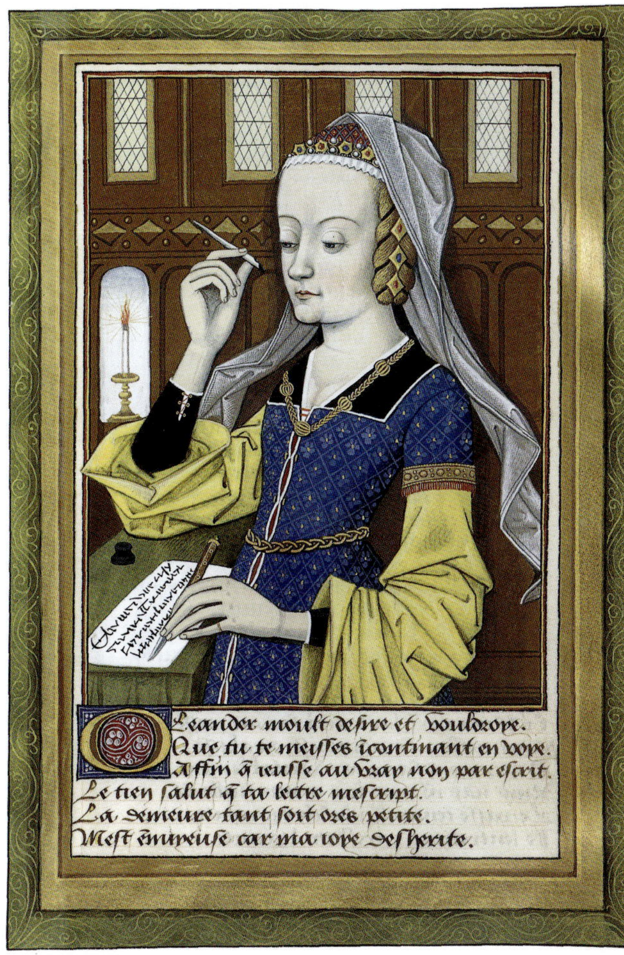

Héro écrivant à Léandre
Enluminure de Robinet Testard pour Louise de Savoie, 1497
Ovide, *Héroïdes*
Paris, Bibliothèque nationale de France, ms. fr. 875, fol. 110

La traduction de ce recueil de lettres d'amour fictives connut un grand succès. Robinet Testard l'a illustré de véritables petits tableaux représentant les héroïnes de l'Antiquité occupées à écrire, élégamment vêtues et parées selon la mode du temps.

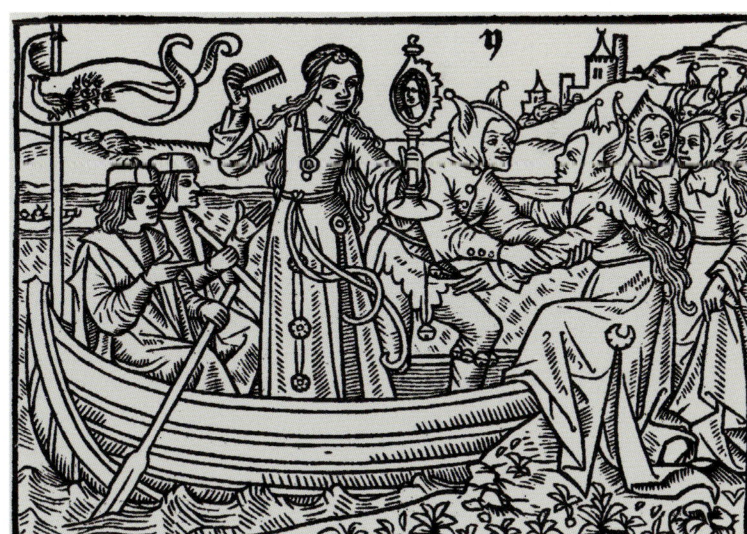

Nef de la Vue folle
Josse Bade, *Stultiferae naves*
Paris, février 1501 (n. s.)
Modèles du cercle du Maître des Très Petites Heures d'Anne de Bretagne (Jean d'Ypres ?)
Paris, Bibliothèque nationale de France, réserve des livres rares, m.Yc. 308, fol. A4

l'atelier, ou du moins de l'entourage, de l'auteur des petits patrons de *La Dame à la licorne*, mais les deux séries de six images sont de conception fort différente. Les bois gravés, introduits par *La Tentation d'Adam et Ève*, illustrent le texte dans des scènes touffues, aux gestes et expressions démonstratifs, qui n'ont guère retenu la poésie élégiaque des strophes de Josse Bade. Les tapisseries, aux compositions équilibrées et calmes placées dans un semis de fleurs printanières, offrant la vison harmonieuse et positive d'un monde réconcilié, s'en rapprochent davantage[21].

Est-ce un hasard ? Les deux allégories placées aux extrémités de la hiérarchie des cinq sens sont celles qu'incarnent la dame et la licorne. La dame, debout, les cheveux dénoués et retenus par une couronne, effleure la corne de l'animal, en un geste à forte connotation érotique, pour figurer le plus matériel des sens, le toucher. Assise, soigneusement coiffée et baissant modestement le regard, elle retient la croupe de la licorne d'une main et lui tend de l'autre le miroir dans lequel se reflète un profil qui n'est pas le sien mais celui, simplifié, d'un animal de la même espèce, pour illustrer la vue, sens spirituel.

UN AFFICHAGE HÉRALDIQUE

La Dame à la licorne est aussi une tenture héraldique. Les armoiries *de gueules à la bande d'azur chargée de trois croissants d'argent* n'en sont ni le seul ni le principal décor, mais elles figurent entre une et quatre fois sur chaque pièce, sur les bannières et les étendards, sur les écus, les targes et les capes d'arme. Les hampes tenues par le lion et par la licorne sont semées de croissants d'argent sur champ d'azur. Ces armoiries ne sont donc ni des ornements ni de simples marques d'appartenance familiale. Leur présence répond à une volonté exprimée par le commanditaire et signe, à l'évidence, une affirmation, pour ne pas dire une revendication. Ces armoiries ont été, depuis le XIXe siècle, reconnues comme celles de la famille Le Viste. Le décor sculpté du château familial d'Arcy, où elles figurent à plusieurs reprises, le confirme. Les couleurs, dont *La Dame à la licorne* offre le plus ancien exemple connu, sont l'un des mystères de la tenture. Il s'agit d'armoiries dénommées « à enquerre » parce qu'elles conduisent à s'enquérir de la raison d'une infraction, en l'occurrence l'indépendance à l'égard d'une règle de l'héraldique qui requiert d'alterner métaux (or et argent) et couleurs (azur et gueules sont les plus répandues) et interdit par conséquent de superposer couleur sur couleur – ici azur sur gueules. L'on s'est interrogé sur les raisons du choix des Le Viste, à vrai dire sans beaucoup de succès. L'hypothèse d'un changement de couleurs en lieu et place de brisure par une branche cadette ne peut guère être retenue, car une telle pratique n'est nullement établie. Ces couleurs, dont la date d'apparition reste inconnue, furent conservées, comme le montrent les armoiries d'Antoine II sur un vitrail de Saint-Germain-l'Auxerrois commandé par ce dernier en 1532 et comme le confirment les armoriaux de l'époque moderne[22]. Tout au plus peut-on relever le goût des Le Viste pour les fonds rouges, attesté par *La Dame à la licorne* mais aussi par d'autres tapisseries à leurs armes et à décor de licornes

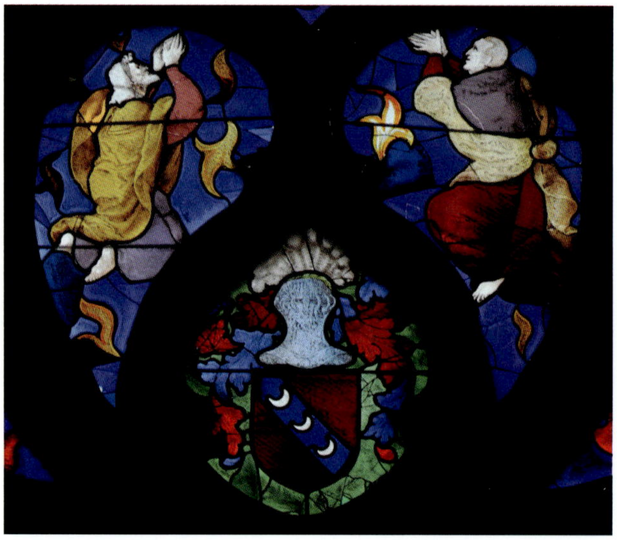

Armoiries d'Antoine II Le Viste
Verrière Le Viste (détail)
Jean Chastellain, Paris, 1532
Paris, Saint-Germain-l'Auxerrois

se trouvant à la fin du XVIe siècle au château de Montaigu-le-Blin, en Bourbonnais, et provenant de l'héritage de Jean IV[23]. Ce goût, qui n'a rien d'exceptionnel, ne peut en revanche être attribué à une branche plutôt qu'à une autre[24].

Rares, les armoiries à enquerre n'étaient cependant pas exceptionnelles dans le milieu parisien autour de 1500[25]. Outre les Le Viste, les Baillet – autre famille de magistrats, mais peut-être est-ce un hasard – prirent de telles armoiries, comme le montre le blason de l'évêque d'Auxerre Jean III Baillet (1477-1513), sur son missel conservé à la bibliothèque municipale de cette ville (ms. 52) et sur la tenture de *L'Histoire de saint Étienne* exposée au musée de Cluny : *d'azur à la bande de gueules accompagnée de deux amphistères* [ou *griffons*] *d'or*[26]. Cette indépendance à l'égard de l'une des règles majeures de l'héraldique se place d'ailleurs dans un climat de liberté, voire d'innovation, dont l'art du XVe et du début du XVIe siècle offre divers témoignages. Il n'est en outre pas impossible que la rareté des armoiries à enquerre identifiées de nos jours soit due aux corrections apportées par les armoriaux des XVIIe et XVIIIe siècles : ainsi ceux-ci décrivent-ils les armoiries de Jean III Baillet en leur donnant une bande d'argent, en contradiction avec le témoignage des œuvres conservées.

LES LE VISTE ET LA CLIENTÈLE DES GENS DE ROBE VERS 1500

Les Le Viste étaient aux XIIIe et XIVe siècles des artisans et des commerçants. Jean Ier († 1384), premier juriste de la famille, était déjà à la tête d'une importante fortune que son fils aîné, Jean II († 1428), également docteur en droit, chancelier de Bourbon, sut accroître et investir puisqu'il possédait à sa mort trente-sept immeubles dans la ville de Lyon. Jean IV (vers 1430 – 1500), seigneur d'Arcy, petit-fils de Jean II et chef de

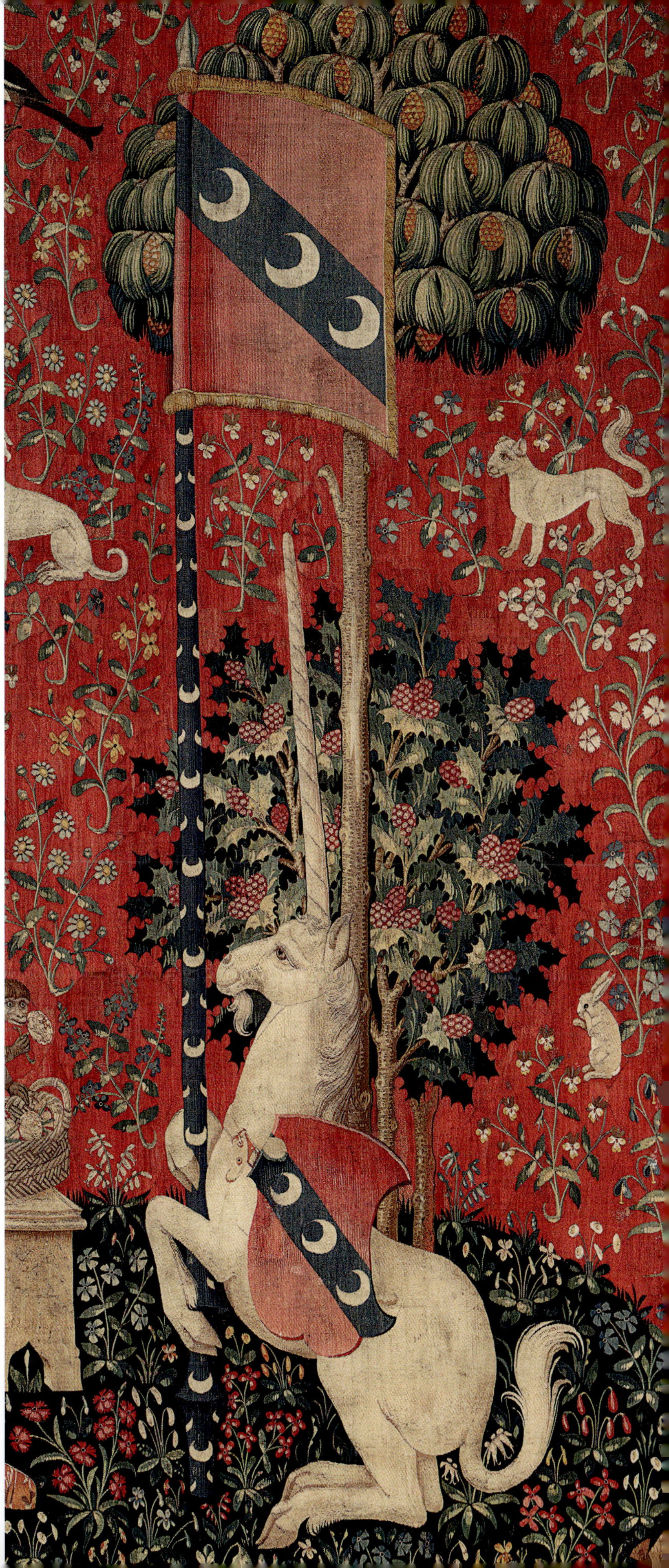

La licorne arborant les armoiries des Le Viste
L'Odorat (détail)
Tenture de *La Dame à la licorne*
Paris, musée de Cluny

famille à la fin du XVe siècle, fit carrière au service des Bourbons puis des rois Louis XI et Charles VIII comme conseiller au parlement de Paris avant de devenir président de la Cour des aides en 1489, fonction parmi les plus prestigieuses du royaume. D'autres membres de la famille s'orientèrent vers la carrière parlementaire, notamment son cousin germain Aubert († 1493). Jean IV n'ayant eu que des filles, le rôle de chef de famille passa au fils d'Aubert, Antoine II. Celui-ci, né sans doute vers 1470, accéda aux charges de maître des requêtes, en 1513, prévôt des marchands, et enfin de président du parlement de Paris, en 1523, ce qui est considéré comme l'apogée de l'ascension sociale de la famille. Il mourut en 1534 et fut enterré aux côtés de ses parents dans le chœur de l'église Saint-Merri.

Jean IV, Aubert puis Antoine II Le Viste faisaient donc partie des « gens du parlement » qui formaient, en ces années de la fin du XVe et du début du XVIe siècle, une aristocratie récente et ouverte, proche du pouvoir, et dont les membres étaient liés entre eux par de nombreuses alliances matrimoniales. La première femme d'Antoine II, Jacqueline († 1520), était la fille de Jean Raguier (1445 – avant 1504) et de Marguerite de Beauvarlet, et donc la petite-fille d'Antoine Raguier, trésorier des Guerres de Louis XI[27] ; sa seconde épouse, Charlotte Briçonnet, alors veuve de Pierre Le Gendre, appartenait à une famille de financiers parmi les plus prestigieuses du royaume. Fille et seule héritière d'Antoine II, Jeanne Le Viste épousa Jean-René Robertet, conseiller et secrétaire des Finances du Roi. Ainsi Antoine II, le plus brillant des membres de sa famille, faisant carrière au parlement, fut-il également le premier à nouer des alliances matrimoniales dans le milieu des grands officiers de la finance.

Ces serviteurs de l'État et leurs familles étaient aussi des amateurs d'art. Ils firent construire ou rénover hôtels en ville et résidences à la campagne. Ils acquirent de prestigieux manuscrits et comptent parmi les grands amateurs de tapisseries[28].

Jean IV et Antoine II Le Viste s'intéressèrent, eux aussi, à la commande artistique. Jean IV est connu pour les travaux effectués dans son château d'Arcy ; il commanda tapisseries et orfèvreries et possédait un hôtel à Paris, rue du Four, auquel il fit ajouter une galerie à deux étages en 1497[29].

Antoine II résidait principalement à Paris et entretenait diverses relations avec le milieu artistique de la capitale, comme le montre la commande, en 1532, du vitrail pour l'église de Saint-Germain-l'Auxerrois au verrier Jean Chastellain, d'après un patron de Noël Bellemare. Parmi les tapisseries en sa possession figurait une pièce à fils de soie et « d'or » représentant saint Christophe, reçue en don de la ville de Tournai en 1510[30].

L'omniprésence des armoiries familiales sur les tapisseries de *La Dame à la licorne* n'exclut pas une commande par Jean IV dans les dernières années de sa vie, par exemple pour orner la galerie à deux étages ajoutée à son hôtel parisien en 1497. Mais *La Dame à la licorne* laisse entrevoir la personnalité de son commanditaire : un homme ambitieux, revendiquant les armoiries familiales, au fait des tendances les plus récentes du milieu culturel parisien des années 1500, ne dédaignant pas les allusions à l'amour charnel. Un tel profil ne peut-il aussi – et mieux ? – correspondre à la soif de reconnaissance d'Antoine II, jeune magistrat né et élevé à Paris, ayant succédé à son père au parlement, et au cousin germain de celui-ci comme chef de famille autorisé à porter les armes pleines, à l'orée d'une carrière prometteuse ? Nous savons qu'il dut mener bataille pour faire reconnaître cette succession à la mort de Jean IV[31]. La commande de tapisseries arborant de façon appuyée les armes familiales pourrait fort bien se placer dans ce contexte : fraîchement devenu

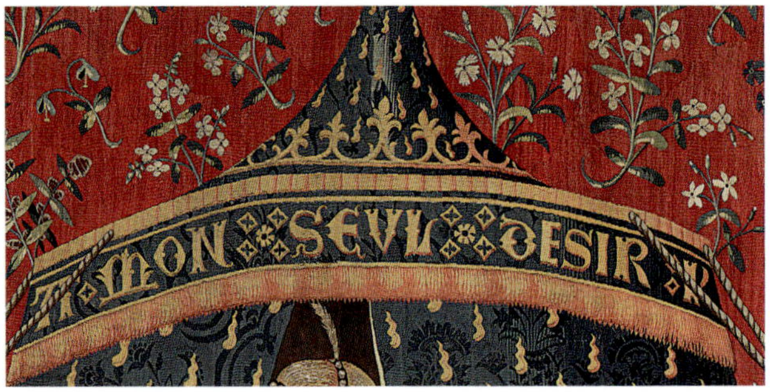

***Inscription :* « MON SEUL DÉSIR »**
Mon seul désir (détail)
Tenture de *La Dame à la licorne*
Paris, musée de Cluny

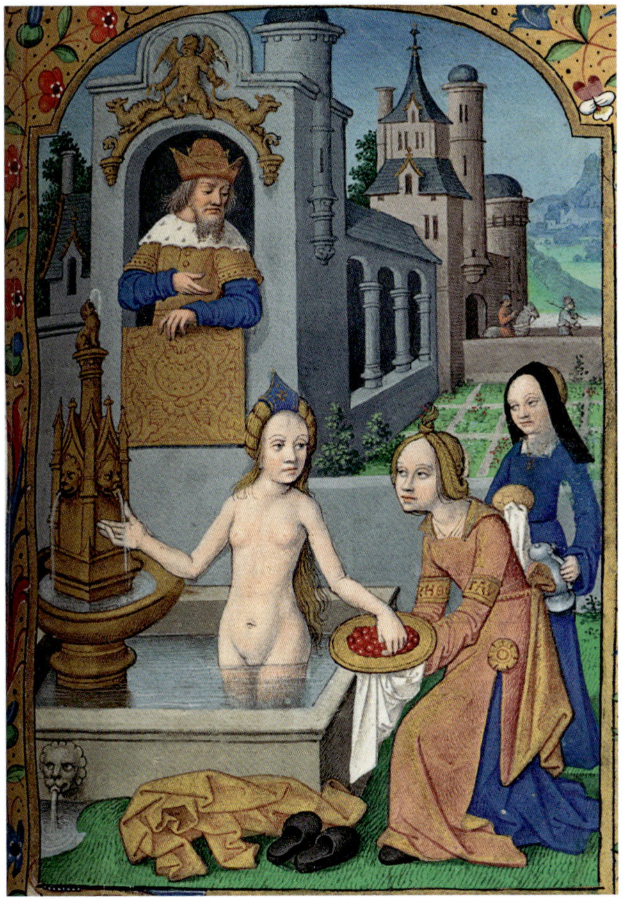

Bethsabée au bain
Heures Séguier
Maître des Très Petites Heures d'Anne de Bretagne
(Jean d'Ypres ?)
Vers 1495
Chantilly, musée Condé, ms. 82, fol. 84

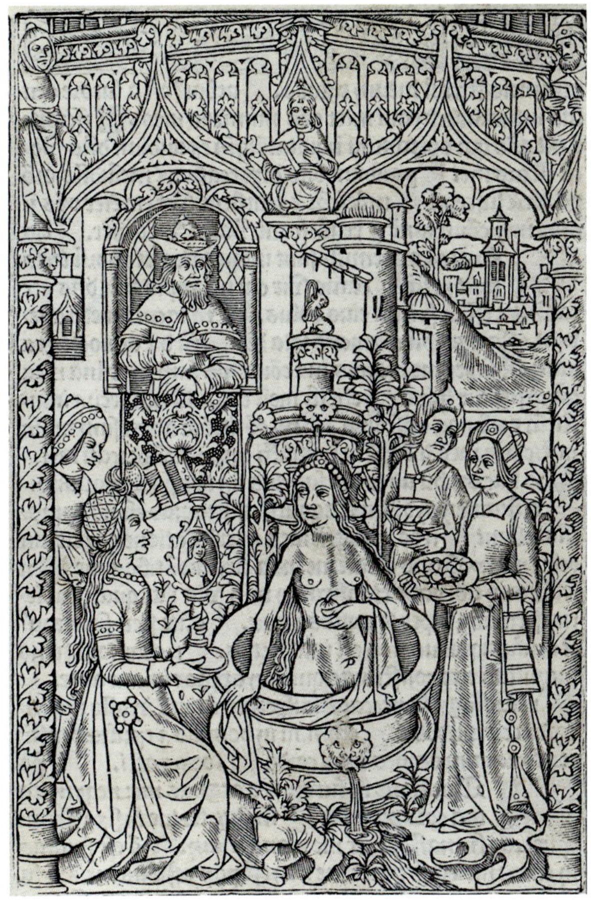

Bethsabée au bain
Livre d'heures imprimé à l'usage de Rome
Modèles du cercle du Maître des Très Petites Heures
d'Anne de Bretagne (Jean d'Ypres ?)
Paris, 1498
Paris, Bibliothèque nationale de France,
réserve des livres rares, Vélins 1498

chef de famille mais se voyant contesté dans ce rôle, le jeune et ambitieux neveu de Jean IV aura non seulement commandé une tenture au goût du jour auprès de fournisseurs en vue mais aussi tenu à y répandre à l'envi les armoiries qu'il estimait être désormais les siennes et qui symbolisaient sa revendication[32].

L'inscription de la sixième pièce doit être considérée sous cet éclairage. Généralement lue « À mon seul désir », sans prendre en compte la lettre ou le signe final, elle doit plus probablement être lue « A. Mon seul désir. I », car les mots « mon », « seul » et « désir » sont séparés par des ponctuations identiques, quatre petits losanges en quinconce autour d'une rosette, alors que le A et la dernière lettre, qui peut être un I ou un J, ne sont séparés que par deux losanges superposés. Comment ne pas y voir, alors, des initiales, celles précisément d'Antoine et de Jacqueline Raguier, épousée peu après 1500 et peut-être sa fiancée au moment de la commande de la tenture[33] ?

LES MODÈLES : UN MAÎTRE PARISIEN VERS 1500

L'attribution de *La Dame à la licorne* à Jean IV Le Viste plutôt qu'à Antoine II repose en partie sur sa date supposée antérieure à 1500, « année tournant » qui est aussi celle du décès de Jean IV. Mais cet a priori s'appuie principalement sur les parentés entre la tenture et celle des *Femmes vertueuses*, longtemps considérée comme une commande de l'évêque de Tournai Ferry de Clugny, mort en 1483. Or, *Les Femmes vertueuses*, dont seule une pièce portait les armoiries du prélat, avaient, selon toute probabilité, été commandées par l'un de ses neveux ou petits-neveux, à l'extrême fin du XVe ou au début du XVIe siècle[34].

Les travaux de Nicole Reynaud et Geneviève Souchal, suivis par d'autres plus récemment, ont mis en évidence l'appartenance des modèles de *La Dame à la licorne* à un vaste corpus rattaché à un artiste appelé Maître des Très Petites Heures d'Anne de Bretagne, du nom d'un manuscrit enluminé par ce peintre pour la reine de France vers 1498 (BnF, n. acq. fr. 3120). Cet artiste œuvrait à Paris dans les années 1490-1510, ce qui correspond précisément à la période d'activité de Jean d'Ypres, maître juré du métier de peintre à Paris en 1504, mort en 1508, avec lequel il doit vraisemblablement être identifié. Petit-fils du peintre André d'Ypres, fils de Nicolas d'Amiens (ou d'Ypres), artiste polyvalent connu de 1461 à 1495 et auteur probable du groupe d'œuvres rassemblées sous le nom du Maître de Coëtivy, Jean d'Ypres était donc l'héritier d'une lignée d'artistes d'origine nordique établis à Paris[35].

Ce peintre travailla pour le roi et la reine de France, comme le montrent le livre d'heures auquel il doit son nom et la rose de la Sainte-Chapelle commandée par Charles VIII. Il livra des livres enluminés et des modèles pour le vitrail, la tapisserie et la gravure. Outre le très petit livre peint pour Anne de Bretagne, son activité d'enlumineur se déploya surtout sur d'autres livres d'heures que distinguent leurs petites dimensions, telles les *Heures Séguier* et les *Heures Le Camus* conservées à la bibliothèque du château de Chantilly (ms. 82 et 81). Son style se reconnaît par ailleurs dans un groupe de xylographies sur feuilles et dans les gravures illustrant des livres imprimés à Paris, à nouveau principalement des livres d'heures, dont les plus anciens furent publiés en 1489-1490 et dont les plus célèbres sont ceux commandés par Simon Vostre en 1495-1498, auxquels s'ajoutent quelques autres ouvrages, telle l'édition parisienne des *Stultiferae naves* (février 1501 n. s.). Ce même style distingue aussi plusieurs verrières parisiennes et normandes, à Saint-Séverin, Saint-Gervais, Saint-Germain-l'Auxerrois et à la chapelle de l'hôtel de Cluny, comme à Saint-Romain de Rouen, Conches et Bourg-Achard. Parmi les tapisseries réunies autour de ce maître figurent, outre *La Dame à la licorne*, plusieurs tentures ou pièces isolées qui comptent parmi les chefs-d'œuvre de cette époque, notamment la *Tapisserie de Persée* aux armes de Charles Guillard, la tenture des *Femmes vertueuses* dont le musée de Boston a recueilli les vestiges échappés à l'incendie qui ravagea le château de Thénissey (Côte-d'Or) en 1791, et une partie de la tenture de *La Chasse à la licorne* du Metropolitan Museum de New York (Cloisters Collection). *La Vie de la Vierge* commandée pour la cathédrale de Bayeux par son chancelier Léon Conseil en 1499, dont les pièces conservées sont dispersées entre le musée de Cluny et plusieurs collections aux États-Unis, appartient aussi à ce groupe. Au-delà de la difficile distinction entre œuvres autographes et reprise de modèles ou motifs au sein d'un atelier ou d'un milieu artistique, ces œuvres révèlent l'ampleur de la diffusion d'un style et ses modalités aussi complexes que variées[36].

À une époque où se côtoient dans le milieu parisien, comme dans d'autres en France, des artistes d'origine nordique et d'autres venus d'Italie, ce maître appartient au premier groupe, le plus nombreux. Artiste au métier solide, que l'on qualifierait volontiers de traditionnel, moins novateur que ses contemporains Jean Perréal ou Jean Hey, également originaires du Nord et actifs en France, il élargit son activité aux formes en vogue et nouvelles des arts graphiques. Il bénéficia de la prestigieuse clientèle royale comme de celle de grands ecclésiastiques, de grands officiers et de magistrats, dont certains furent appelés aux plus hautes fonctions dans l'entourage royal. Héritier d'un important stock de modèles, il sut mettre en place une organisation efficace pour développer son activité pour le marché. Il est ainsi l'exemple le plus emblématique de l'évolution polyvalente du métier de peintre dans la capitale.

Situer précisément *La Dame à la licorne* dans la vaste production du maître et de son entourage n'est pas chose aisée.

Les figures féminines, comme celles de la tapisserie de *Persée* et la Pénélope des *Femmes vertueuses*, se distinguent par des poses calmes et des gestes larges mais pondérés, un canon longiligne, des visages aux traits paisibles et réguliers. Plusieurs détails apparaissent comme des « signatures » : Pénélope, l'une des jeunes femmes de *Persée* et plusieurs figures de *La Dame à la licorne*

La Licorne captive
Tenture de *La Chasse à la licorne*
Modèle : Maître des Très Petites Heures
d'Anne de Bretagne (Jean d'Ypres ?), vers 1500
Provient du château de Verteuil (Charente)
New York, The Metropolitan Museum of Art, Cloisters Collection, inv. 37.80.6,
don John D. Rockefeller, 1937

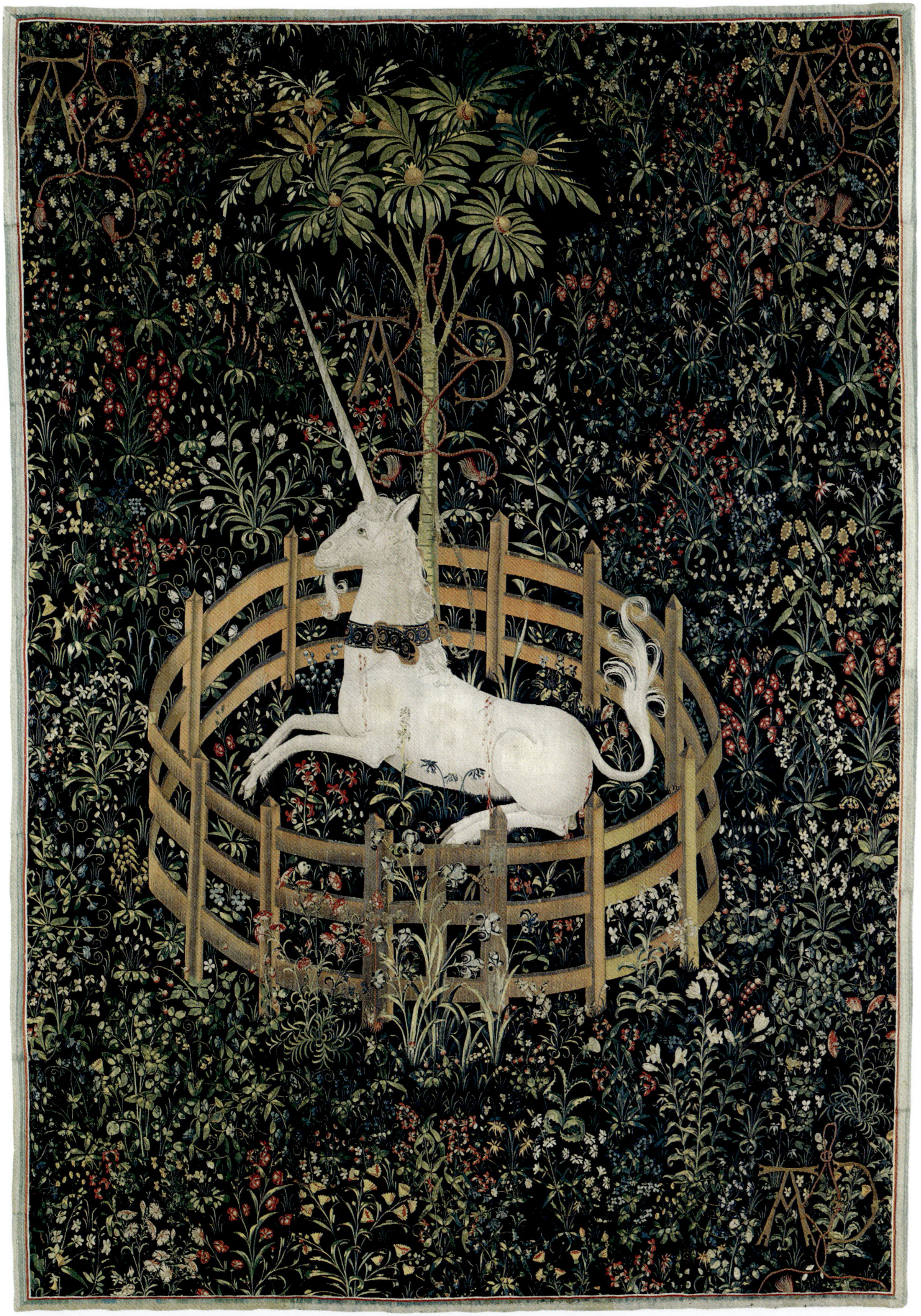

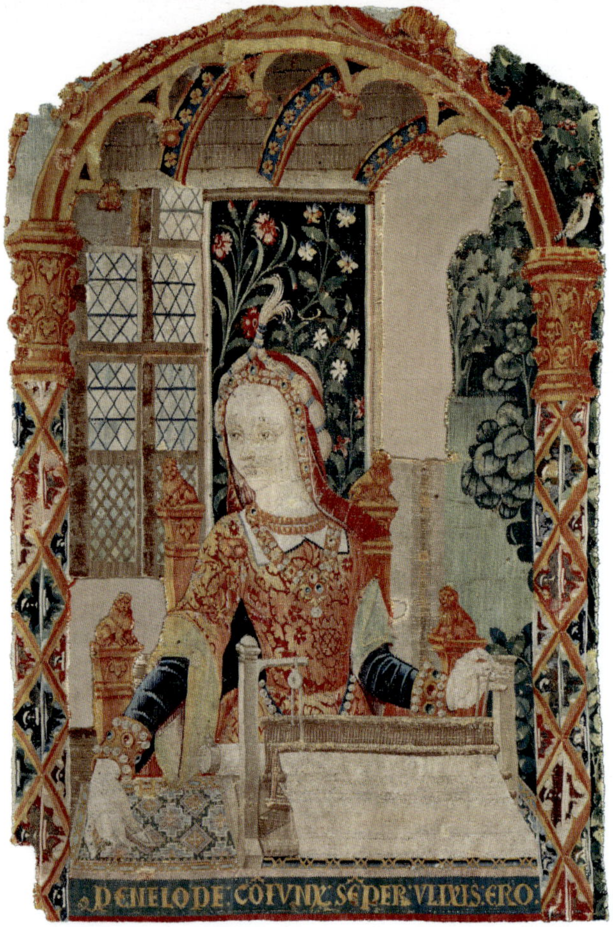

partagent ainsi le motif de la mèche en aigrette au-dessus de la tête qui avait retenu l'attention de George Sand[37]. Plusieurs éléments de style ou de décor renforcent la cohérence du groupe : la tapisserie tissée par Pénélope sur la pièce de Boston est semblable au tapis de *L'Ouïe*, les petits lions placés au sommet du dossier et des accotoirs de son siège sont identiques à ceux de l'orgue, également dans *L'Ouïe*, la coiffure raffinée de la jeune femme chevauchant un cygne sur la tapisserie de *Persée* est celle de la dame du *Goût* – ce qui confirme le rattachement des modèles à une même main.

Les comparaisons précises entre ces tapisseries et les œuvres autographes du maître peuvent paraître limitées. Cependant, la demoiselle du *Goût* reprend, inversé mais avec seulement quelques modifications, le dessin de l'Ange de l'Annonciation des *Très Petites Heures*, visible dans de nombreuses autres œuvres. Les visages, si séduisants par leur douceur pensive, laissent transparaître la qualité du modèle.

Quelques détails précis rapprochent par ailleurs *La Dame à la licorne* des illustrations de l'édition parisienne de *La Nef des folles* ou des livres d'heures imprimés par Philippe Pigouchet pour Simon Vostre, par exemple la délicate coiffure en résille, le singe mangeant un fruit, la genette, ou encore le miroir de *La Vue*.

En revanche, *La Dame à la licorne* semble ne pas avoir fait directement usage des modèles hérités du Maître de Coëtivy, contrairement à la *Chasse* de New York. On ne peut voir là aucun critère de datation puisque les motifs et les types physiques issus de l'art de ce peintre se perpétuèrent, parfois jusque dans les années 1520-1530. Mais le Maître des Très Petites Heures, *alias* Jean d'Ypres, habitué aux petits, voire très petits formats, a su innover au service d'une iconographie originale et d'un mode de création spécifique, tout en développant ses capacités d'adaptation aux dimensions et à la technique de la tapisserie. Il montre, notamment, une attention précise aux tendances les plus récentes de la mode, mettant à profit le grand format des œuvres tissées comme leur iconographie profane.

La dame est vêtue de deux robes superposées, en velours uni ou en soierie damassée au fameux motif « à la grenade », extrêmement répandu dans les années autour de 1500[38]. La demoiselle est le plus souvent vêtue d'une cotte de camelot, laissant parfois apparaître une robe de dessous unie, à l'exception de celle du *Goût*, seule pièce où elle porte une robe damassée. La forme, serrée à la taille, à l'encolure en trapèze éventuellement compliquée d'une découpe en pointe sur le devant, et à haute fente sur le côté, est également caractéristique de la mode des années 1500.

Sur *Le Toucher*, *L'Odorat* et *Mon seul désir*, la robe de dessus de la dame est à manches courtes. La manche de la robe de dessous est recouverte, sur *L'Odorat* et *Mon seul désir*, d'un fin voile, retenu par d'épais bracelets d'orfèvrerie[39]. La manche fendue aux bords retenus par des lacets de la robe de la demoiselle du *Goût*, motif d'origine italienne repris sur le devant de la robe, renvoie assez précisément aux années 1495-1510 : il est si fréquent dans les *Héroïdes* enluminées par Robinet Testard pour Louise de Savoie en 1497 (BnF, fr. 875)

Pénélope
Tenture des *Femmes vertueuses* (fragment)
Modèle : Maître des Très Petites Heures d'Anne de Bretagne (Jean d'Ypres ?), vers 1500
Provient du château de Thénissey (Côte-d'Or)
Boston, Museum of Fine Arts

La dame et la demoiselle
Le Goût (détail)
Tenture de *La Dame à la licorne*
Paris, musée de Cluny

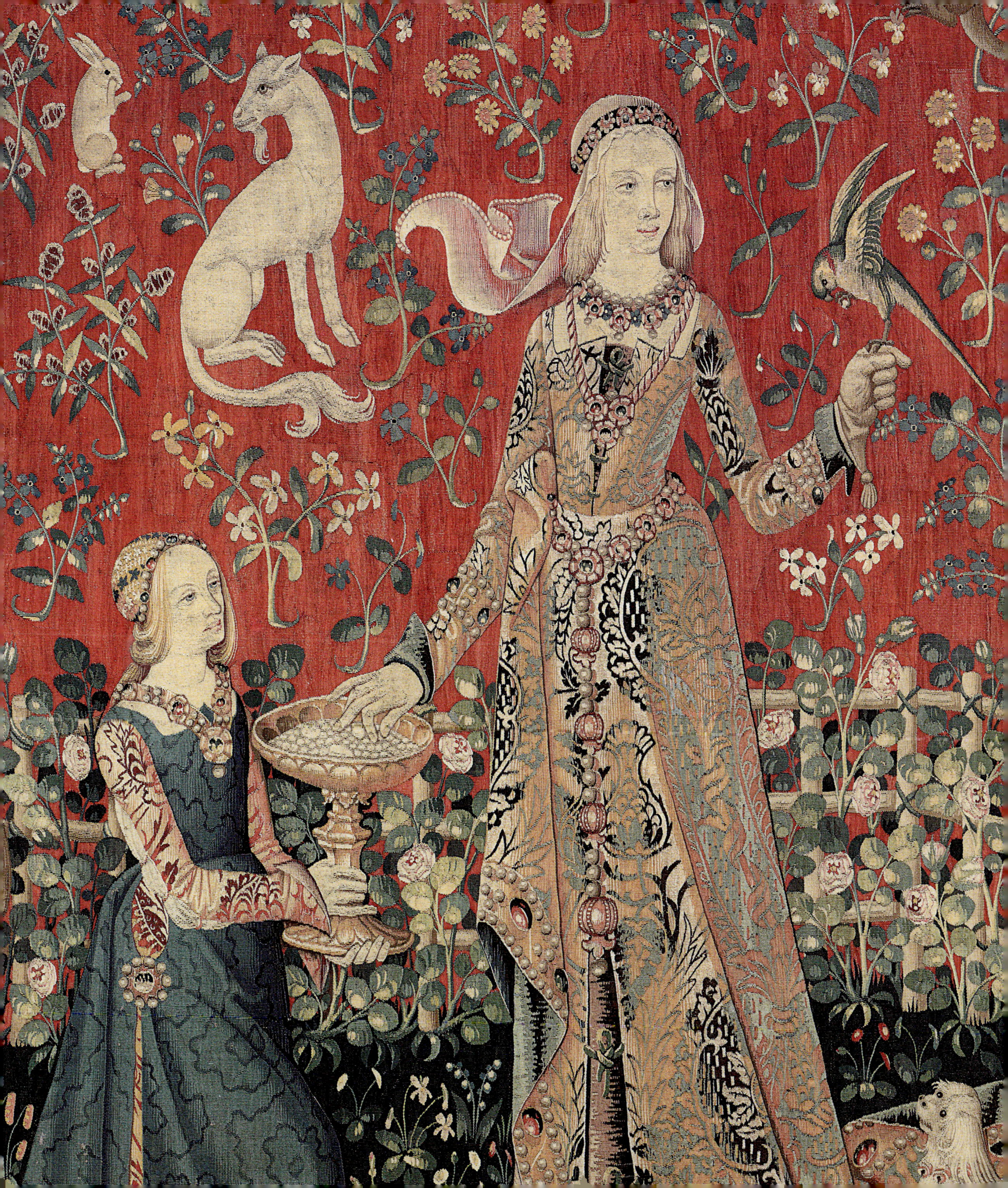

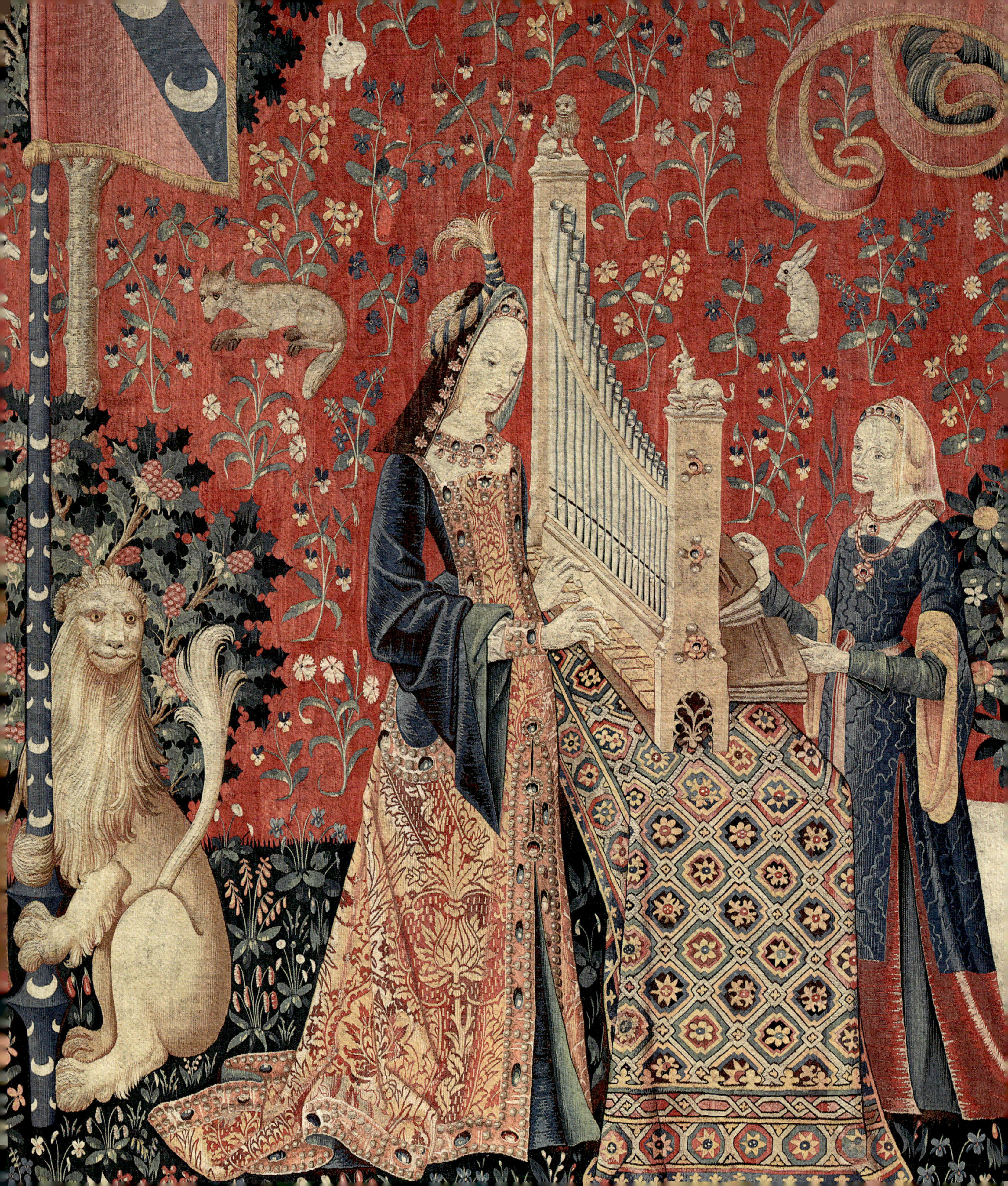

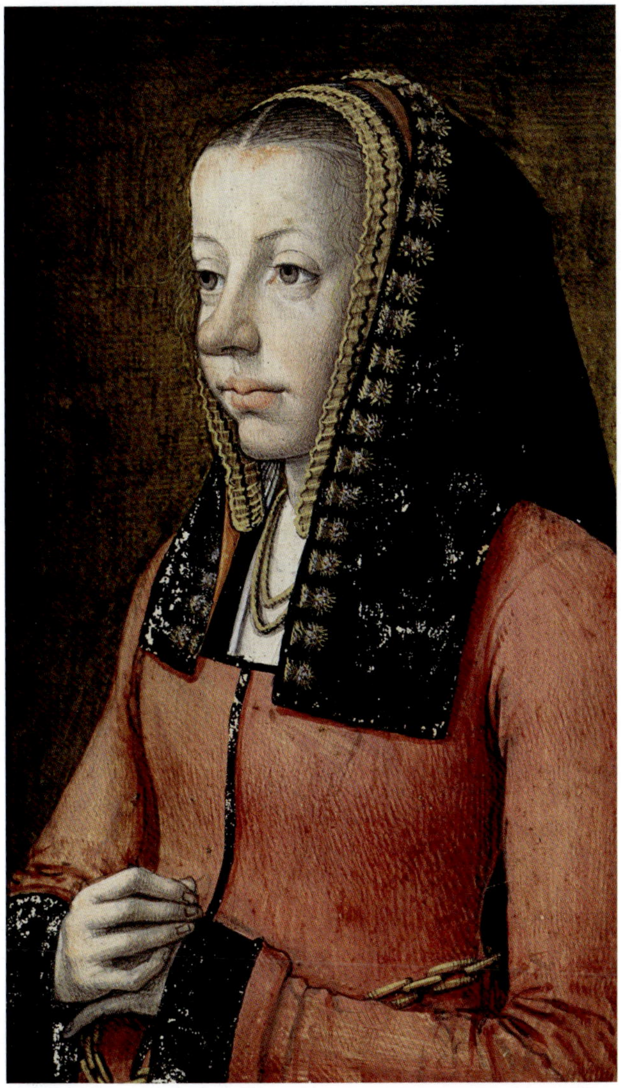

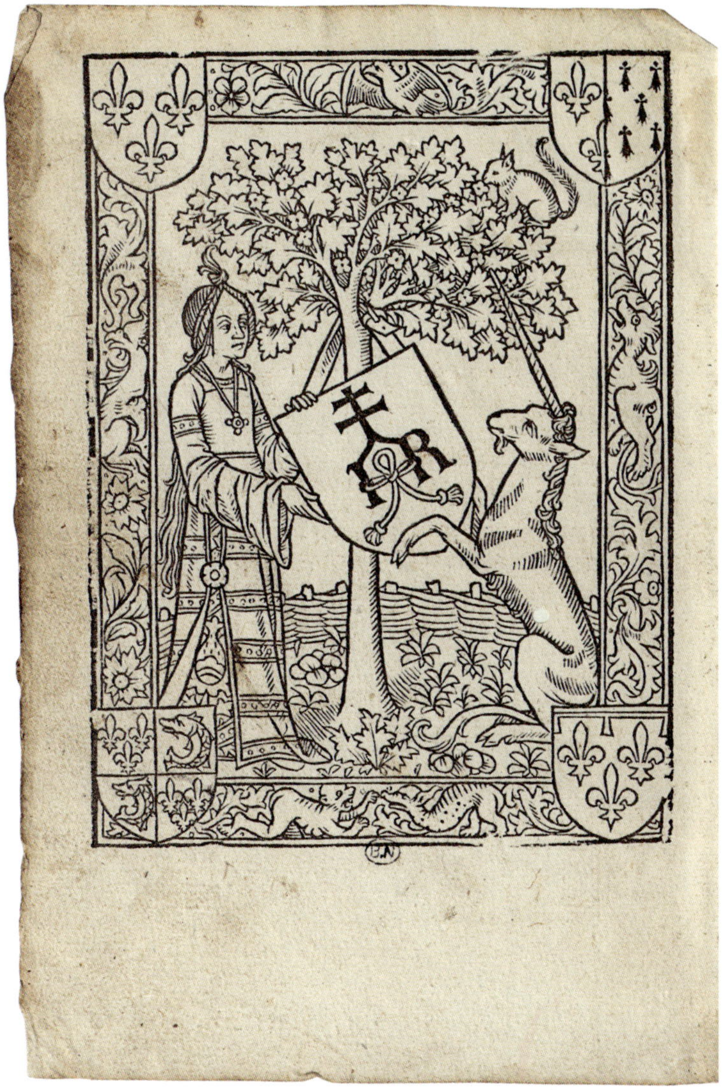

que l'on est tenté d'y voir une volonté délibérée de montrer une adaptation à la mode de l'époque. Il s'observe encore sur les manches de la robe de la Madeleine de la *Déploration*, peinte par Andrea Solario pendant son séjour en France, en 1509 ou 1510, à la demande de Georges d'Amboise pour le château de Gaillon[40].

Les coiffures sont soigneusement variées. La dame du *Toucher* se distingue par sa longue chevelure dénouée retenue seulement par un diadème d'orfèvrerie. Le turban de la dame de *Mon seul désir* correspond à un poncif de la coiffure orientalisante, fréquent au XVe siècle[41]. D'autres couvre-chefs sont caractéristiques des années 1500, notamment le bandeau de velours sombre de la dame de *L'Ouïe*, celui, plus simple, de la demoiselle de *L'Odorat* et la coiffe épaisse de la dame de cette même pièce[42]. Le bandeau semé de petites appliques d'orfèvrerie de la dame de *L'Ouïe* est particulièrement proche de celui figuré sur le portrait présumé d'Anne de Bretagne inséré dans la couverture du livre d'heures BnF lat. 1190, attribué à Jean Perréal vers 1490-1495[43]. Le front largement dégarni et laissant apparaître la chevelure de cette même demoiselle de *L'Ouïe* est également fréquent dans les années 1500[44]. Les délicates coiffes en résille de la dame de *L'Ouïe* et de la demoiselle du *Goût*, mais aussi les bandeaux retenus par des rubans de la dame de *La Vue* et de la

La dame et la demoiselle
L'Ouïe (détail)
Tenture de *La Dame à la licorne*
Paris, musée de Cluny

Portrait de femme (Anne de Bretagne ?)
Jean Perréal
Lyon ?, vers 1490-1495
Paris, Bibliothèque nationale de France, ms. lat. 1190

Jeune femme et licorne présentant les initiales I R du libraire Jean Richard
Guy de Montrocher, *Manipulus curatorum*
(« Manuel à l'usage des curés »)
Rouen, 16 septembre 1496
Modèle : Maître des Très Petites Heures d'Anne de Bretagne (Jean d'Ypres ?)
Paris, Bibliothèque nationale de France, réserve des livres rares, p. D. 180 (marque en fin d'ouvrage)

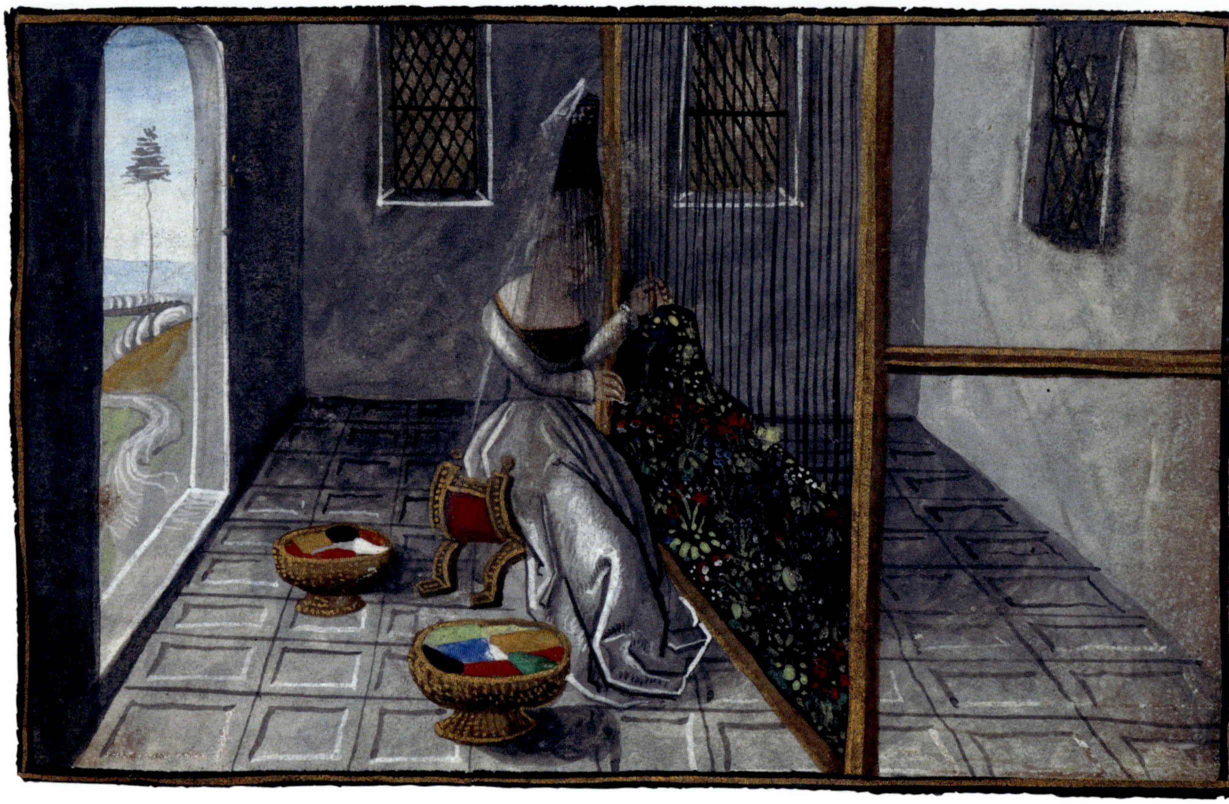

demoiselle de *L'Odorat*, dérivent sans doute d'exemples antiques transmis par des intermédiaires italiens[45]. Le prolongement de ces bandeaux par une haute mèche en aigrette, fantaisie dérivée peut-être elle aussi de motifs à l'antique, rencontre quelques parallèles dans l'art de cette époque mais est surtout un trait distinctif du maître. Elle s'observe dans les manuscrits de sa main, par exemple dans les *Heures Séguier* (Chantilly, musée Condé, ms. 81, fol. 84), comme dans les gravures qui lui sont attribuées, notamment sur la marque d'un libraire rouennais figurant dans un ouvrage imprimé en 1496 et dans les *Heures* imprimées par Philippe Pigouchet pour Simon Vostre en 1498[46].

Les orfrois des robes sont rehaussés de pierreries qui les apparentent à des bijoux – et il est parfois difficile de distinguer ceux qui bordent les manches des bracelets, dans l'acception moderne du terme. Les autres bijoux, colliers et ceintures, font principalement appel aux motifs de chaînes, torsadées ou à maillons, souvent accompagnés de rangs de perles et de médaillons. Ceux-ci sont parfois enrichis de détails naturalistes : grenades de la ceinture et fleurettes alternativement bleues et or du collier de la dame du *Goût* évoquent les mentions des inventaires ou d'autres représentations de la fin du XVe et du début du XVIe siècle – et sont en grande partie hérités des innovations des années 1400[47].

L'art de la tapisserie, et singulièrement cette commande, ont ainsi offert au maître qui doit son nom à son métier premier d'enlumineur l'occasion de diversifier mais aussi de renouveler son art. Il a donné libre cours à son talent dans l'équilibre des compositions, l'élégante sérénité des figures, la précision du dessin, la délicatesse des modelés. Observateur attentif de la mode de son temps, ouvert à la reprise de motifs à l'antique, il s'est complu à suggérer les matières, des épais velours unis aux fins voiles et à leurs effets de transparence, à détailler les motifs des résilles et des colliers rehaussés de fleurettes ou de croisettes que l'on devine émaillées de bleu ou de blanc, des appliques, des boutons et des pendentifs d'or ou de perle. L'abondance de la parure et le luxe des joyaux contribuent cependant au caractère allégorique des figures.

Jeune femme tissant une millefleurs
Die Lof der Vrouwen
(d'après *La Cité des dames* de Christine de Pisan)
Pays-Bas, vers 1475
Londres, British Library, Add. 20698, fol. 90

UN APOGÉE DE L'ART DE LA TAPISSERIE

La beauté des compositions et la délicatesse du dessin fourni par le peintre de la « maquette » ou « petit patron » ont été transcrites par le cartonnier qui l'a porté aux dimensions définitives, puis parfaitement rendues par le tissage, dont les qualités et les subtilités révèlent une extrême maîtrise. À la fin du XVe siècle, les savoir-faire associés du peintre des maquettes, du cartonnier qui les porte à grandeur et du licier qui reproduit ce dernier dans le tissage sont solidement éprouvés et permettent de nombreuses variations.

La Dame à la licorne appartient au groupe des *millefleurs*, ainsi nommées en raison de leurs fonds semés de fleurettes accompagnées d'animaux. La plus ancienne pièce de ce type parvenue jusqu'à nous fut tissée à Tournai pour Jean de Daillon en 1481-1482[48]. La période de plus grande vogue se situe dans les années 1490-1520. Sur ces tapisseries, les figures sont disposées devant un arrière-plan à décor naturaliste héritier des tentures à fond vert, bleu ou rouge semé de fleurettes et parfois d'oiseaux, qui étaient courantes aux XIVe et XVe siècles si l'on en croit les exemples figurés dans l'enluminure[49]. Les arbres, pins, chênes, houx et orangers, qui se dressent devant ces fonds et structurent les scènes appellent le rapprochement avec des décors peints, tels ceux de la Casa Davanzati à Florence et du palais des Papes d'Avignon ou ceux, plus tardifs, du manoir de Belligan en Anjou (troisième quart du XVe siècle)[50].

Ces millefleurs, insensibles aux recherches spatiales et à la représentation du paysage, offrent une exception singulière, témoignage évident de l'absence d'évolution artistique linéaire. En revanche, les branchages fleuris, plantés ou coupés, sont figurés avec un grand souci d'exactitude botanique, qui rejoint celui observé dans l'enluminure de la même époque – comme en témoignent, par exemple, les feuillets des *Grandes Heures d'Anne de Bretagne* qui s'apparentent à de véritables pages d'herbier. Ces plantes sont

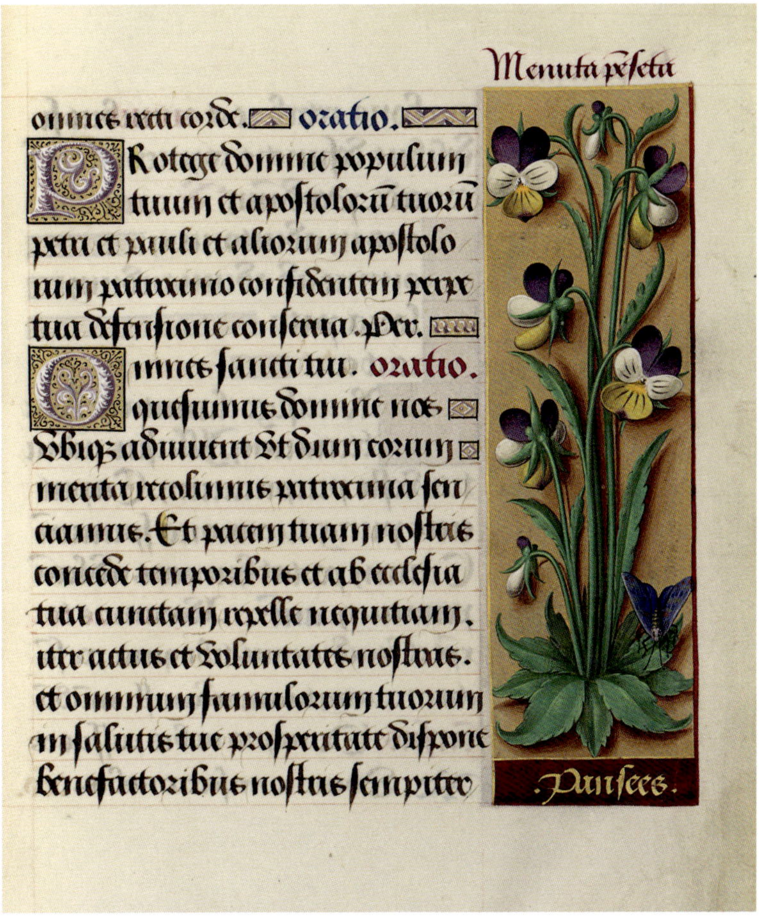

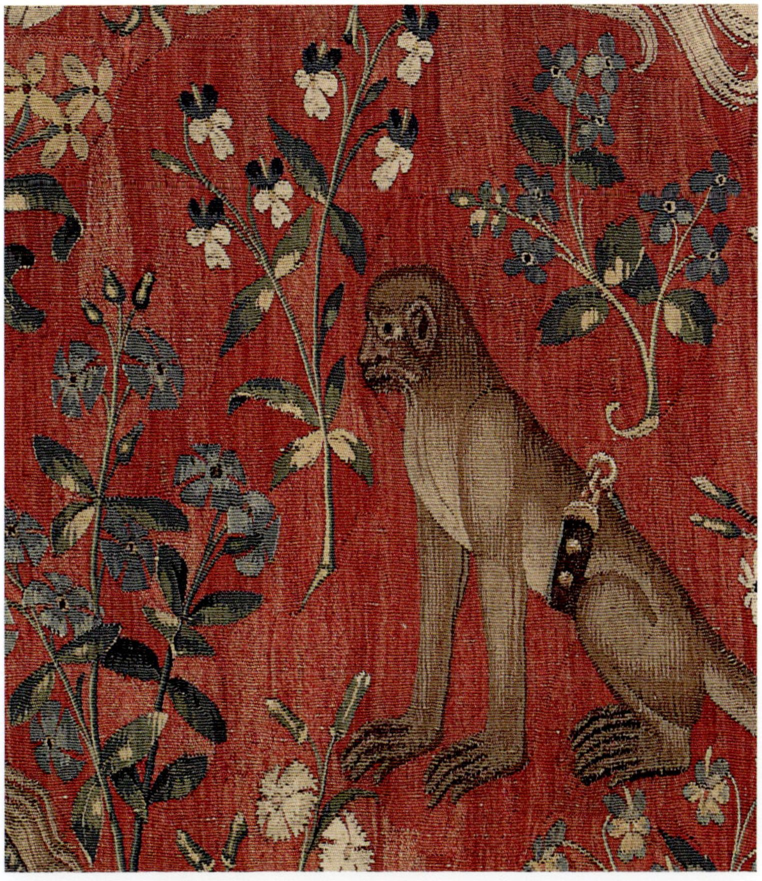

Pensées
Grandes Heures d'Anne de Bretagne
Jean Bourdichon, Tours, 1505-1508
Paris, Bibliothèque nationale de France, ms. lat. 9474, fol. 62

Singe, pensées et autres fleurs
Le Toucher (détail)
Tenture de *La Dame à la licorne*
Paris, musée de Cluny

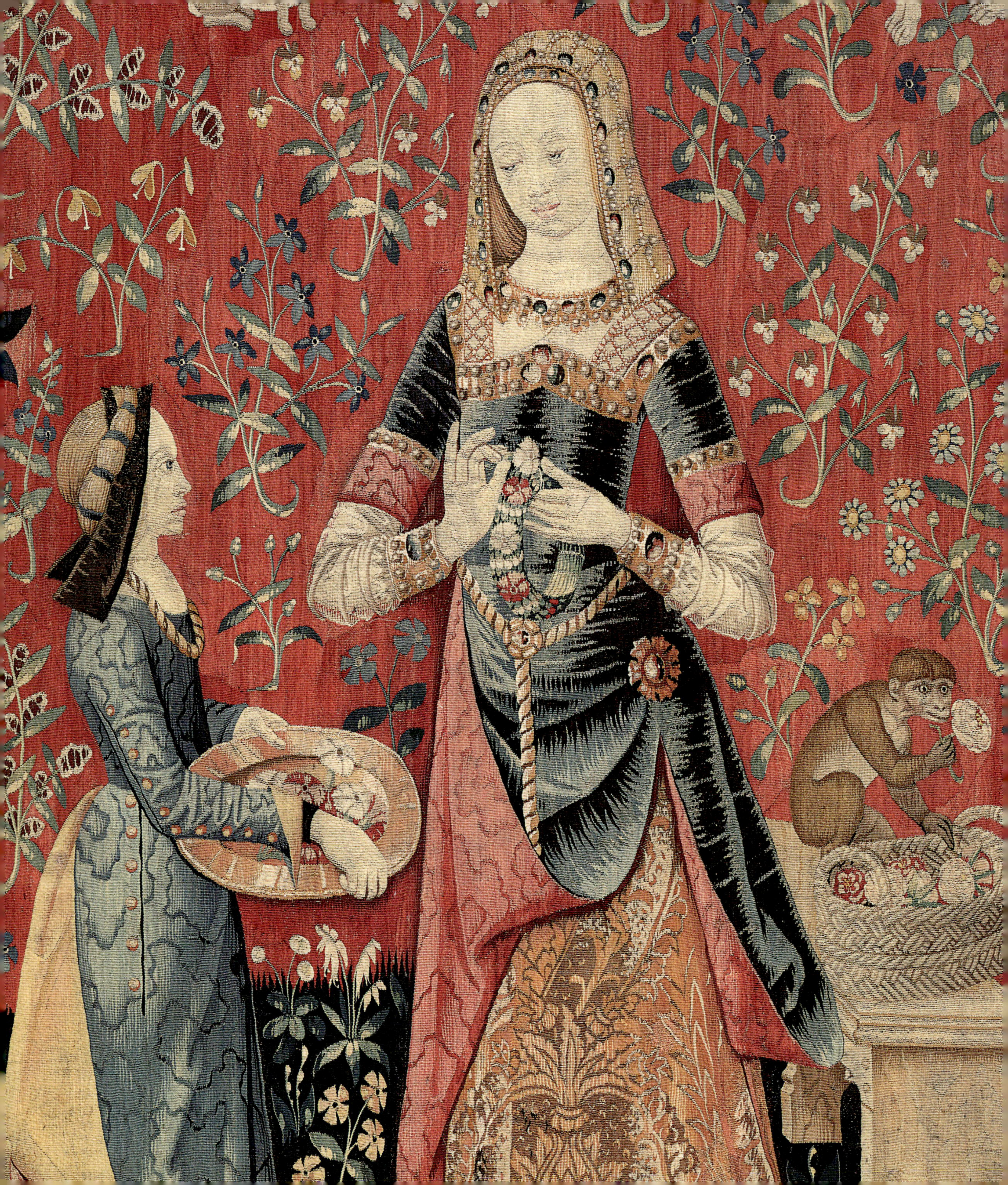

principalement celles des bois, des champs et des jardins. La rose, absente des fonds de millefleurs, grimpe en s'accrochant au plessis du *Goût*. Elle est, avec l'œillet dont la dame de *L'Odorat* tresse sa couronne, à la fois fleur des jardins et symbole amoureux.

Les fonds des millefleurs sont le plus souvent verts, couleur particulièrement adaptée aux scènes champêtres ou courtoises, auxquelles ils servent volontiers d'arrière-plan, mais aujourd'hui souvent dégradée par le passage du temps. *La Dame à la licorne* se distingue par les fonds rouges, atténués en un rose intense qui n'est pas le moindre de leur charme, peut-être choisis pour accentuer l'éclat et souligner le caractère allégorique des tapisseries[51]. Seule la terrasse sur laquelle se déroulent les scènes est de couleur verte. Le décor végétal place ainsi les scènes dans un environnement familier tout en participant à leur signification – ne serait-ce qu'en suggérant un jardin. De même, les oiseaux et les autres animaux des fonds sont tantôt éléments de ce décor champêtre tantôt accessoires de l'allégorie.

Le recours à ce décor de millefleurs répondait aussi à une recherche de rationalisation : le peintre du petit patron ou maquette pouvait limiter son dessin au motif principal ; le cartonnier agrandissait celui-ci aux dimensions de la pièce à exécuter en le plaçant sur un fond composé à partir de motifs végétaux et animaliers qui pouvaient être conservés dans l'atelier et employés d'une tapisserie à l'autre. Ce fut sans doute le cas pour *La Dame à la licorne* : le motif central, y compris les figures du lion et de la licorne dont le geste ou le regard semblent souvent accompagner la signification de la pièce, relèvent d'un dessin différent sur chaque pièce. En revanche, si la composition des branches et des plants de fleurs est soigneusement variée, le dessin de chaque espèce est toujours identique. De même, les animaux dispersés dans le fond de millefleurs, notamment les lapins, reproduisent souvent le même dessin, tantôt dans un sens, tantôt dans l'autre. Par ailleurs, sur les pièces les plus étroites – *Le Toucher*, *L'Odorat* et surtout *L'Ouïe* –, la terrasse est moins large et les éléments décoratifs qui structurent la composition, les arbres, les bannières, sont comme resserrés ; sur *La Vue*, pièce qui était sans doute conçue dès l'origine comme moins haute que les autres, une bannière et deux arbres seulement figurent à l'arrière-plan de la scène. Sur les pièces de plus grande largeur, *Le Goût* et *Mon seul désir*, la terrasse est plus large, l'espace entre les divers éléments est plus aéré. Le cartonnier a donc composé les fonds des tapisseries en y plaçant des éléments préétablis selon son inspiration et selon les besoins, en l'occurrence selon des dimensions données par le commanditaire – ce qui laisse penser que la tenture a été exécutée non seulement pour une personne, mais aussi pour un lieu précis.

Quelques maladresses sont peut-être dues à un travail rapide ou à un moment d'inattention du cartonnier. Ainsi, sur *Le Goût*, l'écu porté par le lion présente des croissants inversés (ils sont « descendants » et non « montants ») et les bandeaux de la coiffure de la demoiselle s'interrompent bizarrement au-dessus de sa tête, comme si l'aigrette qui devait les couronner avait été oubliée ou coupée.

Le rôle du cartonnier permet aussi de rendre compte des différences non négligeables entre *Le Toucher* et les autres pièces de la tenture : la présence dans les fonds de fleurs et surtout d'animaux absents par ailleurs, l'échelle plus petite de la licorne, le dessin plus malhabile du lion, pourraient être dus à l'intervention d'une main différente.

Le tissage donnait à l'œuvre son aspect définitif, plus ou moins subtil et fidèle au carton selon l'habileté des liciers, plus ou moins luxueux selon qu'il employait seulement des fils de laine ou également des fils de soie et de métal précieux. Le lieu de ce tissage demeure hypothétique pour la plupart des millefleurs parvenues jusqu'à nous. Il est certain que les villes du nord de la France et des Pays-Bas du Sud, Arras, Lille, Bruges, Tournai notamment, dominèrent le marché pendant une longue période. Divers indices laissent entrevoir l'importance croissante des ateliers de Bruxelles aux environs de 1500. L'hypothèse selon laquelle certaines de ces tapisseries pourraient avoir été tissées à Paris, où furent incontestablement créés de nombreux

La dame et la demoiselle
L'Odorat (détail)
Tenture de *La Dame à la licorne*
Paris, musée de Cluny

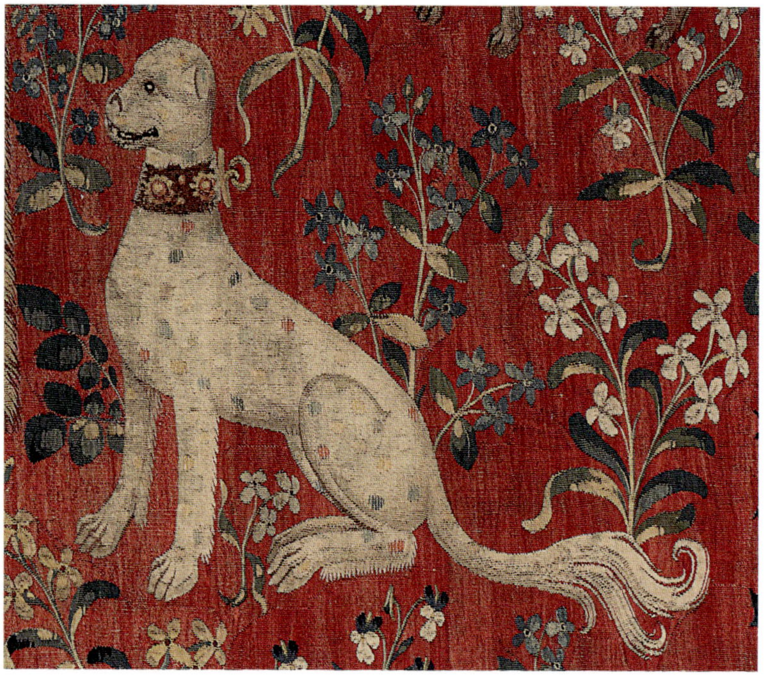

modèles, pourrait retrouver une certaine vigueur. En effet, des contrats passés dans cette ville mentionnent des pièces de « menue verdure » à fonds verts ou rouges sur lesquels se détachent des scènes reposant sur une terrasse[52]. Mais les modèles circulaient, les artistes se déplaçaient et la clientèle s'adressait aux fournisseurs en vue, dont le lieu de négoce ne correspondait pas nécessairement à celui du tissage ou de l'élaboration des modèles. C'est pourquoi il faut accepter de demeurer dans l'incertitude au sujet du lieu de tissage de *La Dame à la licorne*.

Ce tissage a été effectué avec grand soin, employant toutes les ressources d'un art alors en pleine maturité. Les fils de chaîne et la plupart des fils de trame sont en laine. La gamme colorée comporte une trentaine de teintes différentes, chaque couleur principale étant le plus souvent déclinée en trois nuances, claire, moyenne et sombre. Les teintures végétales utilisées étaient couramment répandues : garance pour les rouges, gaude (« réséda des teinturiers ») pour les jaunes, guède (appelée « pastel » dans le Midi) pour les bleus. S'y ajoutent des tonalités plus rares comme le brun violacé obtenu à partir de l'orseille, dérivé de lichens. La couleur représente avec précision les espèces animales ou végétales, usant avec délicatesse de nuances en dégradé, mais donne à certaines les caractéristiques transmises par la légende, ainsi des pois multicolores sur le pelage blanc de la panthère du *Toucher*. Plusieurs teintes peuvent être juxtaposées dans un motif de petites dimensions, jusque quatre ou cinq dans les fleurs de pensée, par exemple.

L'envers donne une idée des couleurs d'origine, plus denses, notamment pour les rouges, et plus franches, ainsi pour les verts, bleuis sur l'endroit par la dégradation de la composante jaune. Il est d'autant plus lisible que les changements de fils de couleur sont traités par l'arrêt du premier fil sans passage sur plusieurs chaînes au revers, ce qui en fait des tapisseries « sans envers », c'est-à-dire dont la lecture n'est pas perturbée par les passages de fils (à l'exception de ceux des restaurations)[53]. L'emploi de la soie est relativement limité mais subtil ; généralement beige ou écrue, plus rarement rose, elle donne un raffinement supplémentaire à quelques détails, comme les mèches de cheveux blonds, ou souligne la préciosité des étoffes de satin clair. Plus fragiles, ces fils de soie ont davantage souffert et été remplacés lors des restaurations.

La diversité des moyens techniques de l'art de la tapisserie s'observe dans les représentations de la licorne. Le contour et le modelé ont été rendus avec délicatesse grâce à la finesse du tissage, à l'emploi de nuances dégradées de beige ; des relais décoratifs et des demi-duites soulignent les détails de l'anatomie ; des battages et des variations de la réduction suggèrent les crinières et les touffes de poils ; des tissages dans la forme révèlent le mouvement des fines mèches et restituent la structure torsadée de la corne.

Ainsi la licorne, justement associée à la dame pour nommer la tenture où elle est actrice de la signification tout en participant au mystère, est-elle un élément essentiel de la beauté formelle de cet ensemble à la séduction unique.

Panthère
Le Toucher (détail)
Tenture de *La Dame à la licorne*
Paris, musée de Cluny

La panthère médiévale émerveille par ses couleurs. Blanche comme la licorne, elle est rayée ou tachetée, ici, de bleu, de rouge, de vert et de jaune.

La licorne
Mon seul désir (détail)
Tenture de *La Dame à la licorne*
Paris, musée de Cluny

Le tissage « en suivant la forme » suit le motif, si bien que les fils de chaîne ne sont plus tout à fait perpendiculaires à la trame. Il reproduit ainsi parfaitement la structure torsadée de la corne de la licorne.

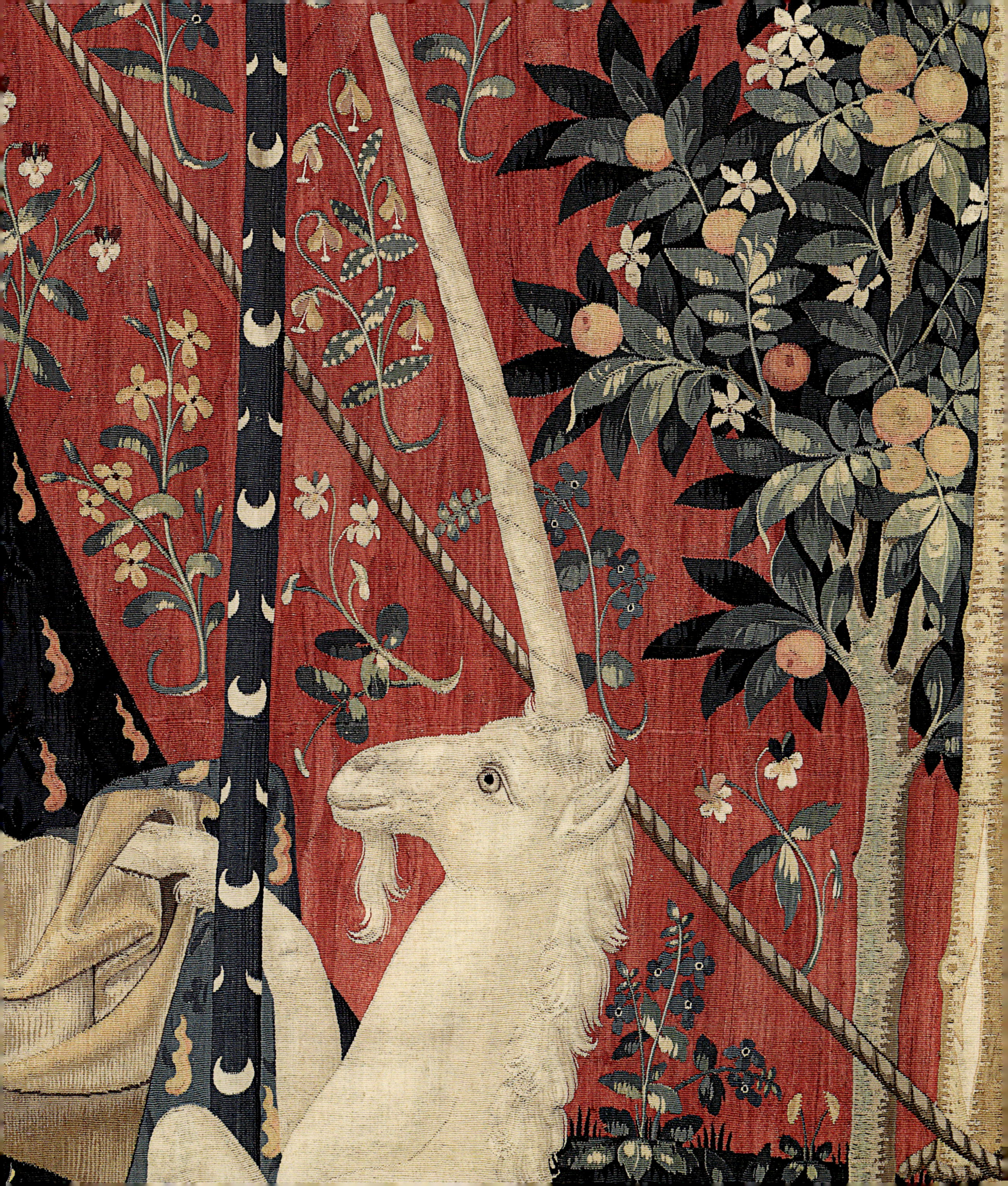

LE DÉCLIN D'UN MYTHE

L'histoire de la licorne à l'époque moderne est celle d'une démythification. Le temps des bestiaires est révolu et fait place à une zoologie plus savante, construite sur l'observation, la réflexion, la classification. Peu à peu, force est de reconnaître que personne n'a jamais vraiment vu une telle créature, que les histoires la concernant s'appuient sur des témoignages fragiles et qu'elles relèvent plus de la fable que de la science. Invisible, inclassable, inétudiable : probablement la licorne n'existe-t-elle pas. Cette idée, née à l'aube des temps modernes, progresse au fil des décennies puis finit par s'imposer : au siècle des Lumières, la licorne disparaît définitivement des taxinomies du monde animal. Désormais, plus aucun traité de zoologie ne lui réserve un chapitre, ni même un paragraphe, alors qu'au siècle précédent, ils étaient encore nombreux à le faire.

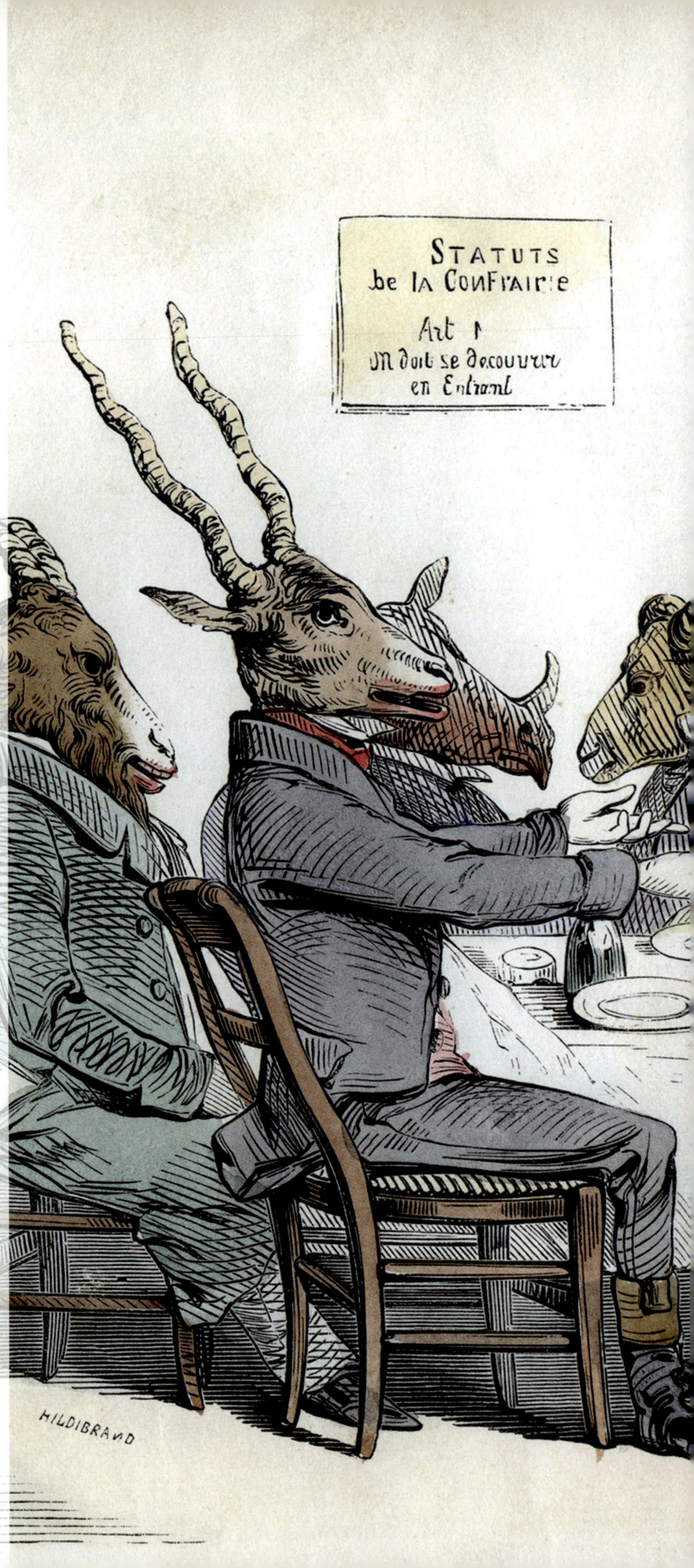

Un repas de corps
Jean-Jacques Granville
Gravure, 1854
Parue dans *Les Métamorphoses du jour* du même auteur

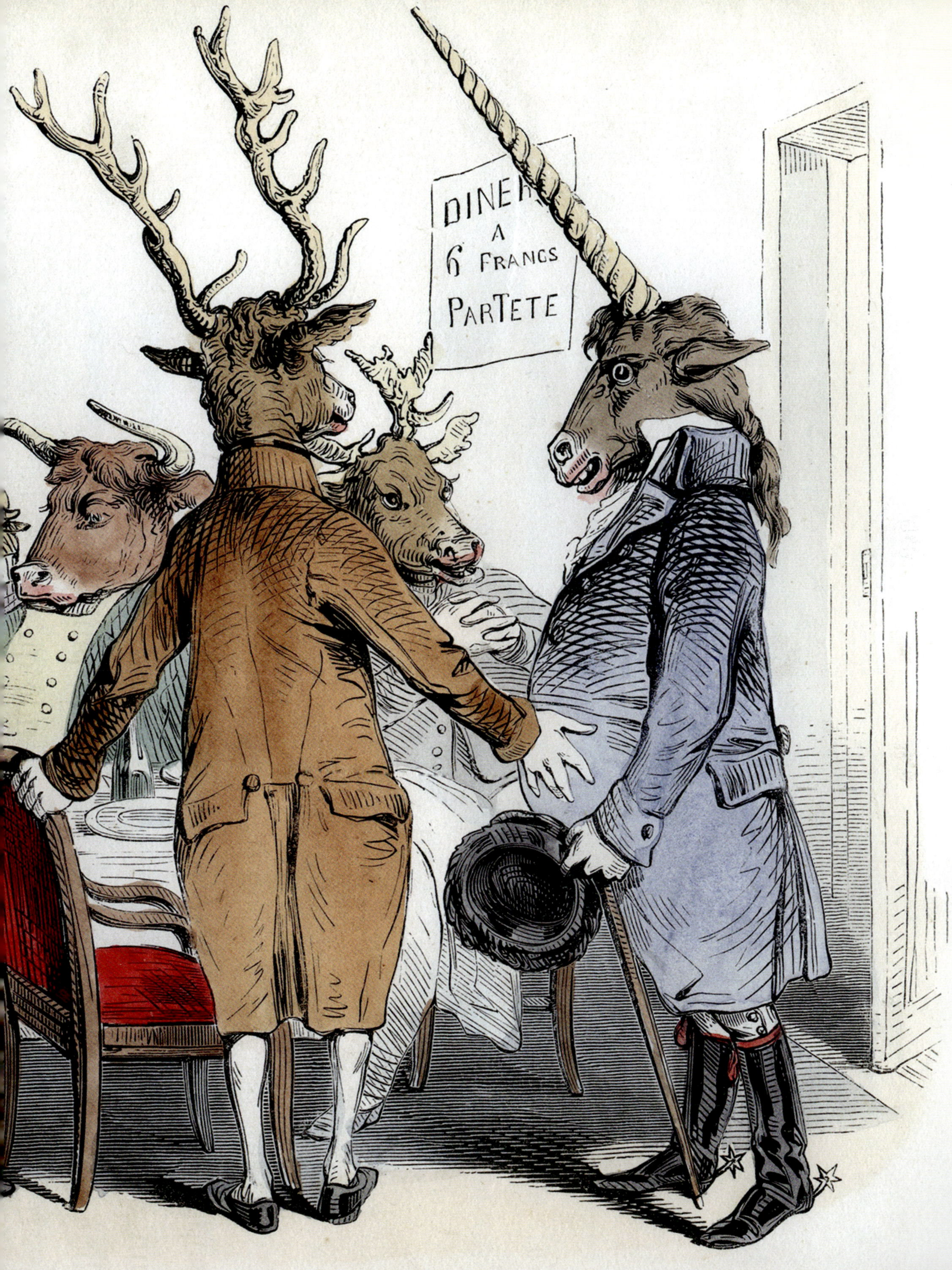
DINER
A
6 FRANCS
PARTETE

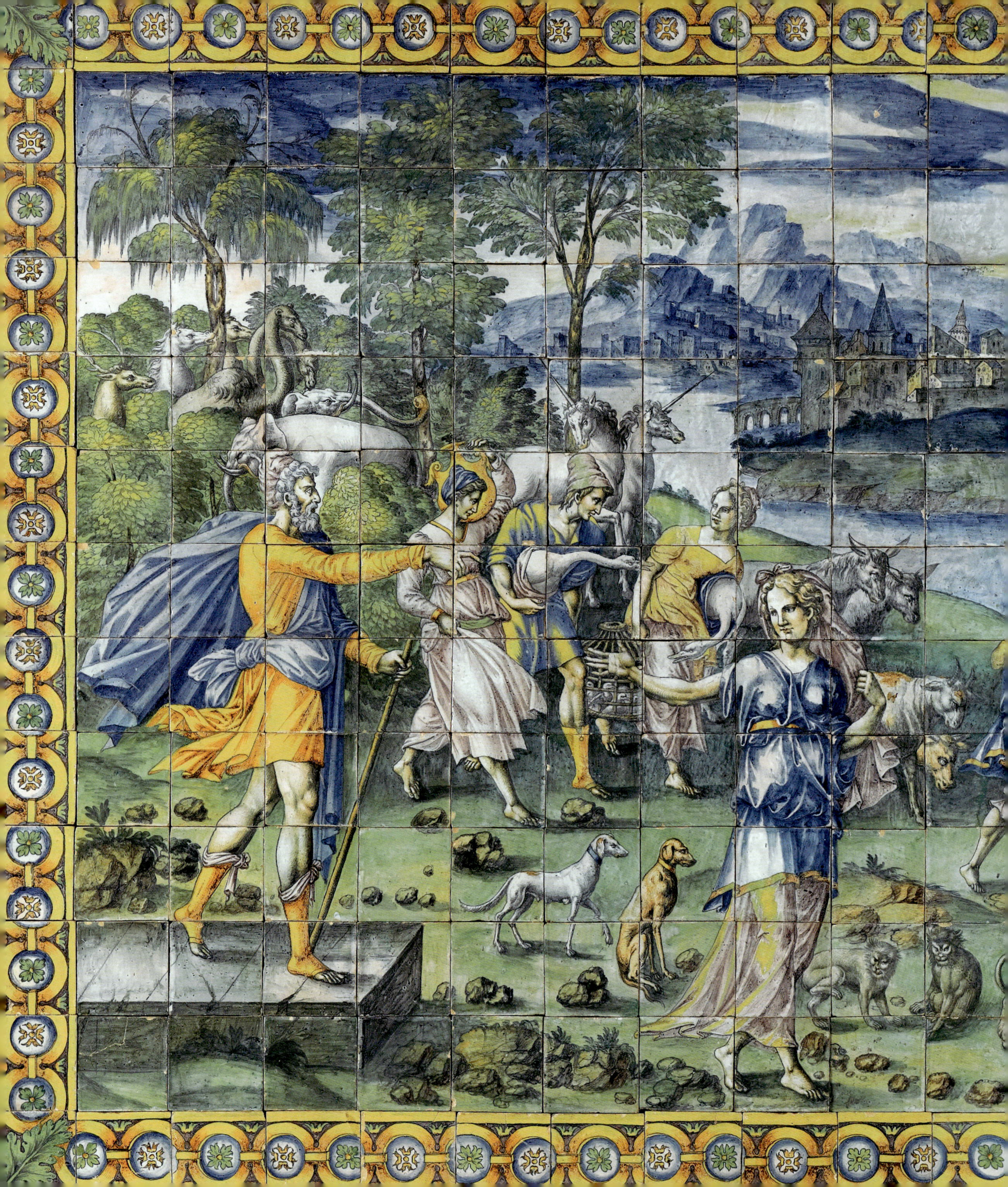

Toutefois, si la licorne véritable disparaît de l'horizon savant, son souvenir demeure prégnant dans l'imaginaire et les représentations. À commencer par celui de sa corne, dont les vertus ne sont pas oubliées et qui continue de faire l'objet d'un commerce prospère, fournissant différents produits à la pharmacopée. Quant à l'animal lui-même, il reste bien présent dans la création artistique et littéraire et finit par prendre, à l'époque contemporaine, une dimension poétique, onirique et même fantastique, parfois plus riche ou plus débridée que celle du fier unicorne des bestiaires médiévaux.

LE TEMPS DES DOUTES

Les premiers doutes s'expriment dès la fin du Moyen Âge. Comme pour la sirène, le griffon ou le basilic – autres créatures composites –, quelques auteurs se demandent si un animal aussi étrange est bien un animal réel[1]. A-t-il vraiment été créé par Dieu ? N'est-il pas plutôt une supercherie que le Diable aurait inventée pour abuser l'esprit fragile d'hommes et de femmes avides de merveilles ou de prodiges ? Telle est déjà l'opinion de plusieurs encyclopédistes et théologiens du Moyen Âge finissant. D'autres, plus prudents, expliquent que la licorne a bien existé, qu'elle est apparue sur terre le sixième jour de la Création en même temps que tous les quadrupèdes mais que, trop sauvage ou trop craintive pour monter dans l'arche avec Noé et les autres animaux, elle a disparu dans les eaux du Déluge. Son souvenir se serait conservé, puis déformé, et expliquerait pourquoi des voyageurs, tel Marco Polo, ont cru la voir dans des pays lointains alors qu'il s'agissait d'animaux bien différents[2].

De tels arguments, plus que spécieux, ont fini par faire sourire puis susciter la critique ou l'ironie. Non

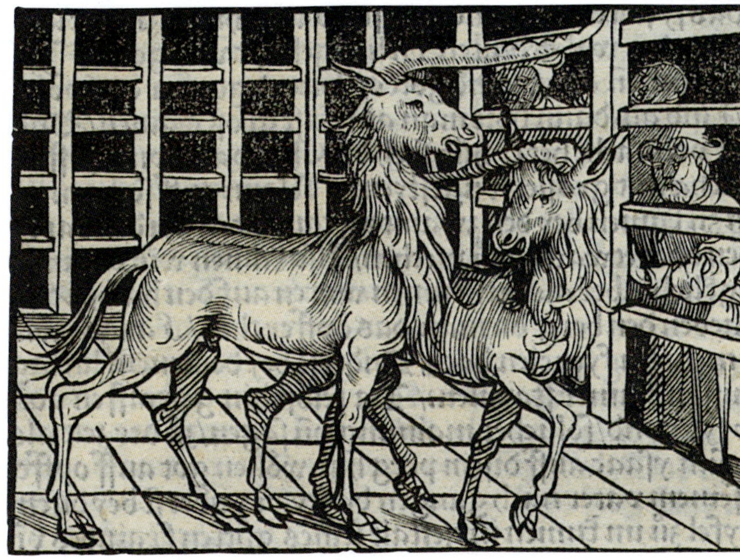

seulement celle des pasteurs protestants qui dans leurs prêches dénoncent les erreurs des bestiaires et la crédulité des fidèles, mais aussi celle d'un écrivain comme Rabelais, qui, dans le *Quart Livre*, se moque de la licorne et des prétendues vertus de sa corne[3]. Son héros Pantagruel fait un grand voyage vers le Nouveau Monde, visite des îles fabuleuses et sur la première d'entre elles, l'île de Medomathi (« le pays qui n'existe pas »), il aperçoit de splendides licornes. Aussitôt il envoie une lettre à son père, Gargantua, et lui décrit comment ces bêtes fort paisibles, nullement farouches, ne ressemblent en rien à ce qu'en disent les auteurs anciens qui en ont parlé. Il se demande même si lui, Pantagruel, ne serait pas le premier à en voir de bien vivantes : « Je m'esbahis comment nos escrivains antiques les disent tant farouches, feroces et dangereuses, lors que oncques vives n'ont été veues[4]. »

Plus tard, ayant acheté « trois beaux et jeunes unicornes », un mâle alezan et deux femelles au poil gris, il vante leur ressemblance avec le cheval et non pas avec la chèvre. De manière indirecte, Rabelais raille ici les auteurs, antiques et modernes, qui décrivent la licorne sans ne l'avoir jamais vue qu'en image, et laisse entendre qu'il ne croit pas à l'existence d'un tel animal[5]. Assimilant plus ou moins la licorne au rhinocéros, il reconnaît que lui-même ne connaît ce dernier que par des images, probablement quelques-unes des gravures, nombreuses, qui tout au long du XVIe siècle copient la célèbre estampe de Dürer de 1515[6].

Entrée des animaux dans l'arche de Noé
Masséot Abaquesne
Pavement de céramique
Rouen, vers 1550
Écouen, Musée national de la Renaissance

Les deux licornes de la ménagerie de La Mecque
Jörg Breu
Gravure
Parue dans une édition du *Voyage en Orient*
de Lodovico Barthema
Augsbourg, 1515
Berlin, Bayerische Staatsbibliothek, Rar 894, p. 13 v°

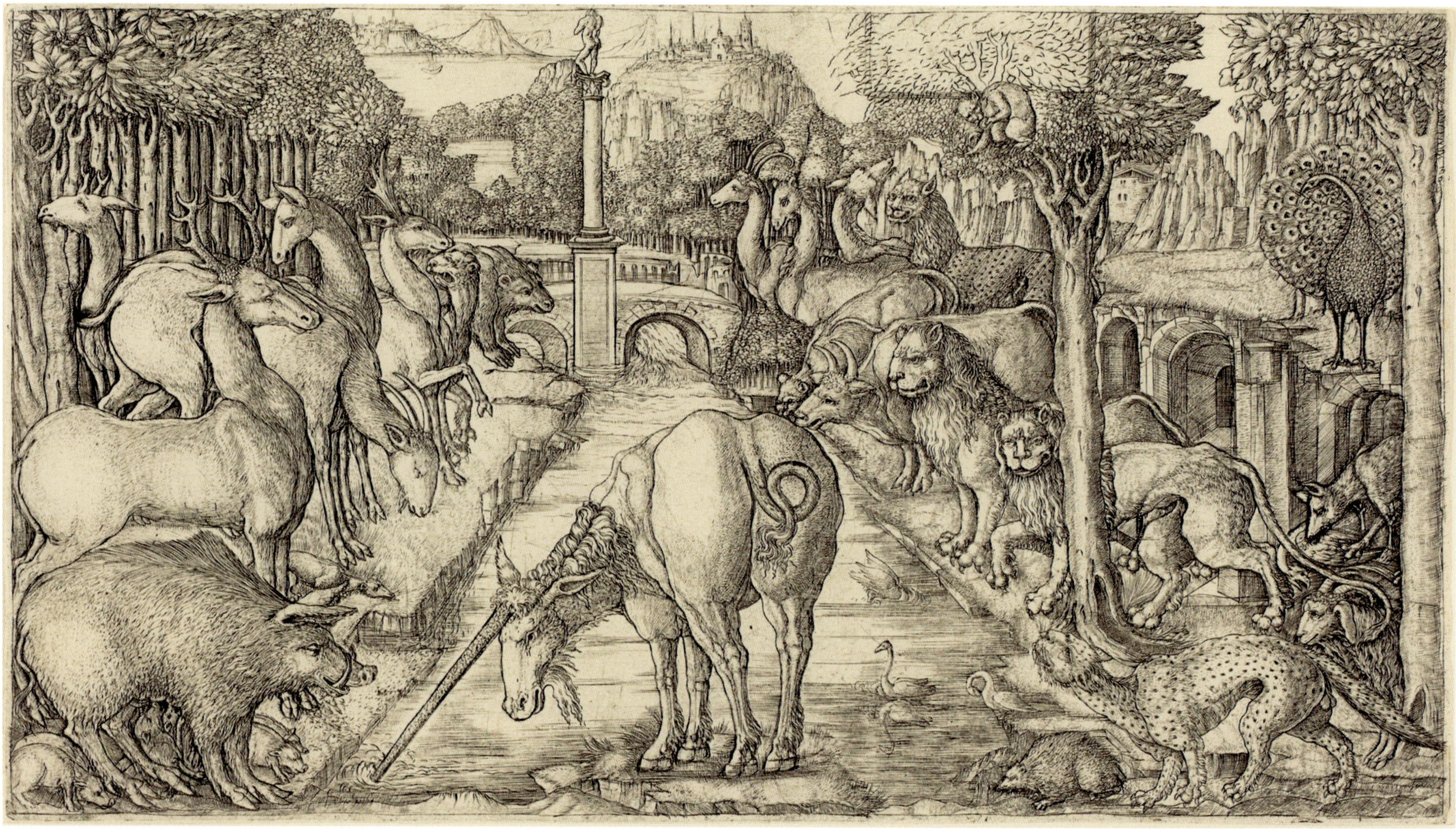

Licorne purifiant une source empoisonnée
Jean Duvet
Gravure, vers 1550-1555
Washington, National Gallery of Art,
Rosenwald Collection, inv. 1946.21.288

Le Chevalier, la Mort et le Diable
Albrecht Dürer
Gravure, 1513
Washington, National Gallery of Art,
don W.G. Russell Allen, inv. 1941.1.20

Faisant pendant à la licorne du Christ, la licorne du Diable se rencontre dans quelques images de la fin du Moyen Âge et du début de l'époque moderne. Elle ne ressemble pas à un cerf ni à un cheval mais à un bouc.

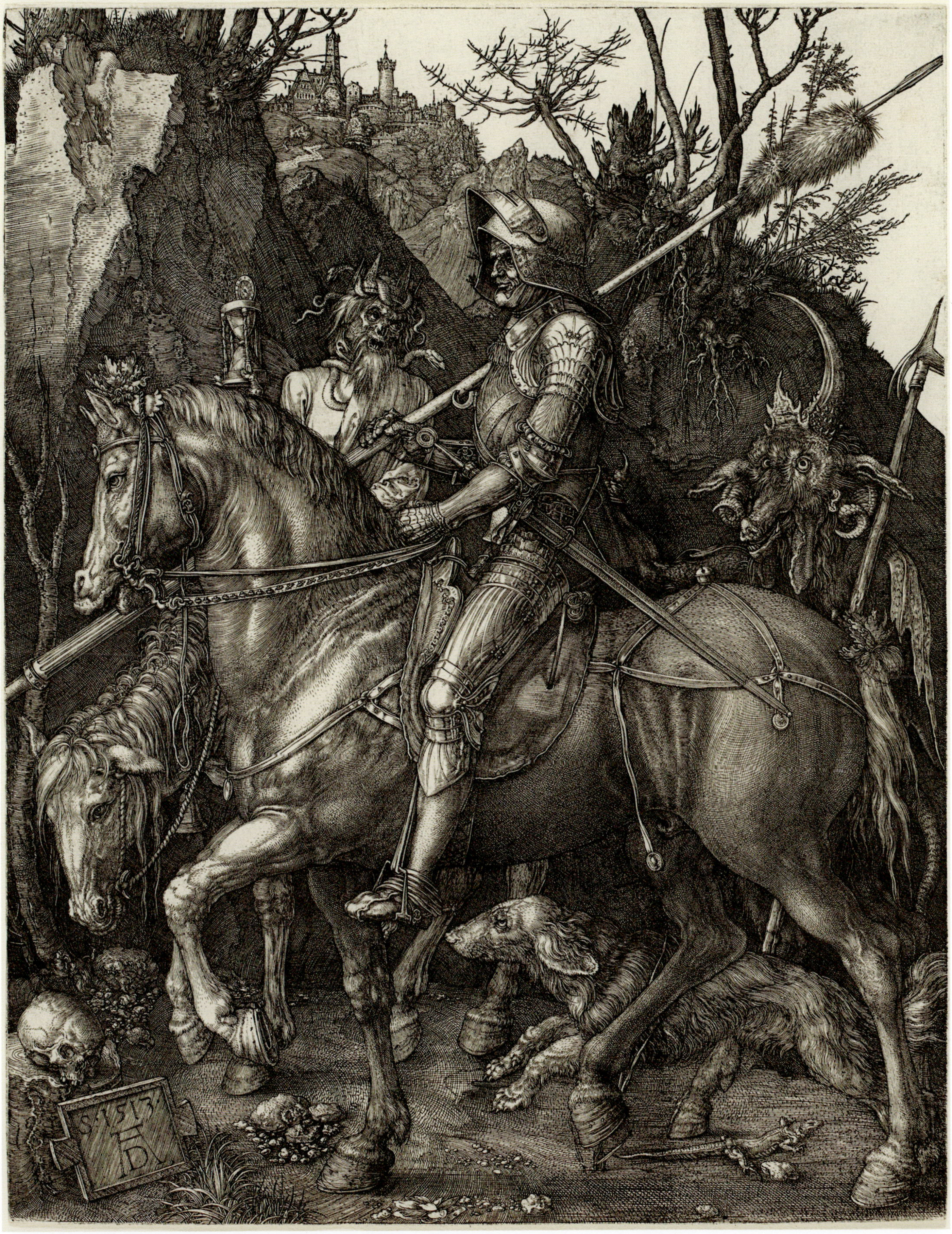
S·1513

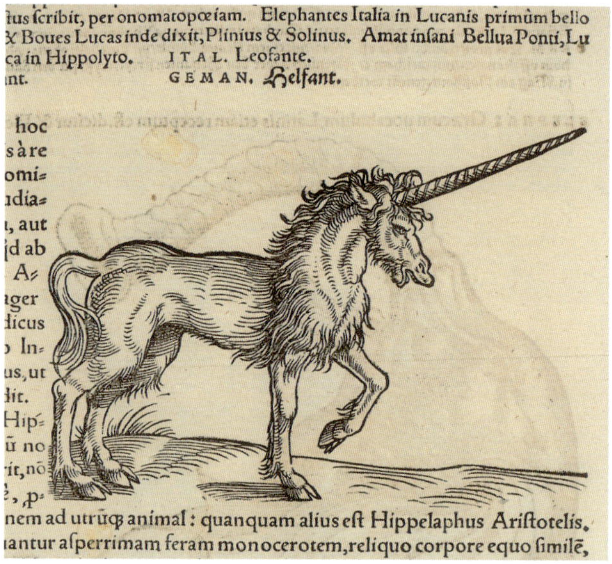

Cependant, à l'époque où Rabelais écrit son *Quart Livre*, peu avant le milieu du XVIe siècle, cette opinion est loin d'être dominante. Non seulement parce que des autorités aussi prestigieuses que la Bible, Aristote et Pline ont expressément parlé de la licorne, mais aussi parce que cette dernière est représentée sur un grand nombre de cartes marines pour emblématiser les pays lointains. Au reste, bien des marins et des voyageurs, cherchant davantage à vérifier le connu qu'à découvrir l'inconnu, ont affirmé l'avoir rencontrée. Pourquoi douter de leur témoignage ? En 1557, Pierre Belon, pharmacien manceau, auteur de deux ouvrages de zoologie, l'un consacré aux oiseaux, l'autre aux poissons, les croit. Toutefois, il attire l'attention sur les descriptions contradictoires qui sont données de la licorne par les auteurs anciens et les voyageurs de son temps et en tire la conclusion que la licorne est sans doute « quelque autre beste dont nous n'avons aucune vraye description[7] ». Cela ne remet cependant pas en question son existence, et Belon en donne pour preuve le grand nombre de cornes de licornes qui peuvent se voir ici ou là dans les trésors et les cabinets de curiosités.

À la même époque, Conrad Gesner, le plus grand zoologue (et compilateur) du XVIe siècle, consacre un long chapitre à la licorne dans son immense *Historia animalium* publiée à Zurich de 1551 à 1558. Sans contester la réalité d'un tel quadrupède, il avoue que

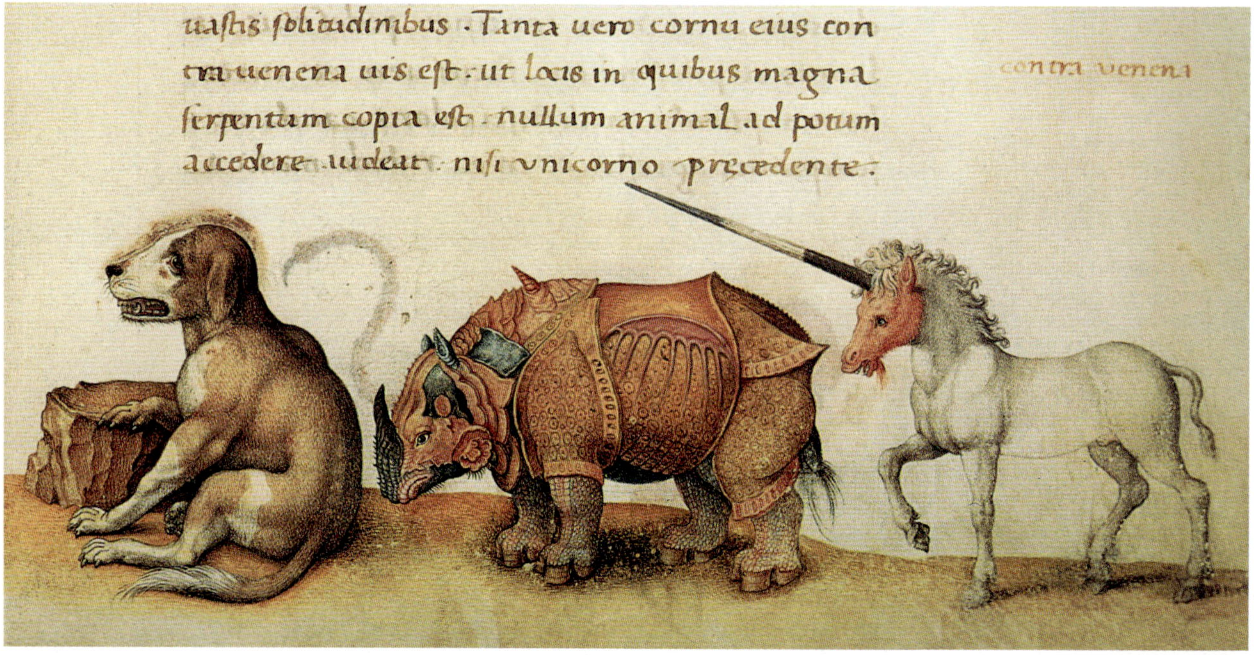

La licorne à crinière de Conrad Gesner
Gravure sur bois
Liber de quadrupedibus de Conrad Gesner
Zurich, 1560
Paris, Bibliothèque centrale
du Museum national d'histoire naturelle,
D12431, t. I, p. 62

La licorne et le rhinocéros
Dessin aquarellé dans un manuscrit du *De omnium animalium natura* de Pier Candida, vers 1460
Rome, Biblioteca Vaticana, Ms. Urbs lat. 276, fol. 41

À la fin du Moyen Âge, plus aucun artiste ne confond la licorne et le rhinocéros. En Italie, ce dernier, désormais mieux connu, est figuré de manière plus réaliste que dans les bestiaires du Moyen Âge central.

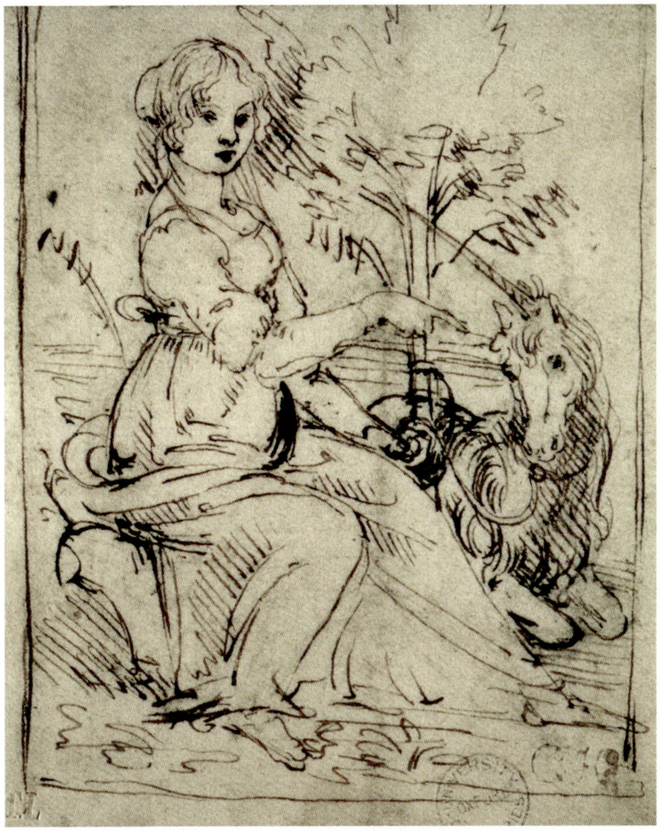

Représentations allégoriques de la Chasteté

Léonard de Vinci
Jeune fille à la licorne
Dessin à la plume
Fin du XVe siècle
Oxford, The Ashmolean Museum

Giorgione (?)
Jeune fille à la licorne
Huile sur toile
Venise, vers 1500
Amsterdam, Rijksmuseum, inv. SK-A-3970-00

L'art de la Renaissance modifie l'image traditionnelle de la jeune fille à la licorne. Les chasseurs disparaissent, et la scène violente de la mort ou de la capture se transforme en une douce allégorie de la chasteté.

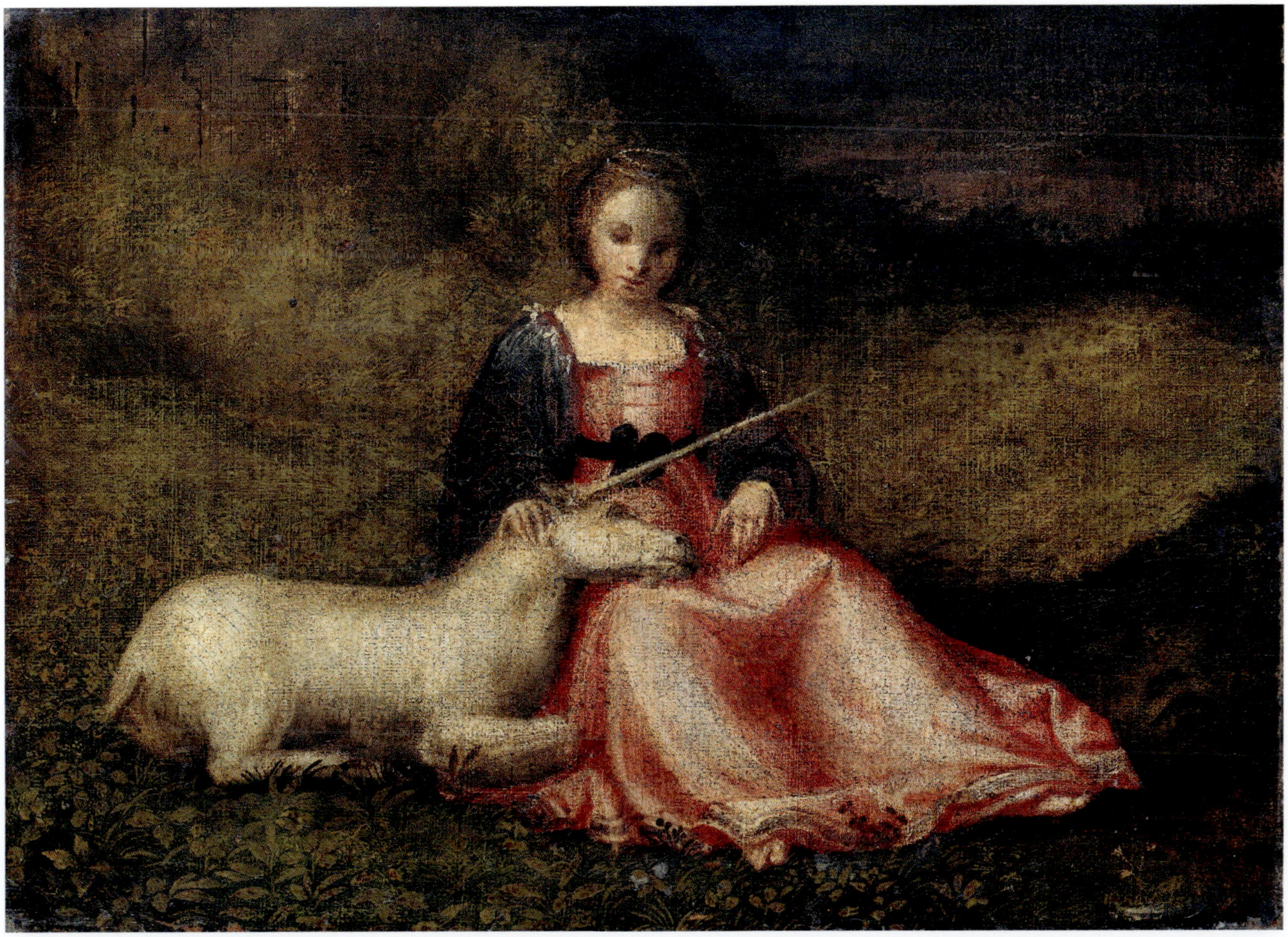

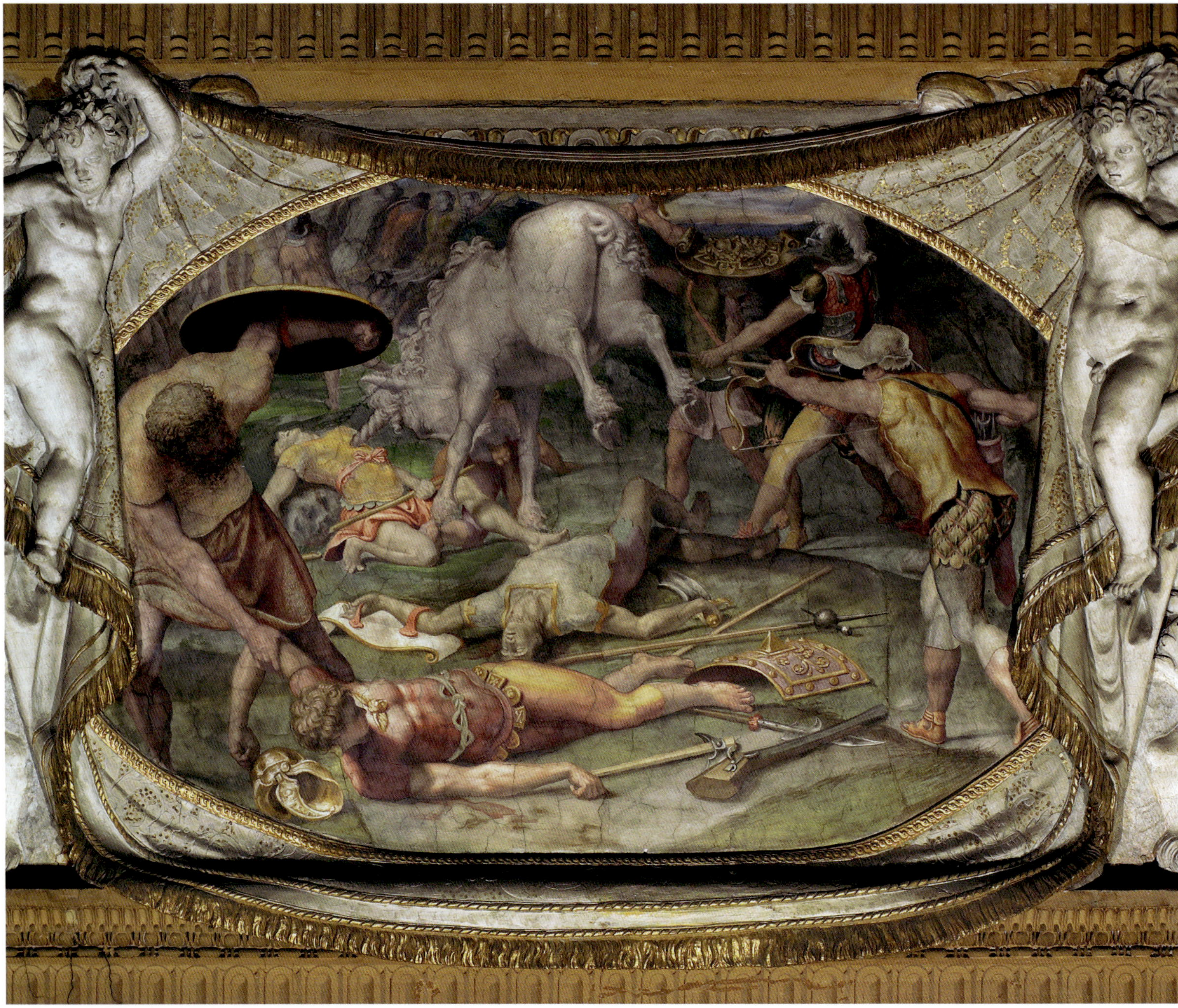

La licorne exterminant les guerriers
Daniele da Volterra
Fresque, chambre du Cardinal, 1597-1604
Rome, palais Farnèse

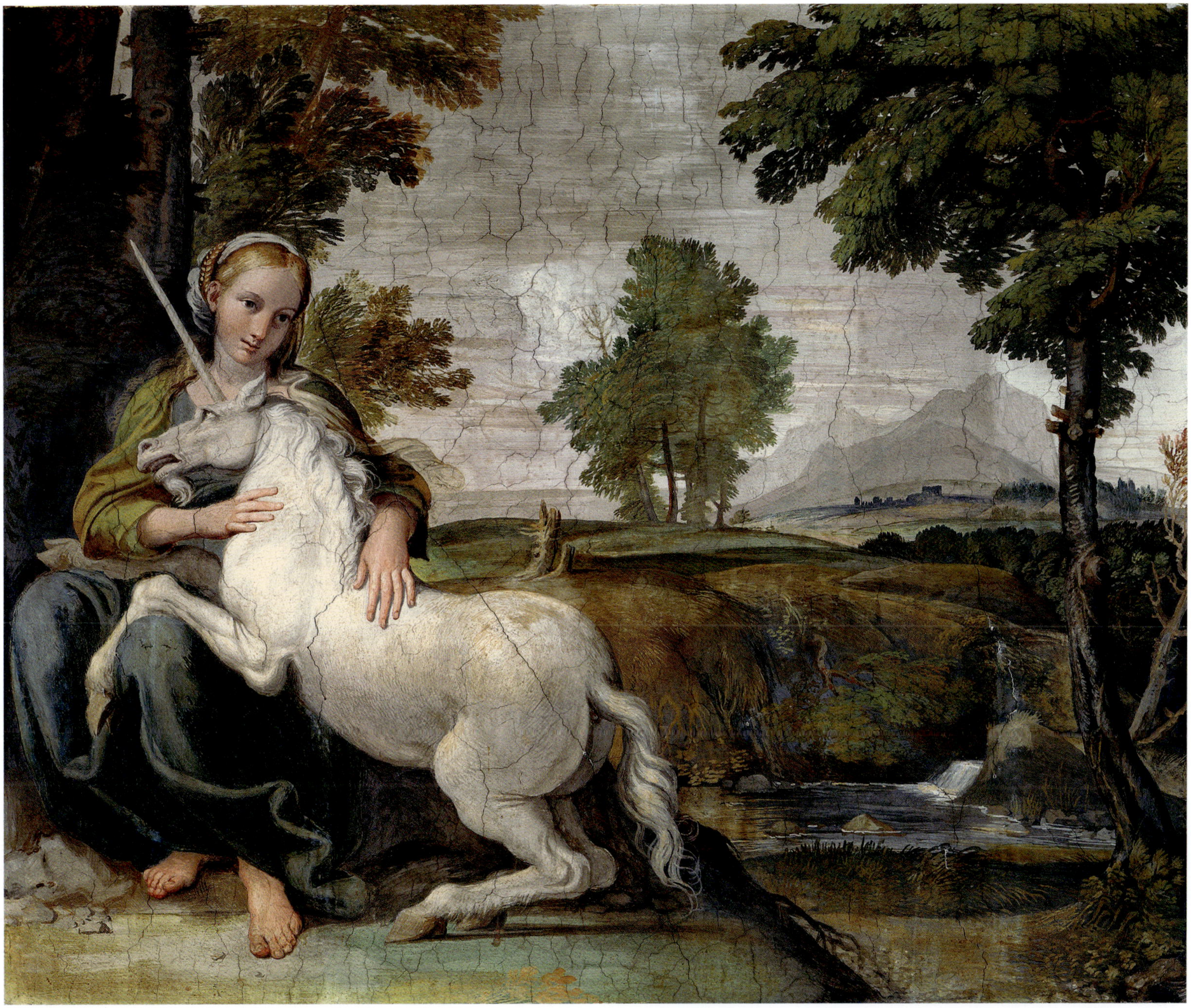

Vierge à la licorne
Domenico Zampieri, dit le Dominiquin
Fresque, galerie des Carrache, 1604
Rome, palais Farnèse

Le lis et la licorne, symboles de pureté, sont les vedettes du décor et de la riche emblématique Farnèse, tant au palais de Rome qu'à celui de Caprarola.

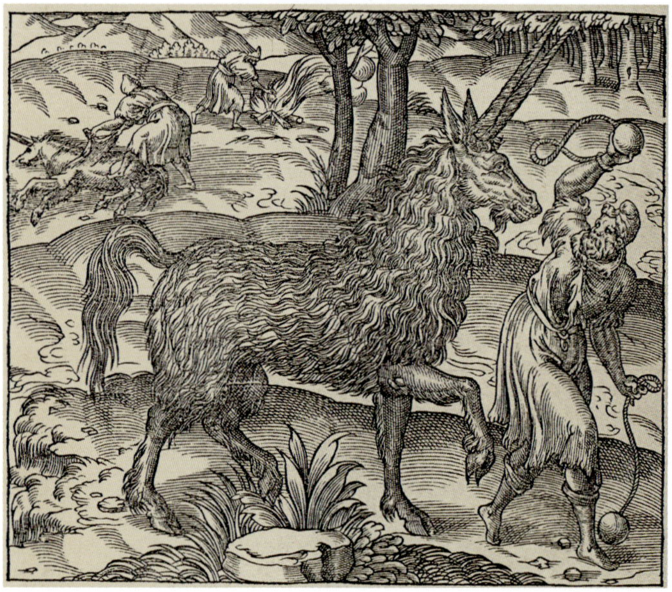

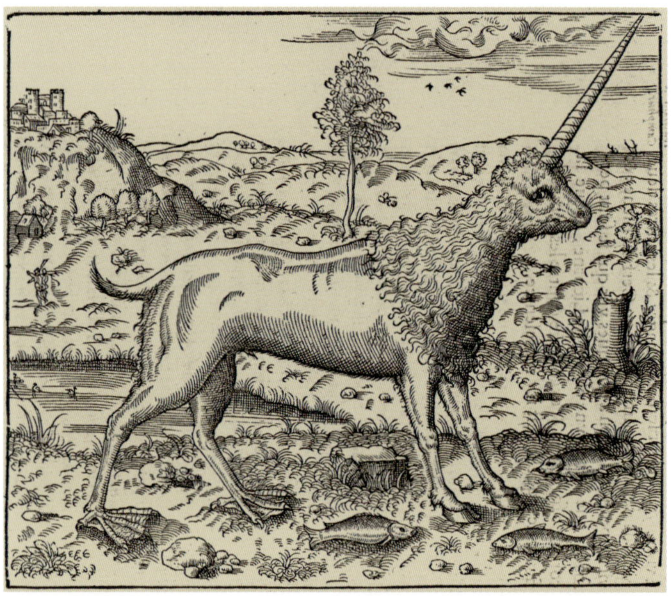

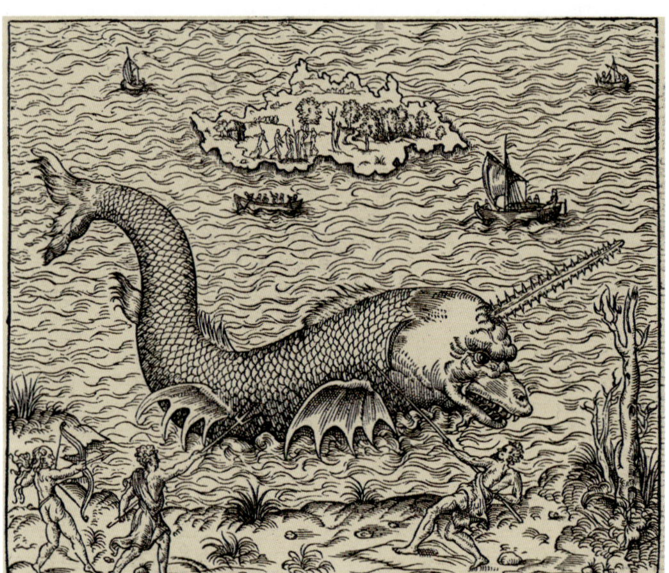

son apparence physique demeure incertaine et que son évident cousinage avec le *monoceros* vient peut-être de ce qu'il s'agit d'un seul et même animal. Son texte est accompagné d'un bois gravé montrant une licorne massive, plus chevaline que caprine, dotée d'une abondante crinière et d'une longue corne rectiligne et torsadée. Honnête et prudent, Gesner précise que l'exactitude de cette image n'est pas assurée[8]. Ce disant, Gesner est pleinement de son temps : celui du doute.

La rupture se produit quelques années plus tard, en 1575, lorsque André Thevet, cosmographe du roi, affirme avec force, dans son ambitieuse *Cosmographie universelle*, que la licorne n'existe pas. Il dénonce « la folle croyance de ceux qui pensent qu'il y a des licornes et que, quoy qu'elles soient bestes farouches, s'amourachent pourtant des jeunes filles et se plaisent tellement à les contempler qu'elles sont prises par ce moyen ». Pour Thevet, plus de licorne, plus de ruse des chasseurs, plus de jeune fille vierge pour la capturer ! Tout cela n'est que fiction. Mais Thevet est en avance sur son temps, et si son opinion est partagée par quelques savants, tous ne l'avouent pas aussi brutalement. Certains hésitent à réfuter les grands auteurs anciens – Aristote et Pline notamment, qui restent des autorités – et à propager des idées à ce point provocantes. D'autres sont partagés : les licornes sont des créatures imaginaires, certes, mais alors d'où viennent les cornes qu'on leur attribue ? D'autres encore ont peur de la réaction des théologiens et n'osent pas contredire la Bible.

Ambroise Paré, médecin des derniers rois Valois, père de la chirurgie moderne, semble appartenir à cette dernière catégorie. C'est un véritable homme de science, qui donne priorité à l'expérience sur la tradition et l'autorité des Anciens. Par là même, il fait faire d'immenses progrès à la chirurgie. Mais il s'intéresse aussi aux curiosités du monde vivant, aux malforma-

Le « pyrassouppi » du Nouveau Monde,
cousin de la licorne
Bois gravé, dans la *Cosmographie* d'André Thevet
Paris, 1575
Paris, Bibliothèque nationale de France, FOL-H-78 (1), fol. 308

Le « camphure » à crinière,
cousin de la licorne

La licorne de mer
Bois gravés, dans le *Discours de la momie, des venins, de la licorne et de la peste* d'Ambroise Paré
Paris, 1582
Paris, Bibliothèque interuniversitaire de la santé, inv. 006290, fol. 20 v° et 30 v°

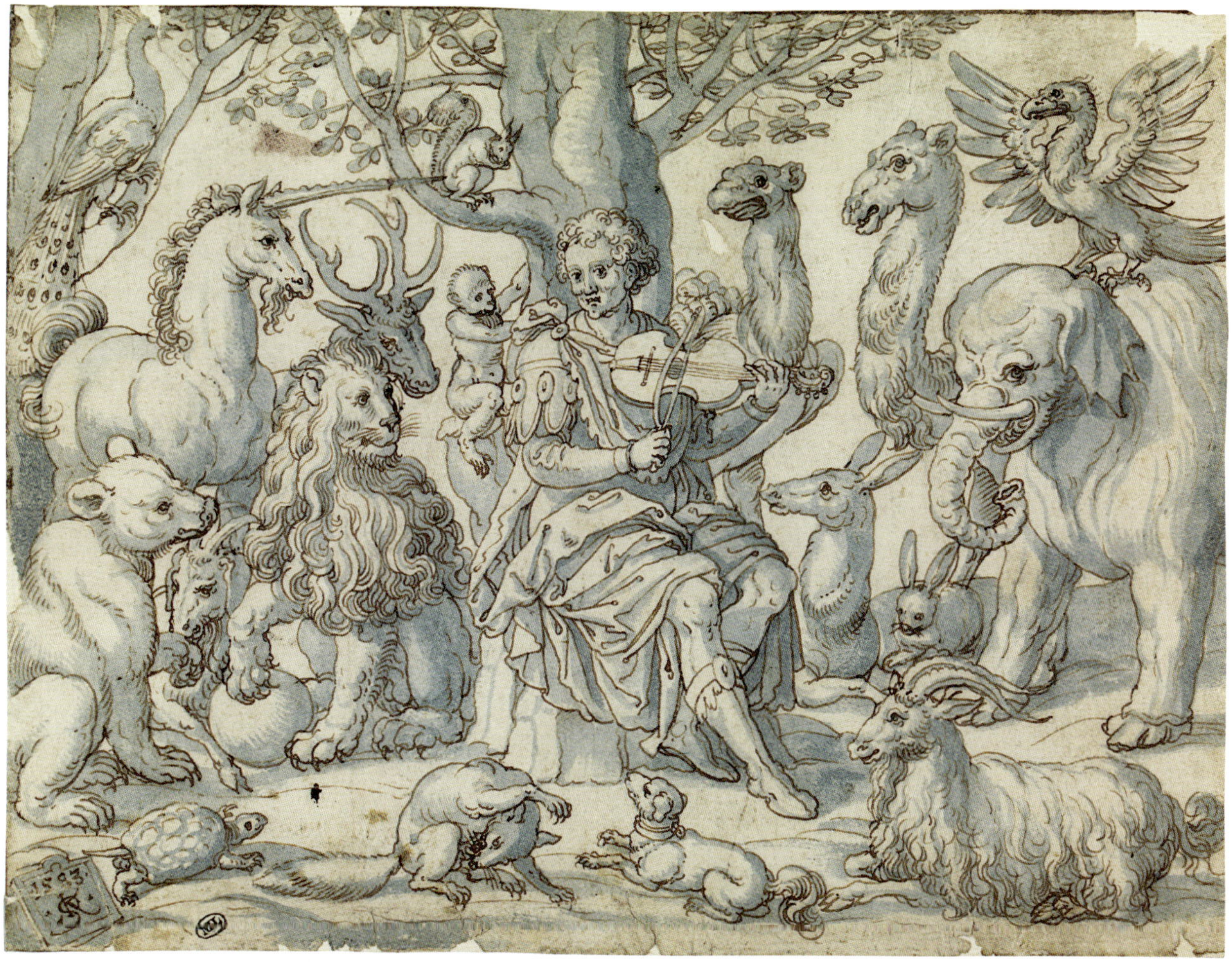

tions anatomiques et biologiques, aux êtres étranges. Il observe, compare, corrige certaines fables, propose des explications nouvelles pour comprendre les phénomènes naturels. Dans cet esprit, après avoir disserté sur les monstres et les prodiges dans un ouvrage où il passe totalement la licorne sous silence[9], puis rédigé un traité des poisons et contrepoisons où il aborde le problème de la corne et de ses prétendues vertus curatives, il consacre un opuscule entier à l'animal et le publie en 1582 en même temps que plusieurs dissertations sur d'autres sujets : *Discours de la momie, des venins, de la licorne et de la peste*[10].

Paré souligne d'abord la diversité et le caractère incohérent de tous les témoignages existants concernant la licorne, qu'il s'agisse de textes ou d'images. Puis il s'emporte contre les cornes, affirme qu'elles n'ont aucun pouvoir thérapeutique ni ne peuvent en rien servir de contrepoison. Selon lui, un certain nombre d'entre elles seraient des défenses d'éléphant. Il en conclut que « la licorne est plutost chose imaginée que vraye »

Orphée parmi les animaux
Attribué au Maître SK
Dessin aquarellé
Allemagne méridionale, vers 1585
Paris, musée du Louvre, département des Arts graphiques,
INV. 19112

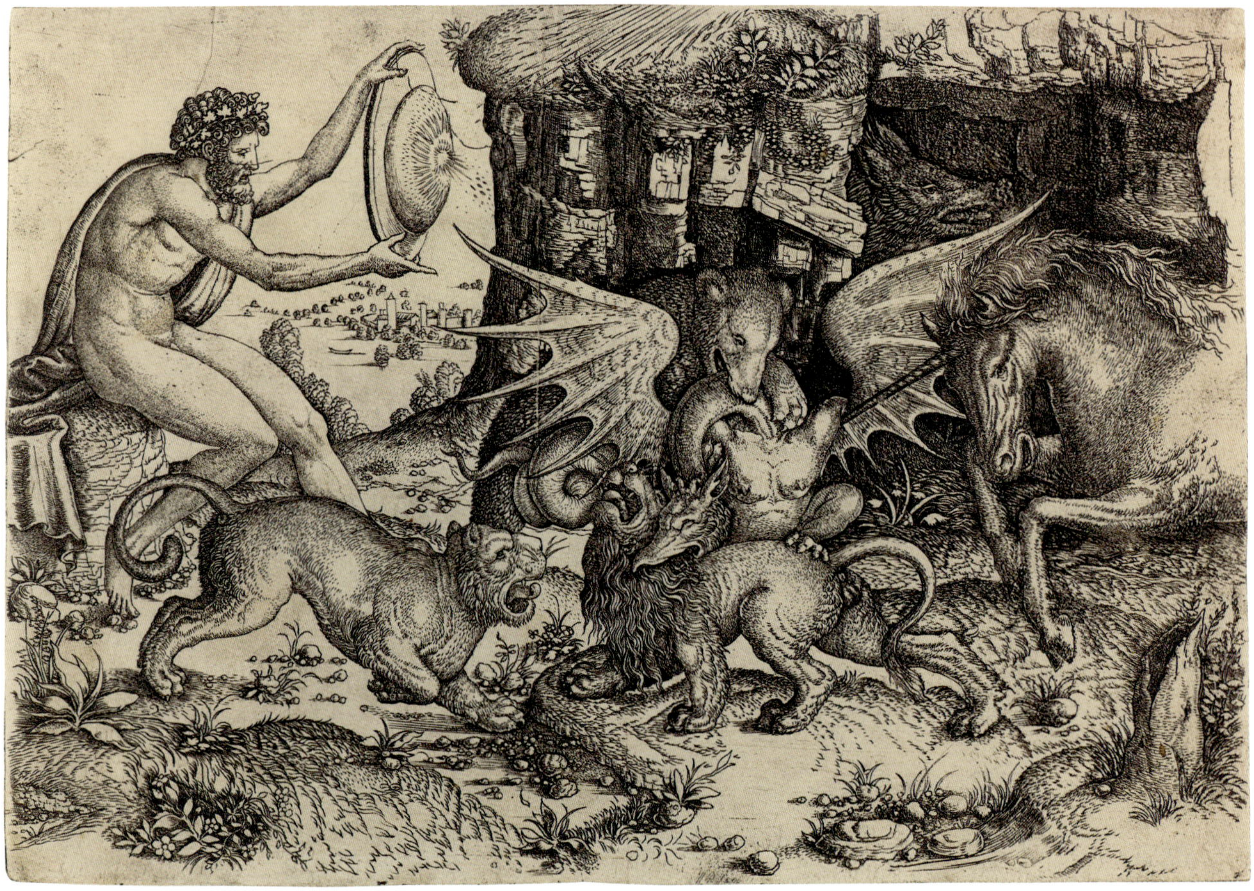

et que « tout ce qu'on a dit des licornes est controuvé ». Mais il reste perplexe : d'un côté la raison et l'expérience l'invitent à penser que cet animal n'existe pas, mais de l'autre la Bible en parle. Que croire ? Prudent mais désabusé, il opte pour la Bible et termine son exposé par cette phrase en contradiction avec tout ce qui a précédé : « il faut donc croire qu'il est des licornes[11] ». Le chrétien a pris le pas sur le savant. Cette position prudente n'a pas empêché Paré de subir l'hostilité des théologiens et même des médecins. L'un d'entre eux lui répondit anonymement en publiant en 1583 une *Réponse au discours d'Ambroise Paré touchant l'usage de la licorne*[12], dans laquelle il affirmait que cet animal était bien réel, et les propriétés de sa corne également. Paré crut devoir répondre à la *Réponse*, et lorsqu'il mourut, en 1590, la controverse était encore vive.

Dans la première moitié du XVIIe siècle, les avis restent partagés. Si les adversaires de la licorne gagnent du terrain, nombreux sont encore ceux qui croient à son existence, pas seulement chez le commun des mortels ou dans les milieux peu cultivés. En 1624, un apothicaire de Montpellier, Laurent Catelan, dont le cabinet de curiosités était célèbre dans tout le Languedoc, relance la polémique en publiant une *Histoire de la nature, chasse, vertus, proprietez et usage de la*

Animaux fournissant poisons et contre-poisons
Gravure au burin
attribuée à Jean Duvet
Paris, musée du Louvre, collection Rothschild, inv. 4605 LR

La corne de licorne passe pour être efficace contre tous les poisons, spécialement ceux d'origine animale.

lycorne[13]. Il s'oppose violemment à Thevet et à Paré et tient des propos dignes des bestiaires médiévaux : la licorne existe, la Bible en parle, les voyageurs l'ont vue ; elle présente un aspect différent selon son âge et le lieu où elle vit, d'où la diversité des témoignages ; c'est une créature farouche, violente, très difficile à capturer : le seul moyen est de l'attirer par l'odeur de la virginité, mais en captivité elle se laisse mourir de faim ; sa corne unique abrite une grande quantité de poison et, par sympathie, attire à elle tous les venins[14]. Le discours de Catelan, mis en forme sous le règne de Louis XIII, ne diffère guère de celui des encyclopédistes du XIIIe siècle, mais cela ne paraît pas avoir nui à son livre, qui connut un certain succès de librairie. Au reste, il n'est pas le seul à tenir de tels propos. D'autres auteurs font de même, y compris parmi les zoologues les plus réputés. Dans sa volumineuse *Historia naturalis de quadrupedibus*, dont la première édition parut en 1651 et qui fut plusieurs fois rééditée, le naturaliste d'origine écossaise Jan Jonston décrit jusqu'à huit espèces de licornes différentes et donne de chacune une image détaillée. Il avait pourtant visité tous les jardins zoologiques d'Europe, correspondu avec de nombreux naturalistes et observé sur le vif un grand nombre d'espèces. Mais, pour lui, les auteurs anciens et les bibliothèques étaient plus dignes de foi que les ménageries ou les observations de ses confrères.

Au milieu du XVIIe siècle, cependant, les affirmations de Jonston ne représentent plus l'opinion dominante, du moins dans le monde savant. Les esprits éclairés deviennent sceptiques, beaucoup même nient l'existence de notre animal. Ainsi Athanase Kircher, jésuite polygraphe qui s'intéresse à tous les domaines de la science, y compris la zoologie, et dont l'avis fait autorité en bien des matières : il ne croit pas à la licorne, ni au phénix, encore moins au basilic ou au dragon. Kircher est même l'un des premiers auteurs à reconnaître dans les cornes conservées dans les trésors d'églises et les cabinets de curiosités non pas des cornes de licornes mais « des dents de gros animaux marins nageant dans les mers froides[15] ». Peu à peu, cette idée va faire son chemin.

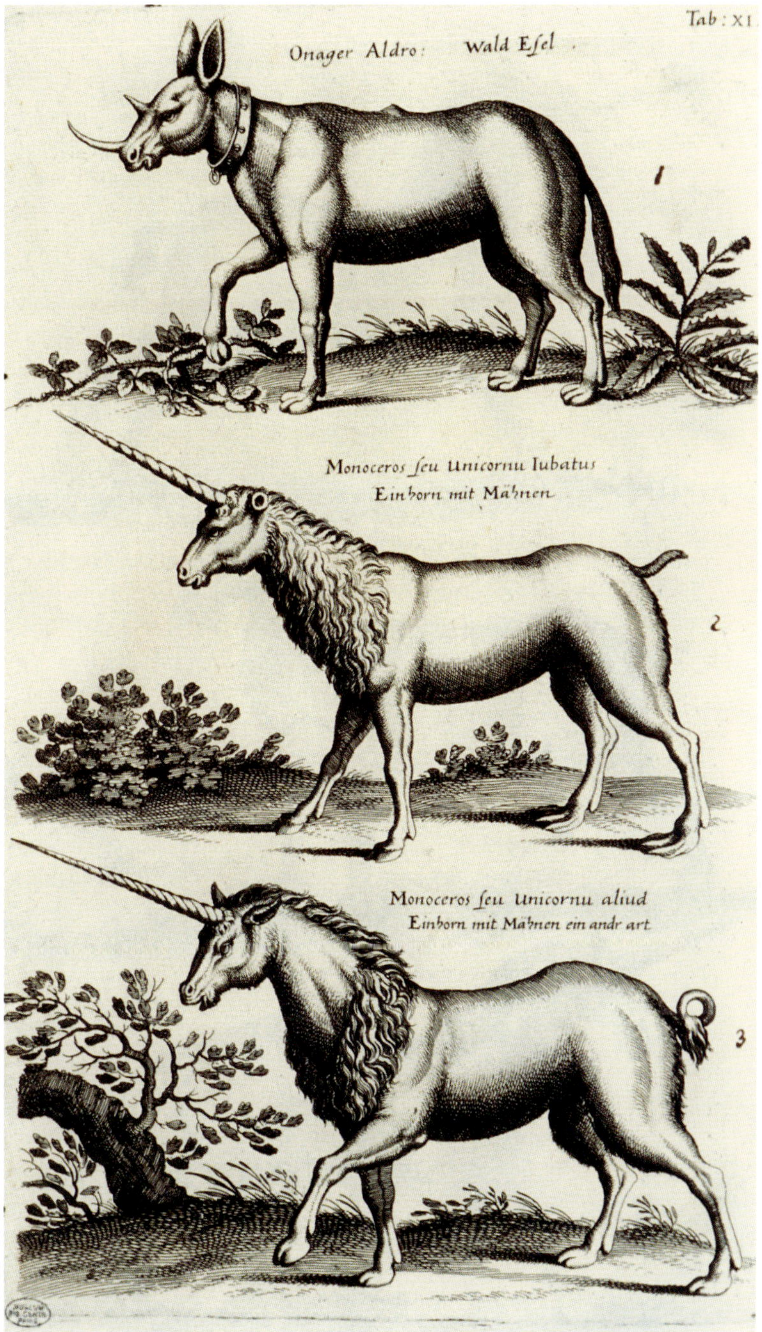

Onagre et licornes
Gravure sur cuivre
dans l'*Historia naturalis de quadrupedibus* de Jan Jonston
Amsterdam, 1650, pl. XI
Paris, Bibliothèque centrale du Museum national
d'histoire naturelle, inv. D 24117

LE TEMPS DES APOTHICAIRES

L'un des arguments présentés par les adversaires de la licorne était l'absence d'ossements ou de squelette : personne n'en avait jamais trouvé. Seule la corne servait de relique à l'animal, alors que tous les autres quadrupèdes laissaient derrière eux des preuves osseuses de leur existence. À cet argument, les partisans de la licorne n'avaient rien à répondre et faisaient profil bas. C'est pourquoi ils triomphèrent en 1663 lorsque, dans le massif du Harz, au cœur de l'Allemagne mythologique, on découvrit dans une caverne des os de licorne. Cette découverte fit grand bruit, d'autant qu'à partir de ces ossements, le maire et l'archevêque de Magdebourg, la grande cité voisine, firent assembler à leurs frais le corps entier d'une licorne, avec sa tête et sa corne, et donnèrent une grande publicité à cette reconstitution. Trop grande sans doute. Des dessins et des gravures circulèrent dans toute l'Europe, des savants accoururent : certains, tel le grand Leibniz, qui pourtant ne croyait pas à l'existence des licornes, se mirent à douter ; mais d'autres, plus perspicaces, reconnurent dans les prétendus ossements fossiles de licorne ceux d'animaux préhistoriques – mammouths et rhinocéros –, et dans la corne, un habile assemblage de fanons de baleine. Ils dénoncèrent la supercherie. Le dernier triomphe des zélateurs de la licorne fut de courte durée[16].

À la fin du XVIIe siècle, la seule énigme subsistante était celle des cornes. Elles existaient bel et bien puisque tout le monde pouvait les contempler, et même les toucher, dans les trésors d'église et les cabinets de curiosités, au milieu d'un bric-à-brac de reliques et objets en tous genres dont elles constituaient souvent, avec l'obligatoire crocodile *bouilli en huile* (naturalisé), les pièces maîtresses. À quelle créature appartenaient-elles si les licornes étaient des animaux imaginaires ? Kircher, nous l'avons dit, pensait qu'elles venaient des mers froides et qu'il s'agissait de dents d'animaux marins. Avant lui, quelques auteurs

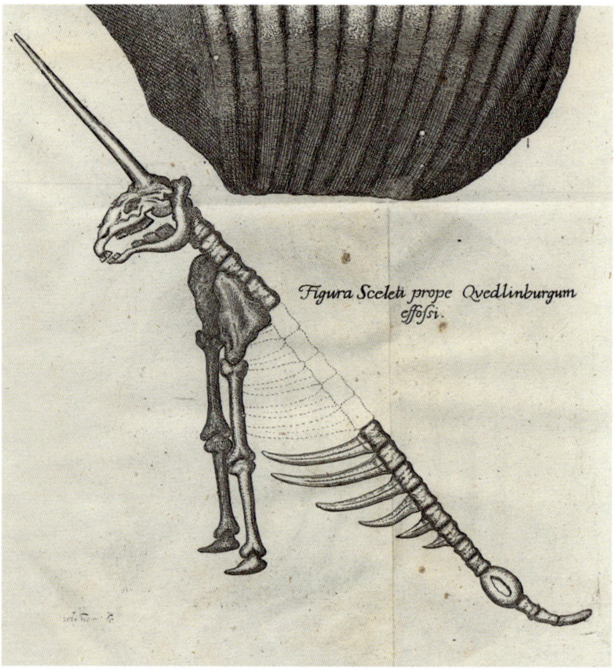

avaient observé que le commerce des cornes suivait toujours la même route, du nord vers le sud de l'Europe, et que les marchands scandinaves en avaient le monopole. D'autres, tel Conrad Gesner, invitaient à la prudence : il circulait un grand nombre de fausses cornes, prises non pas sur des licornes – bêtes très rares – mais sur d'autres animaux (éléphants, cervidés), ou bien fabriquées *per artificium* à partir de simple morceaux d'os ou de bois[17]. De telles « cornes » ne possédaient évidemment aucune propriété curative ni prophylactique, et les fragments étaient encore plus suspects que les cornes entières[18].

Un siècle plus tard, à l'époque de Kircher, le savoir zoologique avait fait quelques progrès, mais il avait du mal à distinguer, et même à nommer, les gros animaux marins aperçus par les pêcheurs dans les eaux froides de l'Atlantique Nord. Les plus monstrueux étaient qualifiés de « baleines », réparties en différentes espèces, mais les autres laissaient les zoologues perplexes. S'agissait-il de poissons de grande taille ou bien de

Prétendu squelette de licorne trouvé dans le Harz en 1663
Figure gravée
dans une édition de la *Summi polyhistoris protogaea...*
de Gottfried Wilhelm Leibniz
Halle, 1749
Hanovre, Gottfried Wilhelm Leibniz Bibliothek,
Noviss. 450 : U151, Abb. XII

cousins marins des veaux et des porcs ? La notion de « mammifère » était inconnue (il faudra attendre le siècle suivant) et celle de « cétacé », plus encore. Le mérite du savant jésuite est donc grand d'avoir identifié les prétendues cornes de licornes avec des dents d'animaux marins. L'un d'entre eux, aperçu entre les côtes de l'Islande et celles du Groenland, semblait en effet doté de dents de très grande taille. On en faisait un monstre des mers froides, sorte de dauphin ou de « porc de mer » (marsouin) jaunâtre, tacheté, gigantesque et redoutable[19].

Au siècle suivant, ce monstre (qui de fait peut atteindre cinq mètres de long et peser près de deux tonnes) fut pour la première fois capturé, disséqué, étudié, puis il reçut un nom : *narval* (terme d'origine scandinave) ou « licorne des mers ». On avait observé que le mâle possédait une très longue dent implantée dans l'os de sa mâchoire supérieure gauche et que cette dent, rectiligne et effilée, parfois torsadée, ressemblait beaucoup à une corne de licorne. Ne serait-ce pas là l'origine de cet objet merveilleux ? Certains naturalistes le pensèrent, à commencer par Linné et Buffon[20], et ils furent de plus en plus nombreux au fil des décennies. Mais à l'aube du XIXe siècle, ils s'en trouvaient encore pour assimiler la licorne à un rhinocéros ou à une gazelle, ou bien pour affirmer qu'il s'agissait d'un animal préhistorique disparu dont seuls le souvenir et la corne s'étaient conservés. Il faudra attendre la seconde moitié du XIXe siècle pour que la licorne soit définitivement reconnue par tous les zoologues comme un animal de fiction et que, concernant sa corne, l'hypothèse du narval fasse autorité.

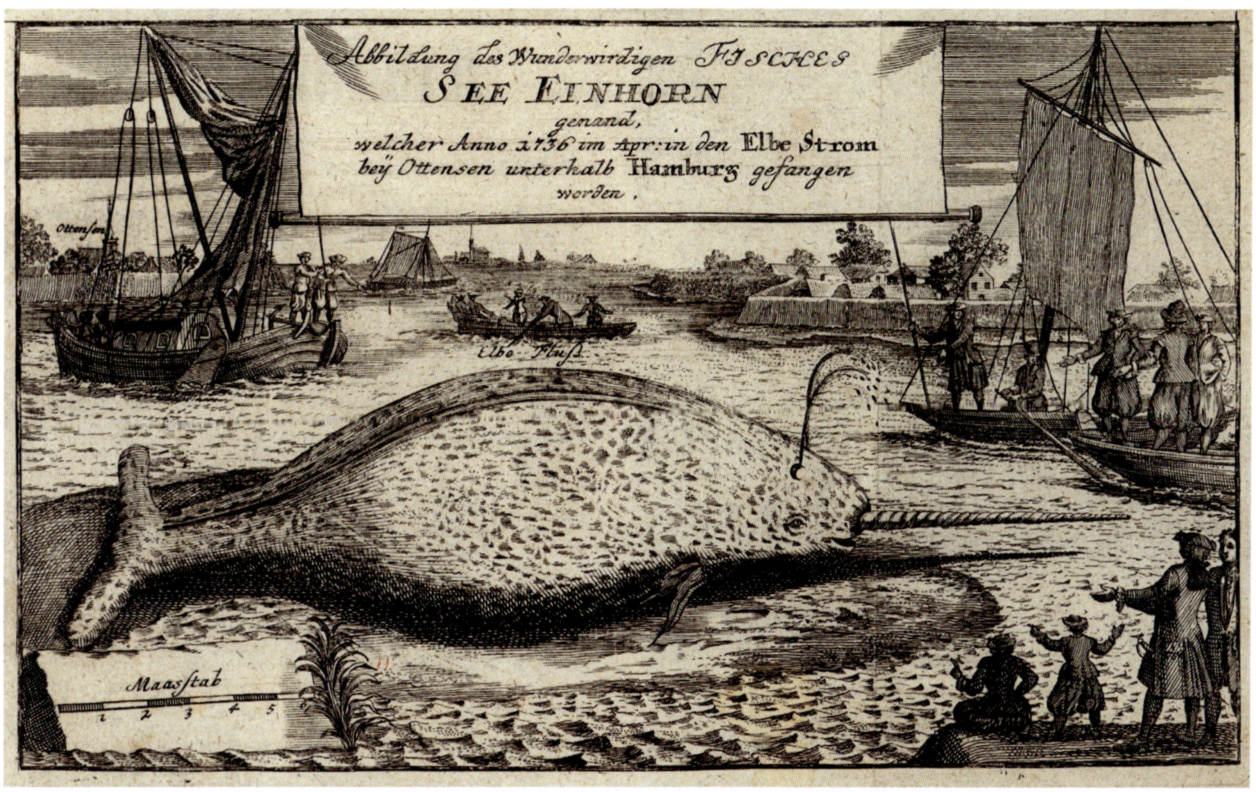

Licorne de mer
Gravure anonyme représentant un narval,
« poisson fabuleux appelé licorne de mer »,
capturé en 1736 près de Hambourg

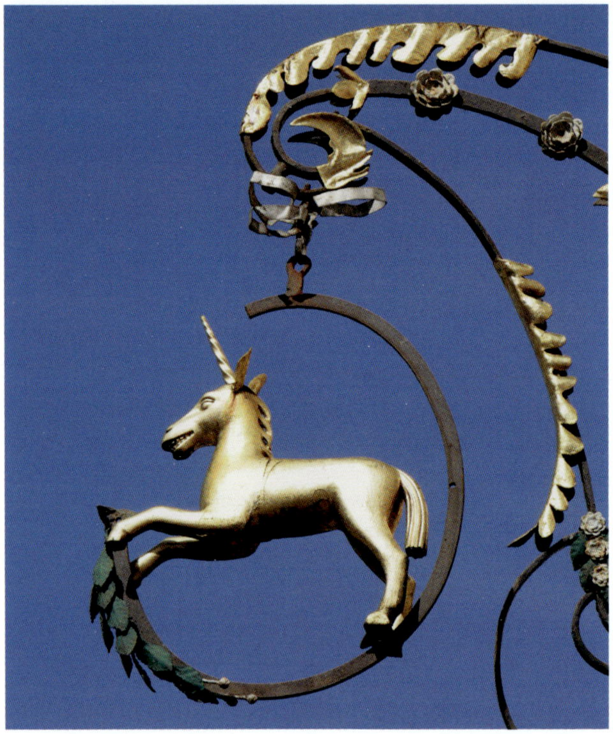

Entre-temps, le commerce des cornes n'avait pas cessé de prospérer. Aux vertus que le Moyen Âge leur avait prêtées, notamment contre les « venins, poisons et toutes pestes », l'époque moderne ajouta des propriétés aphrodisiaques et des effets contre l'impuissance. Par là même, les cornes furent de plus en plus recherchées, non plus tant sous leur forme entière, devenue rare et très chère, que sous celle de fragments à partir desquels les apothicaires préparaient des poudres et des « eaux licornées ». Les propriétés thérapeutiques de ces dernières passaient pour identiques à celles des cornes enfermées dans les trésors et même à celles des récipients que l'on y avait taillés pour se garantir du poison et boire en toute sécurité.

Si donc, aux XVIe et XVIIe siècles, les zoologues commencent à douter de l'existence de l'animal, les apothicaires continuent de croire ou, pour beaucoup, font semblant de croire aux vertus curatives de sa corne. Ils en tirent de nombreux bénéfices, au point que la licorne devient leur animal emblématique : plusieurs choisissent son nom pour désigner leur officine, d'autres en font la figure héraldique de leur enseigne ou de leurs armoiries. Dans plusieurs villes d'Europe, de telles enseignes « À la licorne » se voyaient encore au début du XXe siècle.

L'identification de la licorne au narval, en effet, n'avait pas mis fin au commerce lucratif des eaux et des poudres licornées. Au XVIIIe siècle, la demande restait forte, et tous les ouvrages consacrés aux drogues et à la pharmacopée en faisaient mention avec respect[21]. Ce n'est qu'au siècle suivant que l'on commença à mettre en doute leur efficacité puis à les faire disparaître des manuels d'officine. Leur prix commença à baisser et les produits eux-mêmes, à se raréfier. Mais il s'en vendait encore à Paris, à Londres ou à Berlin, dans certaines pharmacies, à la veille de la Première Guerre mondiale.

LE TEMPS DES CHIMÈRES

Rejetée par les zoologues, puis progressivement abandonnée par bon nombre d'apothicaires, la licorne trouva refuge chez les poètes et les artistes. À l'époque romantique, c'était là le sort commun de la plupart des animaux de fiction, mais celui de la licorne fut peut-être plus durable et plus illustre que tout autre. Elle devint l'animal fabuleux par excellence.

À la fin du XVIIIe siècle, les poètes anglais et écossais furent les premiers à la célébrer de nouveau et à lui donner une image qu'elle a conservée jusqu'à nos jours, celle d'une jument blanche, dotée d'une abondante crinière et, sur le front, d'une corne torsadée plus ou moins longue. Cette image correspondait à celle du fier animal héraldique qui, depuis la fin du Moyen Âge, soutenait les grandes armes d'Écosse et celles de quelques grandes familles britanniques[22]. La licorne du blason n'avait depuis longtemps plus rien d'un capridé, ni même d'un cervidé, c'était devenu un équidé de grande taille, plus rapide qu'aucun autre animal, parfois plus rapide que le vent lui-même. En prenant définitivement cet aspect chevalin, la licorne s'était également féminisée et transformée en une

Enseigne d'auberge à la licorne
Enseigne de l'auberge « Zum Stafler » à Mauls,
dans le Tyrol italien
Fin du XVIIIe siècle

magnifique jument. D'où le nom français de « cavale » qui lui est parfois donné par les auteurs contemporains[23]. Ce n'est pas là un vocable très heureux pour qualifier une créature portant une barbiche et dont la corne est l'attribut principal. Mais dans la symbolique la plus moderne de l'animal, il semble bien que la beauté, la vélocité et la féminité aient pris le pas sur le caractère phallique de cet appendice viril.

Du monde britannique, le renouveau littéraire de la licorne passa sur le continent, d'abord chez les romantiques allemands (les frères Grimm notamment[24]) puis chez différents poètes et romanciers de l'Europe entière. En France, Flaubert semble être un des premiers à la remettre en scène dans sa *Tentation de saint Antoine* (1874). Seul dans sa caverne, au désert, le grand saint Antoine s'endort et est assailli par toutes sortes de visions, à commencer par celle de créatures fantastiques qui viennent le tenter ou le tourmenter. La licorne est du nombre, et le grand écrivain en dresse un portrait proche de celui des auteurs antiques et des bestiaires médiévaux : « J'ai des sabots d'ivoire, des dents d'acier, la tête couleur de pourpre, le corps de neige, et la corne de mon front porte les bariolures de l'arc-en-ciel. Je voyage de la Chaldée au désert tartare, sur les bords du Gange et dans la Mésopotamie. Je dépasse les autruches, je cours si vite que je traîne le vent [...]. D'un bond je saute les fleuves. Des colombes volent au-dessus de moi. Une vierge seule peut me brider[25]. »

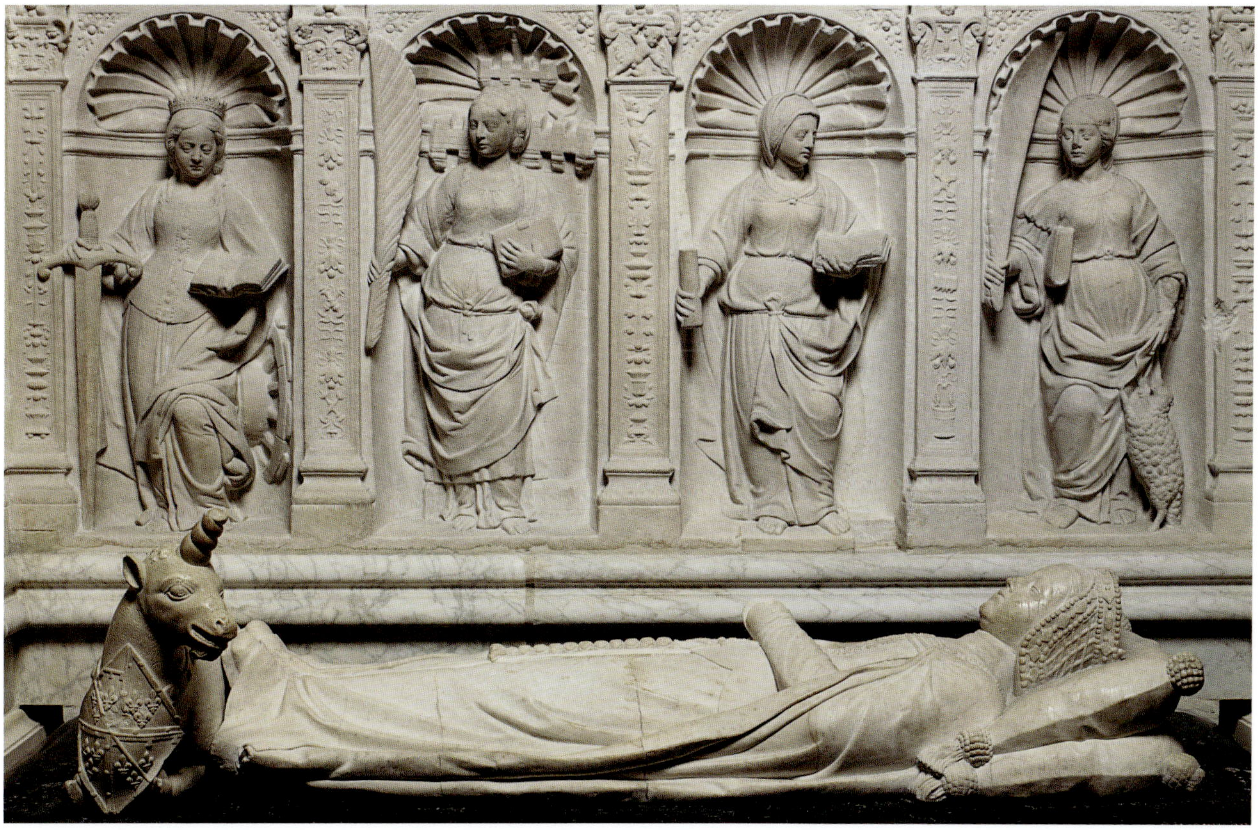

Un gisant à la licorne
Tombeau de Renée d'Orléans-Longueville,
autrefois dans l'église du couvent des Célestins à Paris
1515
Paris, musée du Louvre, département des Sculptures,
inv. RF 459

Le bestiaire des gisants est peu diversifié : lions, chiens et dragons n'y laissent guère de place aux autres animaux. Cette licorne héraldique, symbole de virginité (la défunte est morte à l'âge de sept ans), est un *unicum*.

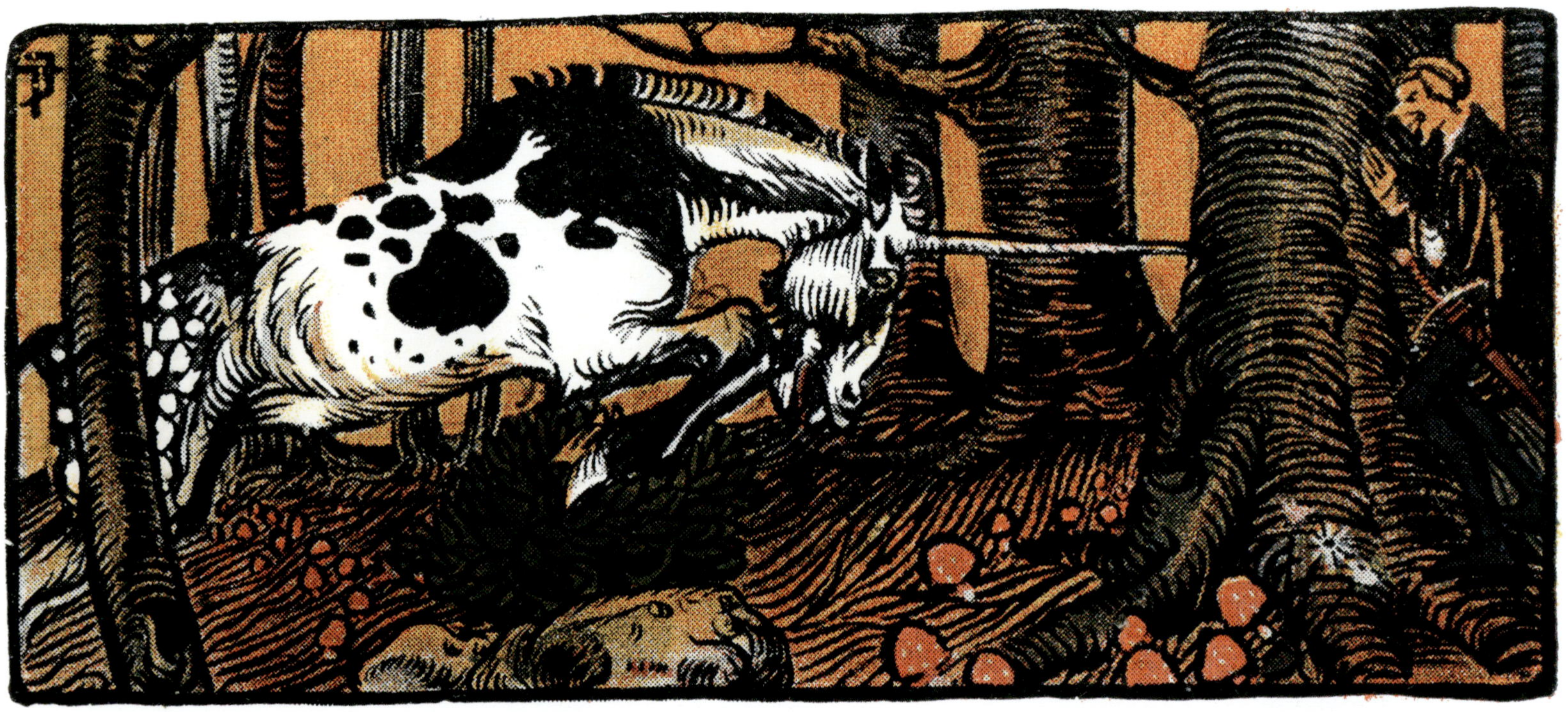

Le Vaillant Petit Tailleur
Lithographie d'Ignatius Taschner
pour une édition des *Contes* de Grimm,
Berlin, 1902

Alice, le lion et la licorne
John Tenniel
Illustration d'une édition française
de *Through the Looking-Glass* (1872),
De l'autre côté du miroir, de Lewis Caroll

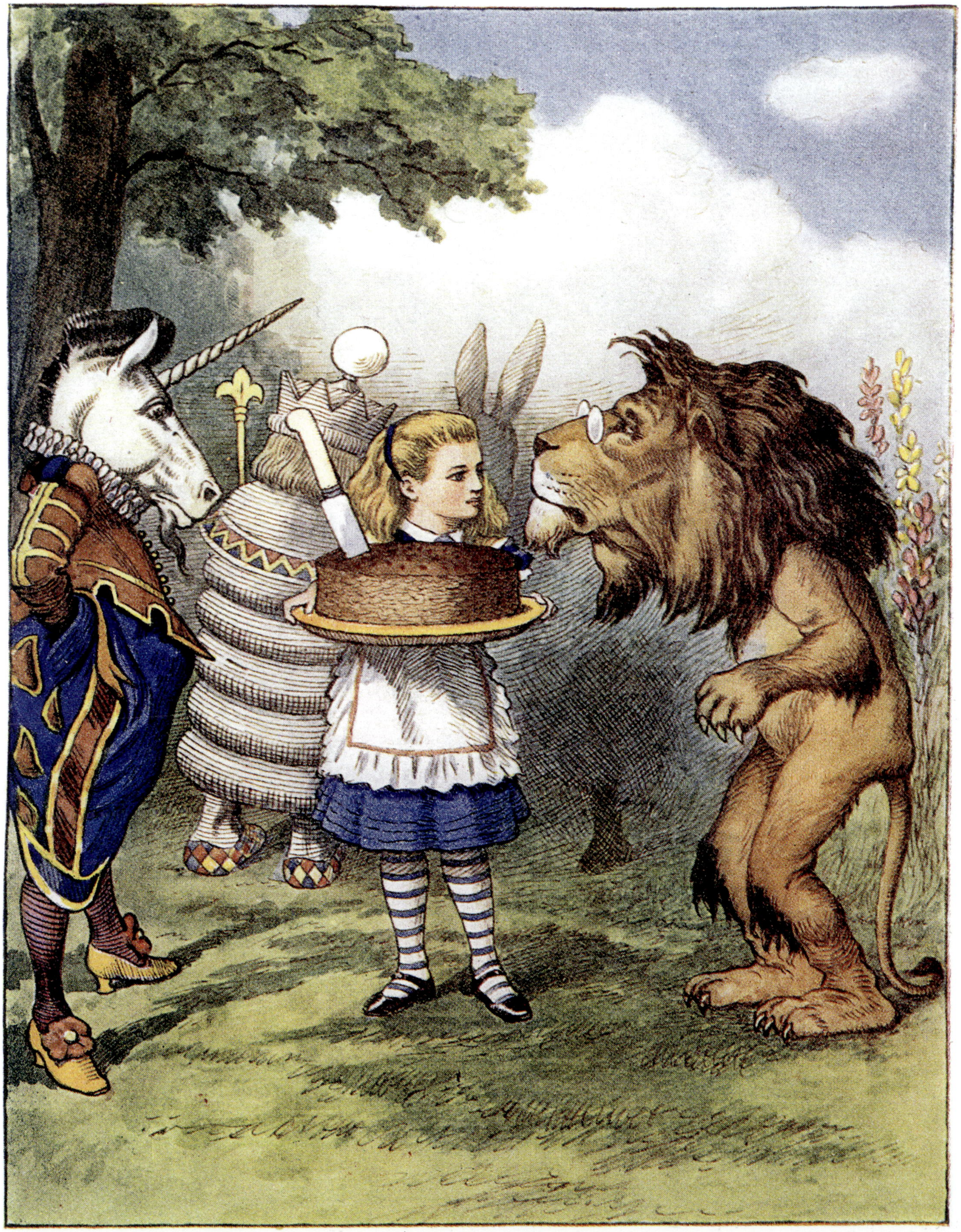

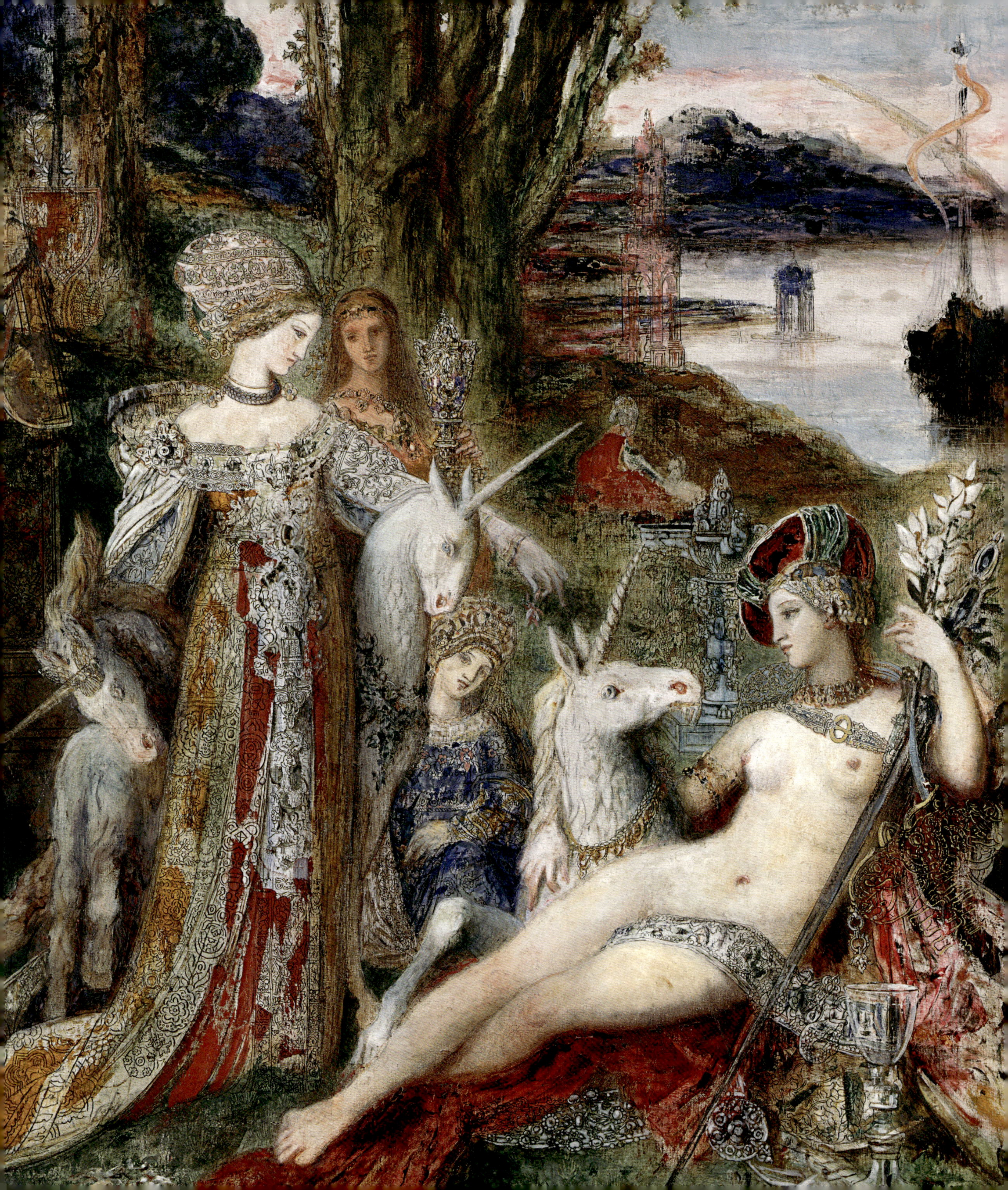

Mais ce furent surtout les artistes symbolistes de la fin du siècle qui vouèrent à la licorne un culte particulier, l'associant aux traditions initiatiques et lui donnant le premier rôle dans la mise en scène d'un bestiaire féerique ou fantastique de plus en plus débridé. Les licornes peintes par Gustave Moreau sont restées célèbres[26], mais il en est beaucoup d'autres, peintes, gravées, tissées ou modelées, qui virent le jour à la fin du XIXe siècle et eurent des épigones jusque fort avant dans le XXe. Les sculpteurs se plurent à l'associer aux fontaines urbaines et, comme dans les miniatures du Moyen Âge, à lui faire toucher l'eau de sa corne pour la purifier. Les peintres et les graveurs, comme les poètes, l'associèrent au thème de la femme inaccessible, de la recherche de l'amour absolu ou de la quête de l'impossible. Plus banalement, les illustrateurs en firent un attribut obligé de toute ambiance « moyenâgeuse ». L'emblématique ne fut pas en reste, qui créa, surtout en Angleterre et en Allemagne, quantité d'armoiries, d'insignes, de logos ou de décors « à la licorne ».

Chère aux artistes en quête de symbolique et aux poètes fervents de mythologie, la licorne le fut aussi – malheureusement – aux chercheurs d'archétypes et aux amateurs d'ésotérisme. Dès l'époque romantique, une littérature médiocre vit le jour qui fit de la licorne une figure alchimique, une allégorie hermétique, un emblème de sociétés secrètes, voire un signe pseudo maçonnique. Elle y voisinait avec tout un cortège de créatures étranges ou sataniques (fées, dragons, sirènes, sorcières) et de personnages supposés détenteurs de savoirs occultes (templiers, cathares, alchimistes, bâtisseurs de cathédrales, chevaliers du Graal).

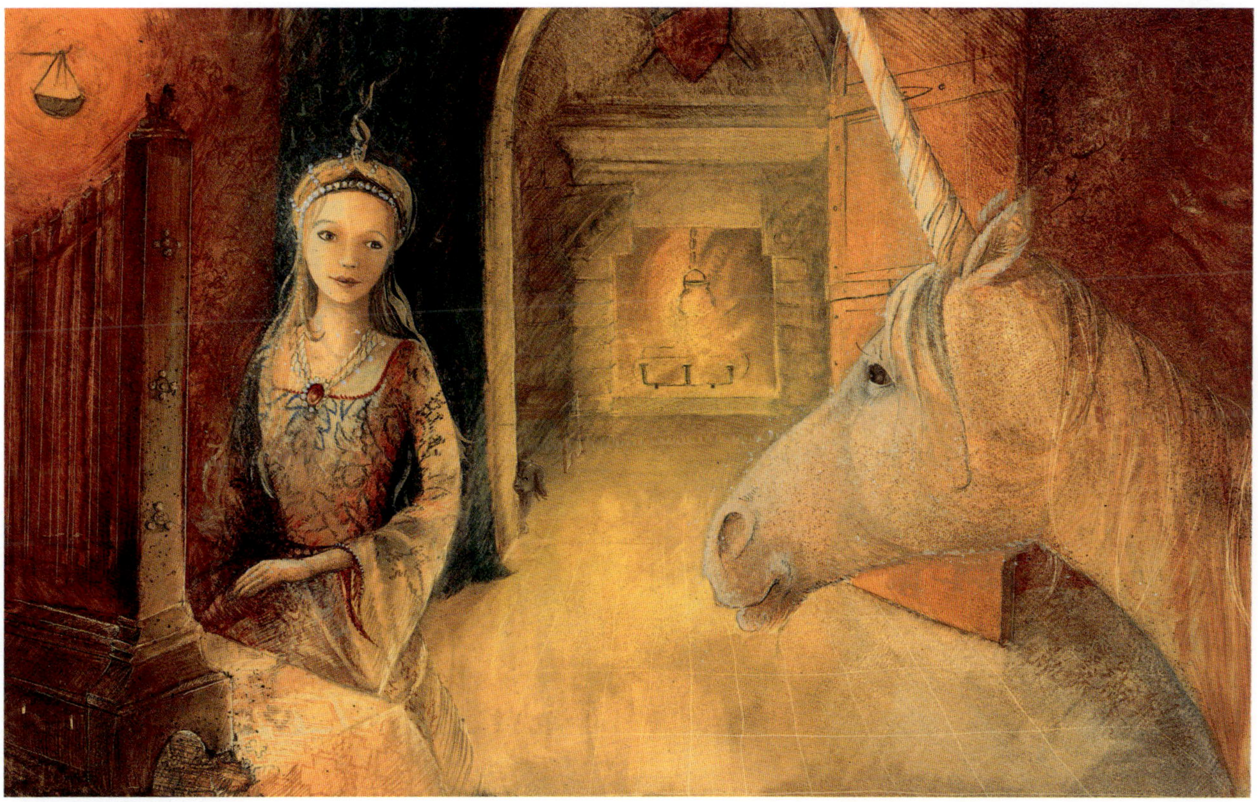

Féerie symboliste avec licornes
Gustave Moreau
Les Licornes
1885
Paris, musée Gustave Moreau, inv. 213

La Dame et la licorne
Laurence Henno
Illustration pour *La Dame et la licorne*
de Jean-Baptiste Baronian,
Paris, 2001, p. 24-25

Le Moyen Âge était là bien représenté, certes, mais cette littérature effroyable – qui connut parfois le succès de librairie – fit un tort considérable à l'étude sérieuse de tels sujets[27].

Le mal fut d'autant plus grand qu'aux élucubrations de l'époque romantique, le symbolisme dévoyé de la fin du XIXe siècle puis la psychanalyse mal digérée du XXe ajoutèrent leurs propres délires[28]. Entre 1880 et 1960, la licorne devint ainsi, sous la plume d'auteurs jonglant avec les civilisations et greffant sur les mythologies antiques et le merveilleux médiéval des horizons hermétiques, un animal hiéroglyphique, gnostique, tantrique, une créature « veillant sur l'équilibre des connaissances », « captant les forces telluriques et les énergies cosmiques », un être « reliant le ciel et la terre, l'amour et la lumière, le visible et l'invisible, le conscient et l'inconscient »[29]. L'historien est consterné – accablé même – devant de tels égarements, non seulement sans fondement historique mais même sans aucune cohérence sémantique, poétique ou symbolique. En faisant de la licorne un animal imaginaire, les zoologues l'ont imprudemment livrée à tous les charlatans et à tous les illuminés de l'ésotérisme.

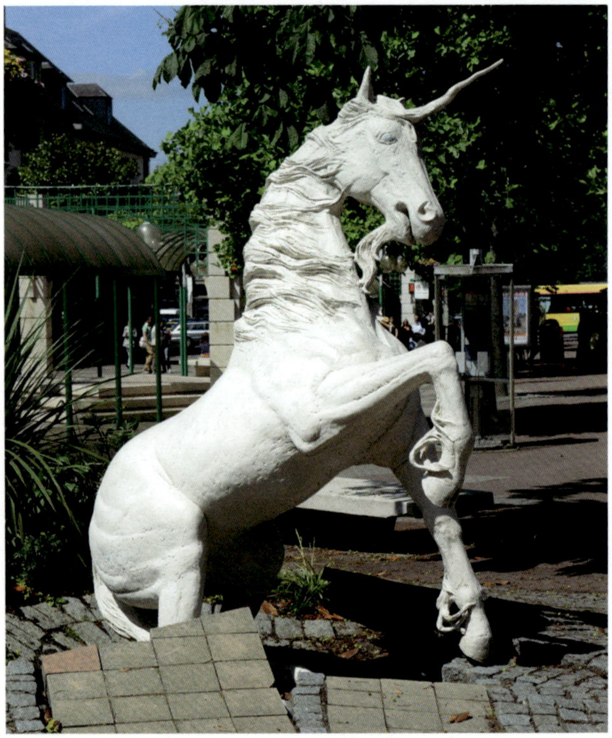

Différents exemples de ces divagations peuvent, hélas !, se lire dans une partie de la bibliographie consacrée, pendant cette même période, aux tapisseries du musée de Cluny. Certes, toutes ne sombrent pas dans le délire ésotérique, mais que n'a-t-on pas écrit sur la licorne et ses significations cachées, sur la mystérieuse dame et sa servante, sur le lion énigmatique et sur l'ensemble du bestiaire ! Que n'a-t-on pas écrit à propos du commanditaire, tour à tour prince turc, célèbre prisonnier italien, reine de France ou d'Écosse, voire sur le sujet même des tentures dont certains auteurs n'ont pas hésité à faire une lecture alchimique, cathare, templière, maçonnique[30] !

De nos jours, le relais de ces divagations autour de la licorne est assuré par l'*heroic fantasy*, les jeux de rôles, le cinéma d'animation ou la bande dessinée. L'ésotérisme y voisine avec le fantastique, le Moyen Âge avec d'autres époques, y compris la nôtre ou celle de l'an 3000. Un Moyen Âge revisité, un Moyen Âge de pacotille, où abondent les dragons, les sorciers, les soucoupes volantes et les êtres venus d'un autre monde. Dans la grande saga romanesque *Harry Potter*, par exemple, les licornes – plus ou moins « disney-isées » – sont présentes dès le début de l'histoire. Elles ne sont pas seulement remarquables par leur corne : leurs sabots sont d'or, leur pelage est si blanc qu'à côté la neige paraît terne, leurs crins entrent dans la préparation de potions magiques et leur sang possède, comme leur corne, des vertus prophylactiques. Argenté et brillant comme la lune, il sauve de la mort celui qui le boit : c'est un élixir de longue vie. Mais capturer une licorne est un exercice presque impossible et la mettre à mort, un acte sacrilège[31].

Ce qui, tout compte fait, n'est pas si éloigné de ce que Ctésias disait déjà du *monokeros* de l'Inde, ancêtre de toutes les licornes occidentales, cinq siècles avant notre ère.

Fontaine à la licorne
Philippe Rebuffet
Sculpture, 1988
Saint-Lô

Le Jardin des délices
Jérôme Bosch
Détail de *L'Éden* avec une licorne s'abreuvant
Vers 1503-1504
Madrid, Museo del Prado

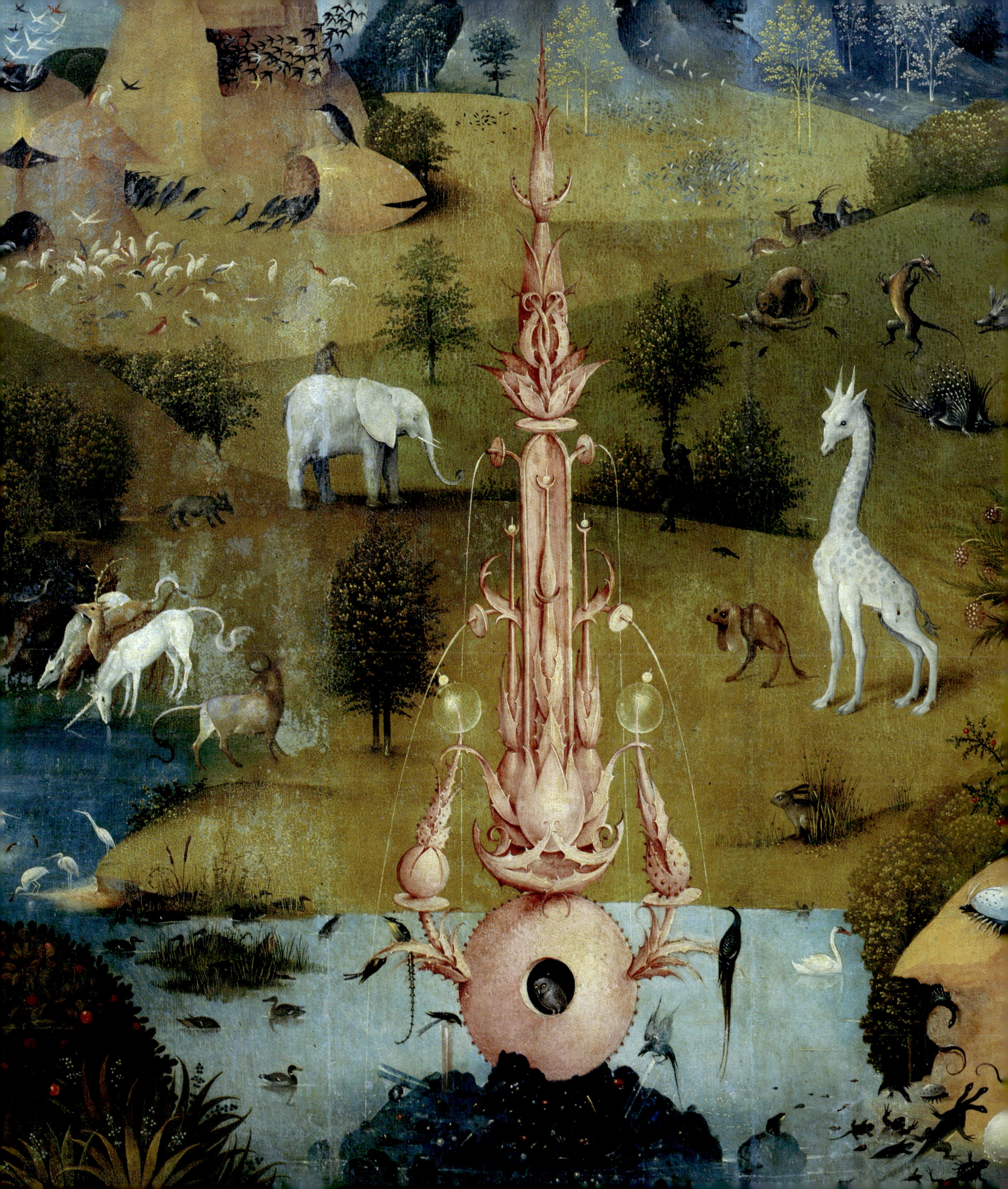

NOTES

À LA RECHERCHE DE LA LICORNE ANTIQUE

Pages 8 à 27

1. Ctésias, *Indica*, éd. F. Jacoby, Berlin, 1923, XXV.

2. Voir par exemple : Odell Shepard, *The Lore of the Unicorn*, Philadelphie, 1930 ; Rüdiger Robert Beer, *Einhorn. Fabelwelt und wirklichkeit*, Munich, 1972 ; Jean-Pierre Jossua, *La Licorne. Images d'un couple*, Paris, 1985 ; Roger Caillois, *Le Mythe de la licorne*, Paris, 1991.

3. Sur la licorne chinoise, Maurice Louis Tournier, *L'Imaginaire et la symbolique dans la Chine ancienne*, Paris, 1991, p. 147-151.

4. Mégasthènes, *Indica*, éd. E. A. Schwanbeck, Bonn, 1846, III, 41, et XIII, 25.

5. Aristote, *De partibus animalium*, III, 2 (663a).

6. Pline l'Ancien, *Historia animalium*, VIII, 31, 32, 46 et 76.

7. Solin, *Polyhistor*, XL, éd. J. Grasser, Paris, 1632.

8. Élien, *De natura animalium*, éd. A. R. Benner et L. H. Fobes, Londres, 1949, IV, 52, et XVI, 20.

9. Hypothèse de Joachim L. W. Shaper, « The Unicorn in the Messianic Imagery of the Greek Bible », *Journal of Theological Studies*, 45/1, 1994, p. 117-136.

10. Ps 21, 22 (selon la numérotation ancienne ; dans de nombreuses bibles modernes, le Psaume 21 porte le numéro 22). La Septante emploie ici le terme *monokeros* et la Vulgate, exceptionnellement, le mot *unicornis* (quand l'animal est pris en mauvaise part, elle préfère habituellement le mot *rhinoceros*). Les traductions modernes de la Bible préfèrent éviter toute allusion à la licorne et parlent de la corne du buffle, du taureau, de l'aurochs ou du rhinocéros. Certaines restent même très vagues et se contentent de traduire : « de la corne du monstre cornu » !

11. Bernardus, *Apologia ad Guillelmum*..., P. L. 182, col. 917.

12. Ce bronze est aujourd'hui conservé dans les collections du musée des Beaux-Arts et d'Archéologie de Besançon. Voir Paul Lebel, *Catalogue des collections archéologiques de Besançon. Les bronzes figurés*, Paris, 1959-1961, notice 132 et pl. LIV-LV.

13. Ce fragment de mosaïque est passé en vente publique à Londres, chez Sotheby, le 1er décembre 1969. Son possesseur actuel est inconnu. On peut en trouver une courte description dans l'ouvrage de Jürgen W. Einhorn, *Spiritualis unicornis*, Munich, 1976, p. 65, et en voir une reproduction sous la figure 19.

14. Autrefois conservé dans la collection Foroughi, à Téhéran, cet objet se trouve aujourd'hui en un lieu inconnu. On peut en lire une description et en voir une reproduction dans le catalogue de l'exposition « Sept mille ans d'art en Iran » (Paris, Petit Palais, 1961-1962), Paris, 1961, notice 123 et pl. XV, n° 1. Voir aussi Einhorn, 1976, *op. cit.* note 13, p. 26 et fig. 1.

15. Roman Ghirschman, « Notes iraniennes : un plat achéménide de la collection Foroughi », *Artibus Asie*, XXIV, 1961, p. 39-44 et fig. 1. Voir aussi Einhorn, 1976, *op. cit.* note 13, p. 26-27 et fig. 3.

16. *Ibid.*, p. 27 et fig. 8.

17. Mont Athos, monastère Pantokratoros, ms 61, fol. 109 v°. Voir Suzy Dufrenne, *L'Illustration des psautiers grecs du Moyen Âge*, Paris, 1966, I, p. 30-90 et pl. XVI.

18. Moscou, musée d'Histoire, Codex 129, fol. 93 v° (Psautier Chludoff). Kurt Weitzmann, *Die byzantinische Buchmalerei des 9. und 10. Jahrhunderts*, Berlin, 1935, p. 55-58, pl. 61, fig. 368.

LE TEMPS DES BESTIAIRES

Pages 28 à 57

1. Voir par exemple Thomas de Cantimpré, *De natura rerum*, éd. H. Böse, Berlin, 1973, livre IV, chap. LXIX et CIV.

2. Cité par Jürgen W. Einhorn, *Spiritualis unicornis*, Munich, 1976, p. 58-59.

3. *De bestiis et aliis rebus*, P. L. 177, col. 168.

4. Pour de nombreux auteurs, l'éléphant ne possède pas de jointure aux genoux, ce qui oblige l'animal à dormir debout, appuyé contre un arbre. Pour le capturer, les chasseurs abattent l'arbre : l'éléphant tombe et ne peut se relever. Ils peuvent alors s'emparer de ses « cornes ».

5. Michel Pastoureau, « La chasse au sanglier. Histoire d'une dévalorisation (IVe-XIVe siècle) », dans Agostino Paravicini Bagliani et Baudouin Van den Abeele (dir.), *La Chasse au Moyen Âge. Société, traités, symboles*, Florence, 2000 (Micrologus Library, vol. V), p. 7-23.

6. Cité par Jean-Claude Faucon, « La représentation de l'animal par Marco Polo », *Médiévales*, 32, 1997, p. 97-117 ; ici p. 102.

7. C'est le cas, par exemple, du *Liber de natura rerum* du dominicain Thomas de Cantimpré, achevé en 1240. Cette encyclopédie, prolixe sur les animaux, comporte un livre spécialement consacré aux monstres et aux monstres marins. La licorne n'y figure pas. Elle est rangée parmi les quadrupèdes, au livre IV, chap. CIV. Voir l'édition de H. Boese, Berlin, 1973, p. 168.

8. Les bestiaires ajoutent que le phénix vit très longtemps, cinq cents ans, mille ans, parfois plus. Quand il sent sa mort prochaine, il s'enduit le corps d'aromates, de myrrhe et d'encens, puis il se construit un bûcher, à l'endroit où frappent le plus fortement les rayons de soleil. En battant des ailes, il allume le feu et s'y couche. Il meurt peu à peu, mais, au bout de trois jours et de trois nuits, il renaît de ses cendres, retrouve sa jeunesse et des ailes encore plus belles. Il s'envole alors vers une nouvelle vie. Le phénix mort sur le bûcher symbolise le Christ mort sur la Croix. Tous deux nous invitent à croire à la réalité de la résurrection.

9. Voir le beau livre de Jacqueline Leclercq-Marx, *La Sirène dans la pensée et dans l'art de l'Antiquité et du Moyen Âge. Du mythe païen au symbole chrétien,* Bruxelles, 1997.

10. Édition par L. Morini, *Bestiari medievali*, Turin, 1987, p. 103-285 ; licorne : p. 134-136.

11. Cité d'après Gabriel Bianciotto, *Bestiaires du Moyen Âge*, Paris, 1980, p. 93.

12. « Chi commence li livres c'on apele Bestiaire. Et por ce est il apelés ensi, qu'il parole des natures des bestes » (Pierre de Beauvais, *Le Bestiaire,* éd. C. Baker, Paris, 2010, p. 141, lignes 1-2).

13. Richard de Fournival, *Le Bestiaire d'Amour*, éd. et trad. G. Bianciotto, Paris, 2010, p. 203-205.

14. Il existe quelques miniatures où les deux scènes fusionnent : la licorne repose sur le sein de la jeune fille mais penche la tête et sa longue corne vient toucher l'eau d'une source qu'elle purifie sous le regard des autres animaux qui se tiennent à distance. Voir un bel exemple du XVe siècle dans BnF, fr. 12322, fol. 188.

15. Exemple de licorne très velue dans BnF, fr. 15213, fol. 74 v°.

16. Très bel exemple de licorne tachetée dans BnF, lat. 3630, fol. 76 v°.

LA RELIQUE ET L'EMBLÈME

Pages 58 à 83

1. Sur cette notion de « trésor », voir le beau livre de Percy Ernst Schramm et Florentine Mütherich, *Denkmale der deutschen Könige und Kaiser*, Munich, 1962. Voir aussi Lucas Burkart (dir.), *Le Trésor au Moyen Âge. Discours, pratiques et objets*, Florence, 2010.

2. Aloysius Bach, *Geschichte und Beschreibung einer Benediktiner Abtei*, Breslau, 1859, p. 164.

3. Au fil du temps, cette ânesse, parce qu'elle a eu l'honneur de porter le Christ, est presque béatifiée : on la glorifie, on lui dresse une généalogie (elle serait la descendante de l'ânesse de Balaam) et on imagine son histoire après la Crucifixion : quittant Jérusalem, ville déicide, et la Terre sainte, elle aurait fui vers l'Italie à bord d'un navire grec et aurait fini ses jours à Vérone. Ses restes auraient été ensevelis dans l'église Saint-Zénon, où, depuis le XIIIe siècle au moins et jusqu'au XVIIe siècle, on les a exposés et vénérés. Calvin s'en fait l'écho à plusieurs reprises pour se moquer du culte sacrilège et idolâtre rendu à de tels ossements et le dénoncer.

4. Franck Collard, *Le Crime de poison au Moyen Âge,* Paris, 2003, p. 73-82.

5. Ambroise Paré, *Discours a scavoir du venin, de la momie, de la licorne...*, dans *Œuvres complètes*, tome III, Paris, 1841, p. 94.

6. André Rostand, « Documents inédits concernant l'abbaye de Saint-Évroul conservés dans les papiers et correspondances de Montfaucon », *Bulletin de la Société historique et archéologique de l'Orne*, t. XXXII, 1913, p. 65-127 ; ici p. 94.

7. Michel Pastoureau, *Bestiaires du Moyen Âge*, Paris, 2011, p. 186-187.

8. Heinz Waldner, *Die ältesten Wappenbilder*, Berlin, 1992, p. 10.

9. Cette licorne de sable prend place dans les armoiries des puissants seigneurs de Rüsseg, possessionnés en Argovie et dans la région de Lucerne : *d'or à la licorne de sable.* Voir Michel Pastoureau et Michel Popoff, *Armorial Grünenberg. Édition critique*, t. II, 2011, n° 841, p. 194-195.

10. L'apparition de la licorne comme emblème de l'Écosse se situe sans doute quelques années plus tôt : sous le règne du roi Jacques Ier (1406-1437), un poursuivant d'armes (héraut en début de carrière) au service de la Couronne porte pour nom d'office *Unicorn*. Cet office existe encore aujourd'hui à la cour royale héraldique d'Écosse. Voir Waldner, 1992, *op. cit. note 8*, p. 10 ; Bruce McAndrew, *Scotland's Historic Heraldry*, Woodbridge, 2006, p. 114-120.

11. Anne Ritz-Guilbert, *Des drôleries gothiques au bestiaire de Pisanello. Le bréviaire de Marie de Savoie*, Paris, 2010, p. 32-33.

12. Sébastien Nadot, *Le Spectacle des joutes. Sport et courtoisie à la fin du Moyen Âge*, Rennes, 2012, p. 193-195.

13. Le rapprochement avec le Pas d'armes de la Fontaine des pleurs est d'autant plus troublant que la scénographie complexe de ce pas a prévu d'installer sur une île de la Saône un pavillon décoré de larmes, pavillon qui fait écho à celui des tapisseries du musée de Cluny.

14. Sur le thème de l'homme sauvage et sa vogue à la fin du Moyen Âge : Richard Bernheimer, *Wild Men in the Middle Âges. A Study in Art, Sentiment and Demonology*, Cambridge, Mass., 1952 ; Timothy Husband, *The Wild Man. Medieval Myth and Symbolism*, New York, 1980 ; Claude Gaignebet et Jean-Dominique Lajoux, *Art profane et religion populaire au Moyen Âge*, Paris, 1985, p. 79-136.

15. Michel Pastoureau, *L'Ours. Histoire d'un roi déchu*, Paris, 2007, p. 270-279.

16. Il n'existe pas d'édition récente. Force est d'utiliser celle de Friedrich Gennrich, *Li Romans de la Dame a la lycorne et du biau chevalier au lyon*, Dresde, 1908.

17. Voir la belle étude d'Alice Planche, « La double licorne ou le chasseur chassé », *Marche romane,* vol. 30, 1980, p. 237-246.

18. Pline l'Ancien, *Histoire naturelle*, livre X, § 28 : *Ex sensibus ante caetera homini tactus dein gustatus ; reliquis superatur a multis. Aquilae clarius cernunt ; vultures sagacius odorantur ; liquidius audiunt talpae obrutae terra*.

19. À partir du XVIe siècle, le bestiaire du toucher s'enrichit de plusieurs animaux au corps rétractile, sensibles au moindre attouchement : la tortue, le hérisson, l'escargot et même le chat.

20. Voir toutes les occurrences recensées par Nikolaus Henkel, *Studien zum Physiologus im Mittelalter*, Tübingen, 1976, p. 167-168. Voir aussi Ignacio Malaxecheverria, *Le Bestiaire médiéval et l'archétype de la féminité*, Paris, 1982, p. 51-60. La panthère médiévale, répétons-le, n'a que peu de rapport avec l'animal que nous connaissons sous ce nom.

21. En latin classique, ce jeu de mots est inconnu car le nom du rat n'est pas *rattus* mais *mus*.

22. La culture médiévale ajoute parfois à cette liste l'éléphant, animal qui semble doté d'un nez proéminent, et les livres d'emblèmes du XVIe siècle sont nombreux qui remplacent le vautour par le faucon, peut-être parce que le faucon apparaît comme un oiseau de proie beaucoup plus civilisé que le vautour. Cesare Ripa, quant à lui, en fait dans son *Iconologia* un attribut du toucher. Voir Guy de Tervarent, *Attributs et symboles dans l'art profane. Dictionnaire d'un langage perdu (1450-1600)*, nouv. éd., Genève, 1997, p. 199-200.

23. Isidore de Séville propose néanmoins une autre étymologie et rattache le lynx à la famille des loups : « Lincis dictus quia in luporum genere numeratur » (*Liber Etymologiarum*, éd. J. André, Paris, 1986, livre XII, chap. II, § 20, p. 103).

24. Voir les textes recensés par Henkel, 1976, *op. cit. note* 20, p. 192-194.

25. *Ibid.*, p. 165.

26. Sur le basilic, roi des serpents au regard mortel : Raban Maur, *De universo*, VIII, 3 (= P. L., 111, 231-232) ; Pseudo-Hugues de Saint-Victor, *De bestiis*, III, 41 (= P. L. 177, 100).

27. Wera von Blankenburg, *Heilige und dämonische Tiere*, Londres, 1943, p. 257-268.

28. Raban Maur, *De universo*, VIII, 2 (= P. L. 111, 226-227). C'est encore au XIIIe siècle l'opinion d'Albert le Grand, *De animalibus*, I, 141.

29. Dans les pays germaniques, scandinaves et slaves, l'ours passe également pour entendre prononcer son nom à plusieurs lieues de distance, notamment par les hommes qui se préparent à le chasser. D'où le tabou du nom de l'ours dans ces régions et l'emploi de sobriquets ou de périphrases pour le nommer.

30. Cette idée, présente dans les traités de vénerie et dans les proverbes, passe au XVIe siècle dans les livres d'emblèmes et donne naissance à de nombreuses gravures. Arthur Henkel et Albrecht Schöne, *Emblemata. Handbuch zur Sinnbildkunst des XVI. und XVII. Jahrhunderts*, nouv. éd., Stuttgart, 1996, p. 468-475.

31. L'aspic doit sa place dans cette liste aux bestiaires et aux encyclopédies qui racontent comment ce serpent par trop mélomane se bouche une oreille avec sa queue et plaque l'autre contre le sol afin de ne pas entendre la musique que les chasseurs utilisent pour le charmer, l'endormir puis le capturer afin de s'emparer d'une pierre merveilleuse qu'il abrite dans sa tête. Voir Henkel, 1976, *op. cit.* note 20, p. 181-185.

32. Michel Pastoureau, « La musique du tilleul. Des abeilles et des arbres », dans Jacques Coget (dir.), *L'Homme, le végétal et la musique*, Parthenay, 1996, p. 98-103. Parfois, mais plus rarement, sont associés à l'ouïe quelques animaux qui ont de grandes oreilles (notamment l'âne et le lièvre), ainsi que le dragon qui, aux dires des bestiaires, entend tout et fait lui-même un bruit tonitruant lorsqu'il se déplace, et le taureau, qui, comme le sanglier, est un attribut de la colère, laquelle est particulièrement bruyante. Dans le *Roman de Renart*, le nom propre du taureau, conseiller du roi Noble, est Bruyant.

33. Henkel, 1976, *op. cit.* note 20, p. 186-188.

34. Horst Woldemar Janson, *Apes and Ape Lore in the Middle Âges and Renaissance*, Londres, 1952, p. 240-254.

35. Tervarent, 1997, *op. cit.* note 22, p. 236-237 ; Henkel et Schöne, 1996, *op. cit.* note 30, p. 177-179.

LA DAME À LA LICORNE

Pages 84 à 109

1. George Sand, *Jeanne*, Bruxelles, 1844, et éd. Pierre Laforgue, Saint-Cyr-sur-Loire, 2006 ; Rainer Maria Rilke, *Les Cahiers de Malte Laurids Brigge* (1910), trad. Maurice Betz, Paris, 1939 ; Michel Serres, *Les Cinq Sens*, Paris, 1985. Voir aussi Élisabeth Delahaye, *La Dame à la licorne,* Paris, 2007, rééd. 2012.

2. Rilke, *op. cit.* note 1, p. 115.

3. Sand, *op. cit.* note 1, p. 154.

4. Albert F. Kendrick, « Quelques remarques sur les tapisseries de la Dame à la licorne du musée de Cluny », dans *Actes du Congrès d'histoire de l'art*, Paris, 1921, t. III, p. 662-666 ; et principalement : Carl Nordenfalk, « Les cinq sens dans l'art du Moyen Âge », *Revue de l'art*, n° 34, 1976, p. 25-28 ; *Id.*, « The Five Senses in Late Medieval and Renaissance Art », *Journal of the Warburg and Courtauld Institutes*, vol. 48, 1985, p. 1-22 ;

Jean-Pierre Jourdan, « Le sixième sens et la théologie de l'amour », *Journal des savants*, 1996, p. 137-160 ; Jean-Patrice Boudet, « La Dame à la licorne et ses sources médiévales d'inspiration », *Bulletin de la Société nationale des Antiquaires de France*, 1999, p. 61-78 ; *Id.*, « Jean Gerson et la Dame à la licorne », dans *Religion et société urbaine au Moyen Âge. Études offertes à Jean-Louis Biget*, Paris, 2000, p. 551-553 ; Antoine Glaenzer, « La tenture de la Dame à la licorne. Du bestiaire d'amour à l'ordre des tapisseries », *Micrologus*, vol. X, 2002, p. 401-428 ; voir aussi Alain Erlande-Brandenburg, « La tenture de la Dame à la licorne conservée au musée de Cluny », *Bulletin de la Société nationale des Antiquaires de France*, 1977, p. 165-179 ; *Id.*, *La Dame à la licorne*, Paris, 1978 ; *Id.* et Caroline Rose, *La Dame à la licorne*, Paris, 1993 ; Delahaye, 2007, rééd. 2012, *op. cit.* note 1.

De nombreuses autres interprétations ont été proposées ; certaines ne résistent guère à l'examen. Ainsi, les tentatives d'identification de la dame avec des personnages historiques – Claude de France, Marguerite d'York ou Marie d'Angleterre (Maria Lanckoronska, *Wandteppiche für eine Fürstin, die historische Persönlichkeit der Dame mit dem Einhorn*, Francfort, 1964 ; André Arnaud, « La Dame à la licorne révèle enfin son secret vieux de cinq siècles », *Galerie des arts*, n° 209, 1981, p. 21-34) – se heurtent au mode de représentation de ces figures féminines, typiques des allégories, notamment par leurs traits idéalisés. Les interprétations mystiques (Phyllis Ackerman, « The Lady and the Unicorn », *Burlington Magazine*, t. 66, 1935, p. 35-36), psychologiques (six degrés du cheminement de l'âme humaine : Gottfried Büttner, *Die Dame mit dem Einhorn, der Teppiche des Musee de Cluny: Bilder der seelischen Entwicklung*, Stuttgart, 1990) ou littéraires (Kristina E. Gourlay, « La Dame à la Licorne: A Reinterpretation », *Gazette des beaux-arts*, septembre 1997, p. 47-71 ; Élisabeth Bruel, « Les tapisseries de la Dame à la licorne, une représentation des vertus allégoriques du "Roman de la Rose" », *Gazette des Beaux-Arts*, décembre 2000, p. 215-232) mettent en valeur des résonances possibles de la tenture.

5. Notamment Augustin d'Hippone et Origène ; voir Régis Courtray, « Une exégèse des cinq sens chez Jérôme. Du mépris au salut », dans *Le Débat des cinq sens de l'Antiquité à nos jours* (journée d'étude interdisciplinaire, Bordeaux, université Michel-de-Montaigne, 31 mars 2012), éd. Géraldine Puccini-Delbey, à paraître.

6. Voir Élisabeth Taburet-Delahaye, « Faut-il cinq ou six sens ? La tenture de la Dame à la licorne », dans *Le Débat des cinq sens de l'Antiquité à nos jours*, *op. cit.* note 5.

7. *Bestiaire d'Amour*, cité et traduit dans Gabriel Bianciotto, *Bestiaires du Moyen Âge*, Paris, 1995, p. 124-125.

8. Brunetto Latini, *Livre dou trésor*, vers 1266, cité dans Glaenzer, 2002, *op. cit.* note 4.

9. Voir Pastoureau *supra* et Nordenfalk, 1976, *op. cit.* note 4 ; *Id.*, 1985, *op. cit.* note 4 ; Taburet-Delahaye, à paraître, *op. cit.* note 6.

10. Cette tenture *de los sentidos* provenait des collections du cardinal Érard de Lamarck, prince évêque de Liège († 1538) ; voir Sophie Schneebalg-Perelman, « La Dame à la licorne a été tissée à Bruxelles », *Gazette des Beaux-Arts*, novembre 1967, p. 253-278 ; Erlande-Brandenburg, 1977, *op. cit.* note 4.

11. Voir Boudet, 1999, *op. cit.* note 4 ; *Id.*, 2000, *op. cit.* note 4.

12. *Chefs-d'œuvre de la tapisserie du* XIV*e au* XV*e siècle*, cat. exp. (Paris, Grand Palais, 1973-1974), Paris, 1973, n° 33.

13. Shirley Bury, *Victoria and Albert Museum: Jewellery Gallery: Summary Catalogue*, Londres, 1982, nos 4, 8, 20 ; vente baron Pichon, Paris, 24 avril – 1er mai 1897, nos 42, 70, 75 ; bague du trésor de Zadar, dans *Et ils s'émerveillèrent. Art médiéval en Croatie*, cat. exp. (Paris, musée de Cluny, 2012-2013), Paris, 2012, n° 40.

14. Par exemple : « Avant l'aube du jour par maintefoiz accomplirent leurs désirs », Boccace, *Décaméron*, trad. Laurent de Premierfait, cité par Rose-Marie Bidler, *Dictionnaire érotique (Erotica vetera. À la recherche d'un monde perdu)*, Montréal, 2002.

15. Par exemple : « Lances dresseront contre escus ...se les lances sortent ployées / Et l'escu demeure fendu / Signe est qu'ils se sont employés / Et que chascun s'est deffendu », cité *ibid.*

16. Marie-Hélène Tesnière et Nathalie Coilly, dans *Le Roman de la rose. L'art d'aimer au Moyen Âge*, cat. exp. (Paris, bibliothèque de l'Arsenal, 2012), Paris, 2012, p. 43-79, 83-95.

17. Nathalie Coilly, *ibid.*, p. 97-117 ; Rose-Marie Ferré, *René d'Anjou et les arts*, Turnhout, 2012.

18. Recueil de lettres d'amour fictives d'héroïnes de l'Antiquité, les *Héroïdes* d'Ovide furent popularisées par leur traduction en français due à Octovien de Saint-Gelais en 1497, voir *France 1500. Entre Moyen Âge et Renaissance*, cat. exp. (Paris, Grand Palais, 2010-2011), Paris, 2010, nos 44, 87 ; voir aussi les tapisseries du dieu Amour décrites dans la chambre de Vénus dans *Le cœur d'amour épris*, qui mettent en scène deux figures, le plus souvent féminines (Jeunesse et Beauté, Regard et Beau Semblant, Souvenir et Pensée, etc.), voir Paris, Bibliothèque nationale de France, fr. 24399, et Ferré, 2012, *op. cit.* note 17.

19. Le *Roman de la rose* connut un regain de diffusion vers 1500 avec la publication de versions imprimées. Shelley Williams (*Text and Tapestry: The Lady and the Unicorn, Christine de Pisan and the Le Viste*, Bringham Youth University, 2009) a souligné les possibles parallèles entre *La Cité des dames* de Christine de Pisan et les tapisseries de *La Dame à la licorne* (espace clos, absence de figures masculines, place centrale attribuée aux femmes...).

20. Jean Molinet, *Roman de la rose moralisé*, éd. Guillaume Balsarin, Lyon, 1503, Paris, BnF, réserve des livres rares, Ye 167, p. 152, c. CCII.

21. Voir Taburet-Delahaye, à paraître, *op. cit.* note 6.

22. Voir surtout Geneviève Souchal, « Messeigneurs Le Viste et la Dame à la licorne », *Bibliothèque de l'École des chartes*, t. 141, 1983, p. 209-267 ; Jean-Bernard de Vaivre, « Messire Jehan Le Viste, chevalier, seigneur d'Arcy et sa tenture au lion et à la licorne », *Bulletin monumental*, 1984, p. 397-434 ; pour le vitrail de Saint-Germain-l'Auxerrois, Carmen Decu Teodorescu, « La tenture de *La Dame à la licorne*. Nouvelle lecture des armoiries », *Bulletin monumental*, n° 168-4, 2010, p. 355-357. L'hypothèse de cet auteur selon laquelle les armoiries à enquerre seraient une brisure choisie par Antoine II

alors qu'il n'était pas chef de famille, puis conservée après qu'il le fut devenu, paraît cependant peu convaincante.

23. L'inventaire après décès d'Éléonore de Chabannes dressé en 1595 dans ce château mentionne deux ensembles de tapisseries à fond rouge portant des armoiries « à trois croissants », le premier de cinq pièces « ou sont figurées des sibylles et licornes », le second de sept pièces « ou sont représentées des licornes et bestions » ; voir Pierre Verlet et Francis Salet, *La Dame à la licorne*, Paris, 1960, p. 43-44, qui ont par ailleurs établi que les six tapisseries de *La Dame à la licorne* ne peuvent être confondues avec l'un ou l'autre des ensembles décrits dans cet inventaire.

24. Le partage des « tentures » *(paramenta)* laissées par Jean II Le Viste en 1428, entre ses trois fils, qui attribua à Pierre dit Morelet celles à fond blanc, à Jean celles à fond rouge, et à l'aîné, Antoine, le restant, ne peut être allégué ni comme indication de couleur des écus armoriés apposés sur ces ornements ni comme suggestion de « préférence » de couleur héraldique attribuée à chacun, puisque Antoine, père de Jean IV, reçut les tentures à fonds autres que blanc ou rouge alors que c'est de l'héritage de ce même Jean IV que provenaient les tapisseries à fond rouge et licornes de Montaigu le Blin (voir *supra*).

25. *L'armorial Le Bouvier* ou *du héraut Berry*, compilé vers 1454-1458, donne plusieurs exemples d'écus de gueules à la bande d'azur ou d'azur à la bande de gueules (BnF, fr. 4985, fol. 22 r°, 89 r°, 139 v°, disponible en ligne sur *Gallica*). Voir aussi, dans l'*Armorial Le Breton*, Pierre Domino, « D'azur au chevron de gueules accompagné de trois coquilles d'or », et l'évêque de Langres, « D'azur au sautoir de gueules accompagné de fleurs de lis d'or » (Paris, Archives nationales, disponible sur le site internet) ; sur ces armoriaux, voir Michel Pastoureau, *Traité d'héraldique*, Paris, 2007.

26. Fabienne Joubert, *La Tapisserie médiévale au musée de Cluny*, Paris, 1987, et 3e éd. revue et augmentée par l'auteur avec la coll. de Viviane Huchard, Paris, 2002, n° III ; cat. exp. Paris, 2010-2011, *op. cit.* note 18, n° 179 ; Geneviève Souchal, « Précisions historiques sur l'"Histoire de saint Étienne" d'Auxerre (musée de Cluny) et sur la famille parisienne des Baillet (vers 1500) », *Artes textiles*, n° 11, 1986, p. 11-63 ; Christian Sapin, *Saint-Étienne d'Auxerre. La seconde vie d'une cathédrale*, Auxerre, 2011, p. 32, fig. 5.

27. Elle était donc aussi l'arrière-petite-fille d'Hémon Raguier, trésorier d'Isabeau de Bavière. Si l'on relève que les sœurs de Jacqueline, Louise et Jeanne, épousèrent respectivement Jean Briçonnet (fils aîné du cardinal ministre Guillaume, marié et père de famille avant d'embrasser la carrière ecclésiastique après son veuvage) et Jean Hurault (fils cadet de Jacques Hurault de Cheverny), l'on mesure le prestige de la famille avec laquelle Antoine II Le Viste fit alliance.

28. François Robertet, beau-père de Jeanne Le Viste, avait possédé les *Antiquités judaïques* de Jean Fouquet ; un livre d'heures enluminé par le même Jean Fouquet vers 1460-1465 (New York, Pierpont Morgan Library, ms. M834), était, semble t-il, destiné au couple formé par Antoine Raguier et Jaquette Budé, grands-parents de la première épouse d'Antoine II Le Viste (*Jean Fouquet, peintre et enlumineur du XVe siècle*, cat. exp. [Paris, BnF, 2003], dir. François Avril, Paris, 2003, 2e éd. revue et corrigée, Paris, 2010, n° 23). Jean III Baillet, évêque d'Auxerre, commanda pour sa cathédrale la tenture de l'*Histoire de saint Étienne* aujourd'hui au musée de Cluny (voir *supra*, note 26), Charles Guillard fit apposer ses armoiries et celles de son épouse sur une *Histoire de Persée* (collection particulière). Celles de Thomas Bohier et Catherine Briçonnet figurent sur la *Noble pastorale* du Louvre (cat. exp. Paris, 2010-2011, *op. cit.* note 18, nos 177 et 179 ; Charles Sterling, *La Peinture médiévale à Paris, 1300-1500*, Paris, 1990, vol. II, p. 333-417, en particulier p. 371-375).

29. De Vaivre, 1984, *op. cit.* note 22 ; Souchal, 1983, *op. cit.* note 22.

30. Souchal, 1983, *op. cit.* note 22 ; de Vaivre, 1984, *op. cit.* note 22 ; Decu, 2010, *op. cit.* note 22.

31. Jean IV avait, en 1498, fait don de l'une de ses maisons à son cousin germain Claude, fils de Pierre dit Morelet, lui reconnaissant le droit de porter « son nom et ses armes » ; Antoine II contesta cette donation en justice et revendiqua le plein héritage de Jean IV en 1502-1504 ; voir les ouvrages cités ci-dessus.

32. Bien qu'il ne soit pas certain que les branches cadettes des Le Viste aient toutes et toujours brisé leurs armoiries (voir Souchal, 1983, *op. cit.* note 22, et de Vaivre, 1984, *op. cit.* note 22), les autres hommes de la famille vivants vers 1500 ne paraissent guère avoir été en mesure de commander une telle tenture ; voir Souchal, 1983, *op. cit.* note 22.

33. Suggestion de Carl Nordenfalk, « Qui a commandé les tapisseries dites de la Dame à la licorne ? », *Revue de l'art*, n° 55, 1982, p. 53-56.

34. Jean-Bernard de Vaivre, « Aspects du mécénat des Clugny au XVe siècle », *Académie des Inscriptions et Belles-Lettres. Comptes rendus*, 2008, p. 507-555 ; Élisabeth Taburet-Delahaye, « Vertu antique et allégorie. Quelques réflexions à propos des tapisseries de la mouvance des Très Petites Heures d'Anne de Bretagne », dans *Le Plaisir de l'art au Moyen Âge. Commande, production et réception de l'œuvre d'art. Mélanges en l'honneur de Xavier Barral i Altet*, Paris, 2012, p. 718-726.

35. Nicole Reynaud, « Un peintre français cartonnier de tapisseries au XVe siècle : Henri de Vulcop », *Revue de l'art*, n° 22, 1973, p. 7-21 ; *Id.*, « Le Maître des Très Petites Heures d'Anne de Bretagne », dans *Les Manuscrits à peintures en France, 1440-1520*, cat. exp. (Paris, BnF, 1993), dir. François Avril et Nicole Reynaud, Paris, 1993, p. 265-270 ; Geneviève Souchal, « Un grand peintre français de la fin du XVe siècle : le Maître de la Chasse à la licorne », *Revue de l'art*, n° 22, 1973, p. 22-473 ; Sterling, *op. cit.* note 28 ; Isabelle Delaunay, *Échanges artistiques entre livres d'heures manuscrits et imprimés produits à Paris (vers 1480-1500)*, thèse, université Paris IV Sorbonne, 2000 (dactylographiée) ; Ina Nettekoven, *Der Meister der Apokalypsenrose der Sainte Chapelle und die Pariser Buchkunst um 1500*, Turnhout, 2004 ; *Tapestry in the Renaissance: Art and Magnificence*, cat. exp. (New York, Metropolitan Museum, 2002), New Haven, 2002, nos 2 et 3 ; Philippe Lorentz, « La peinture à Paris au XVe siècle : un bilan (1904-2004) », dans *Primitifs français, découvertes et redécouvertes*, cat. exp. (Paris, Louvre, 2004), Paris, 2004, p. 86-107.

36. Voir en dernier lieu Michel Hérold, Séverine Lepape et Élisabeth Taburet-Delahaye,

dans cat. exp. Paris, 2010-2011, *op. cit.* note 18, p. 220-222, 228-229 et n°s 113 à 123 136 et 137, 143. Voir aussi Taburet-Delahaye, 2012, *op. cit.* note 34.

37. « Je remarque une aigrette élevée qui n'est qu'un bouquet de cheveux rassemblés dans un ruban, comme une queue à pinceau plantée droit dans le front. Si nous étions encore sous l'Empire, il faudrait proposer cette nouveauté aux dames de la cour… » (George Sand, *Journal d'un voyageur pendant la guerre* [1870], éd. Michelle Perrot, Paris, 2004, p. 64-65).

38. Par exemple, triptyque de Raleigh et portrait de Glasgow, cat. exp. Paris, 2010-2011, *op. cit.* note 18, n°s 77 et 70.

39. La *Sainte Suzanne* provenant de Chantelle (Louvre, vers 1500-1510) et plusieurs héroïnes du manuscrit enluminé par Robinet Testard pour Louise de Savoie en 1497 (BnF, fr. 875), *ibid.*, n°s 73, 87, montrent le même détail.

40. Cat. exp. Paris, 2010-2011, *op. cit.* note 18, n°s 57 et 115 ; voir aussi retable de Censeau, *ibid.*, n° 87.

41. Ainsi chez Fouquet et dans son entourage, voir par exemple les deux jeunes femmes porteuses du chiffre de Laurent Girard sur le rondel du musée de Cluny (Cl. 1037a), cat. exp. Paris, BnF, 2003, *op. cit.* note 28, n° 18.

42. *Portrait de Marguerite d'Autriche*, Jean Hey, vers 1490, New York, Lehmann Collection, et celui de Jeanne de Bourbon-Vendôme sur le triptyque de Raleigh, cat. exp. Paris, 2010-2011, *op. cit.* note 18, n°s 66 et 77.

43. *Ibid.*, n° 34.

44. Vierge provenant du château de la Carte attribuée à Jean Colombe (collection particulière), portrait d'Anne de Bretagne sur les Grandes Heures enluminées par Jean Bourdichon vers 1503-1508 (BnF, lat. 9474), *Le Voyage de Gênes* du même artiste (vers 1508, BnF, fr. 5091), *ibid.*, n°s 60 et 50, fig. 37, 51 et 38.

45. Coiffes en résille et bandeaux retenus par des rubans se rencontrent dans la peinture pompéienne – inconnue au Moyen Âge – et dans les portraits sculptés romains, puis dans l'art italien dès la seconde moitié du XIVe siècle ; voir par exemple le buste de sainte Mabille du musée de Cluny, Cl. 2624 (cat. exp. *Le Bain et le Miroir. Soins du corps et cosmétiques de l'Antiquité à la Renaissance*, Paris, musée de Cluny – Écouen, musée national de la Renaissance, 2009, n[o] Cl. 172).

46. Cat. exp. Paris, 2010-2011, *op. cit.* note 18, n° 119. Decu, 2010, *op. cit.* note 22, a rapproché cette mèche de celles, plus courtes et plus directement inspirées d'exemples antiques, rencontrées dans la gravure italienne vers 1500.

47. Sur ces bijoux, Élisabeth Taburet-Delahaye, « Vie de cour et vie artistique en France vers 1400 », dans *Les Princes des fleurs de lis. La France et les arts en 1400*, Paris, 2004, p. 55-81. Voir aussi *Paris 1400. Les arts sous Charles VI*, cat. exp. (Paris, Louvre, 2004), Paris, 2004.

48. Montacute House, National Trust. Voir cat. exp. Paris, 2010-2011, *op. cit.* note 18, n° 7.

49. Par exemple dans la bible historiale de Guiart des Moulins (BnF, fr. 9, fol. 63, Paris, vers 1410), les *Chroniques* de Froissart Harley 4380 de la British Library (fol. 1 r°, vers 1460-1480) ou le *Romuleon* enluminé par Jean Colombe (BnF, fr. 364, fol. 376 v°, vers 1490) ; voir Delahaye, [2007] 2012, *op. cit.* note 4, et, pour Jean Colombe, Marie Jacob, *Dans l'atelier des Colombe (Bourges, 1470-1500). La représentation de l'Antiquité en France à la fin du XVe siècle*, Rennes, 2012.

50. Christine Leduc, *La Peinture monumentale en Anjou au temps du roi René*, Lyon, 2007 ; je remercie vivement Béatrice de Chancel-Bardelot, qui a attiré mon attention sur ce décor.

51. Ces millefleurs à fond rouge n'étaient sans doute pas exceptionnelles, si l'on en juge tant par les représentations (voir *supra*, note 49) que par la description des tapisseries de Montaigu le Blin (voir *supra*, note 23) et par quelques exemples parvenus jusqu'à nous, telles les tapisseries de l'ancienne collection Martin Le Roy (Louvre) ; voir Amaury Lefébure, dans *Musée du Louvre. Nouvelles acquisitions du département des Objets d'art, 1990-1994*, cat. exp. (Paris, Louvre, 1995), Paris, 1995, n° 26.

52. Audrey Nassieu-Maupas, « La "Vie de saint Jean Baptiste" d'Angers et la production de tapisseries à Paris dans la première moitié du XVIe siècle », *Revue de l'art*, n° 145, 2004, p. 41-53.

53. Le tissage comporte cinq ou six fils au centimètre ; l'épaisseur des fils et le tissage sont parfois modifiés afin de ménager des effets : les fils sont, par exemple, plus épais et moins tassés pour modeler la toison des agneaux, plus fins et serrés pour nuancer la carnation des visages.

LE DÉCLIN D'UN MYTHE

Pages 110 à 133

1. La licorne semble être l'animal imaginaire auquel on a cru le plus longtemps. L'existence du dragon, composite lui aussi, est parfois mise en cause dès avant le XVe siècle ; celle du griffon et du basilic également ; celle de la sirène, dès le XIIIe siècle.

2. L'idée d'une licorne trop craintive pour monter dans l'arche est contredite par les images, notamment les miniatures, qui la montrent bien présente au sein du cortège des animaux entrant dans l'arche ou bien en sortant.

3. Paul J. Smith, « Rabelais et la licorne », *Revue belge de philologie et d'histoire*, t. 63, 1985, fasc. 3, p. 477-503.

4. « Je m'étonne que nos anciens auteurs disent que les licornes sont farouches, féroces et dangereuses, alors que personne n'en a jamais vu de vivantes » (Rabelais, *Le Quart Livre*, éd. P. Jourda, Paris, 1962, vol. II, p. 45-46).

5. *Ibid.*, vol. III, p. 393.

6. Michel Pastoureau, *Les Animaux célèbres*, 2e éd., Paris, 2008, p. 203-210.

7. Pierre Belon, *Les observations de plusieurs singularités et choses mémorables trouvées en Grece, Asie, Judée, Égypte, Arabie et autres pays estranges*, Anvers, 1557, fol. 27 b.

8. Conrad Gesner, *Historia animalium. Liber I: De quadrupedis viviparis*, Zurich, 1551, p. 781-808.

9. Ambroise Paré, *Des monstres et des prodiges*, éd. J. Céard, Genève, 1971.

10. Édition moderne par Jean-Michel Delacomptée, Paris, Gallimard, 2011.

11. *Discours d'Ambroise Paré, ... asçavoir, de la mumie, des venins, de la licorne et de la peste, avec une table des plus notables matières contenues esdits discours...*, Paris, G. Buon, 1582, fol. 73.

12. *Response au Discours d'Ambroise Paré, touchant l'usage de la licorne. Veue et approuvée par M. Grangier, doyen des escolles de médecine*, Paris, A. Dauvel, 1583.

13. Laurent Catelan, *Histoire de la nature, chasse, vertus, proprietez et usage de la lycorne,* Montpellier, J. Pech, 1624.

14. François Gay, *Une lignée d'apothicaires montpelliérains aux* XVIe *et* XVIIe *siècles*, Montpellier, 1896.

15. Athanasius Kircher, *Mundus subterraneus in XII libros digestus*, Amsterdam, 1665, t. II, p. 123.

16. Sur cet épisode, Ditmar Schneider, *Otto von Guericke. Ein Leben für die Alte Stadt Magdeburg,* Magdebourg, 2002, p. 115-124.

17. Conrad Gesner, *Historiae animalium. Liber I: De quadrupedibus viviparis*, Francfort, 1603, p. 693-696.

18. *Ibid.*, p. 701.

19. La plus ancienne assimilation de la « licorne de mer » à un gros animal marin vivant dans les mers froides semble se trouver chez Thomas Bartholin, *De unicornu observationes novae*, Padoue, 1645, p. 98-102.

20. Carl von Linné, *Systema naturae*, 4e éd., Bruxelles, 1793, p. 297-298.

21. Voir les exemples cités par Antoine Schnapper, *Le Géant, la licorne et la tulipe*, 2e éd., Paris, 2012, *passim.*

22. Depuis le XVIIe siècle, la licorne est également l'un des supports des armes du Royaume-Uni.

23. Terme récurrent chez Roger Caillois, *Le Mythe de la licorne*, Paris, 1991.

24. Dans le conte intitulé *Le Vaillant Petit Tailleur (Der tapfere Schneiderlein)*, le héros accomplit différents exploits, dont la capture d'une surprenante licorne.

25. Gustave Flaubert, *La Tentation de saint Antoine,* Paris, 1874, chap. VII.

26. Gustave Moreau, *La Licorne* (1885), *Les licornes* (vers 1890).

27. L'Ancien Régime avait déjà établi un lien entre la licorne et l'alchimie et, ce faisant, ouvert une porte ésotérisante dans laquelle le XIXe siècle s'est engouffré.

28. Carl Gustav Jung lui-même lui consacre une cinquantaine de pages dans son livre *Psychologie et alchimie*, 1944. Il voit en elle le *spiritus mercurialis*, « l'esprit mercuriel », la force sauvage et pénétrante qui s'empare de la Vierge, « aspect féminin passif du mercure philosophique » !

29. Plus encore que dans les livres imprimés, de tels délires sont aujourd'hui fréquents dans les sites Internet qui se proposent de disserter sur la licorne.

30. Citons deux exemples de cette littérature consternante pour l'historien : Bertrand d'Astorg, *Le Mythe de la dame à la licorne*, Paris, 1963 ; Francesca Yvonne Caroutch, *Le Mystère de la licorne. À la recherche du sens perdu*, Paris, 1997.

31. Le cas de la saga *Harry Potter* n'est pas isolé. La « cryptozoologie » est aujourd'hui un domaine vedette des romans de *fantasy*, des jeux de rôles et de la bande dessinée.

ORIENTATION BIBLIOGRAPHIQUE

Sur la licorne

Beer (Rüdiger Robert), *Einhorn. Fabelwelt und Wirklichkeit*, Munich, 1977.
Caillois (Roger), *Le Mythe de la licorne*, Paris, 1991.
Einhorn (Jürgen W.), *Spiritualis unicornis. Das Einhorn als Bedeutungsträger in Literatur und Kunst des Mittelalters*, Munich, 1976.
Faidutti (Bruno), *Images et connaissance de la licorne (fin du Moyen Âge – XIX*e *siècle)*, 2 vol., thèse, université Paris XII, 1996 (consultable en ligne).
Jossua (Jean-Pierre), *La Licorne. Images d'un couple*, Paris, 1985.
Shepard (Odell), *The Lore of the Unicorn*, Londres, 1930 ; réimpr., New York, 1979.

Sur les bestiaires médiévaux

Baxter (Ron), *Bestiaries and their Users in the Middle Ages*, Phoenix Mill (GB), 1999.
Bianciotto (Gabriel), *Bestiaires du Moyen Âge*, 2e éd., Paris, 1992.
Clark (Willene B.) et McNunn (Meradith T.), éd., *Beasts and Birds of the Middle Ages. The Bestiary and its Legacy*, Philadelphie, 1989.
Duchet-Suchaux (Gaston) et Pastoureau (Michel), *Le Bestiaire médiéval. Dictionnaire historique et bibliographique*, Paris, 2002.
George (Wilma) et Yapp (Brundson), *The Naming of the Beasts. Natural History in the Medieval Bestiary*, Londres, 1991.
Hassig (Debra), *Medieval Bestiaries : Text, Image, Ideology*, Cambridge, 1995.
Henkel (Nikolaus), *Studien zum Physiologus im Mittelalter*, Tübingen, 1976.
James (Montague R.), *The Bestiary*, Oxford, 1928.
Marino Ferro (Xavier R.), *Symboles animaux*, Paris, 1996.
McCulloch (Florentine), *Medieval Latin and French Bestiaries*, Chapel Hill (NC), 1960.
Meyer (Paul), « Les bestiaires », *Histoire littéraire de la France*, t. 34, 1914, p. 362-390.
Pastoureau (Michel), *Bestiaires du Moyen Âge*, Paris, 2012.
Seel (Otto), *Der Physiologus. Tiere und ihre Symbolik*, Zurich, 1992.

Sur l'histoire de la zoologie

Delaunay (Paul), *La Zoologie au XVI*e *siècle*, Paris, 1962.
Delort (Robert), *Les animaux ont une histoire*, Paris, 1984.
Franklin (Alfred), *La Vie privée d'autrefois : les animaux*, 2 vol., Paris, 1897-1899.
Gubernatis (Angelo de), *Mythologies zoologiques ou les légendes animales*, 2 vol., Paris, 1890 ; réimpr., Milan, 1987.
Keller (Oskar), *Die antike Tierwelt*, 2 vol., Leipzig, 1913.
Klingender (Francis D.), *Animals in Art and Thought to the End of the Middle Ages*, Londres, 1971.
Lewinsohn (Richard), *Histoire des animaux*, Paris, 1953.
Paravicini Bagliani (Agostino), éd., *Il mondo animale. The World of Animals*, 2 vol., Turnhout, 2000 (*Micrologus*, VIII, 1-2).
Pellegrin (Pierre), *La Classification des animaux chez Aristote*, Paris, 1983.
Petit (Georges) et Theodoridès (Jean), *Histoire de la zoologie des origines à Linné*, Paris, 1962.
Sälzle (Karl), *Tier und Mensch. Das Tier in der Geistgeschichte der Menschheit*, Munich, 1965.

Sur les tapisseries du musée de Cluny

Delahaye (Élisabeth), *La Dame à la licorne*, Paris, 2007 ; 3e éd. revue et corrigée, 2012.
Erlande-Brandenburg (Alain), *La Dame à la licorne*, Paris, 1978.
Joubert (Fabienne), *La Tapisserie médiévale au musée de Cluny*, 3e éd. revue et augmentée avec la coll. de Viviane Huchard, Paris, 2002.
*Chefs-d'œuvre de la tapisserie du XIV*e au *XVI*e siècle, cat. exp. (Paris, Grand Palais ; New York, The Metropolitan Museum of Art, 1973-1974), Paris, 1973.
Tapestry in the Renaissance. Art and Magnificence, cat. exp. (New York, The Metropolitan Museum of Art, 2002), New Haven, 2002.
France 1500. Entre Moyen Âge et Renaissance, cat. exp. (Paris, Grand Palais, 2010-2011), Paris, 2010.
La Dame à la licorne et l'art européen vers 1500, cat. exp. (Tokyo, National Art Center ; Osaka, National Museum of Art, 2013), Tokyo, 2013.

Crédits photographiques

Aberdeen, The University Library : p. 31, 41, 55 (haut).
Amsterdam, Rijksmuseum : p. 61, 78 (haut droite), 117 (bas).
Berlin, Bayerische Stattsbibliothek : p. 113.
Berlin, Geheimes Staatsarchiv PK : p. 67.
Berne, Burgerbibliothek / photo Codices Electronici AG : p. 20.
Besançon, musée des Beaux-Arts et d'Archéologie / photo Jean-Louis Dousson : p. 22.
Boston, Museum of Fine Arts : p. 100.
Bruxelles, Bibliothèque royale de Belgique : p. 27.
Cambridge, Fitzwilliam Museum : p. 37 (haut).
Douai, bibliothèque Marceline Desbordes-Valmore / photo CNRS-IRHT : p. 36 (haut).
Florence, agence Scala : Luciano Romano / Scala, Florence – avec l'autorisation du Ministero Beni e Attivita Culturali : p. 15 ; Pierpont Morgan Library / Art Resource / Scala, Florence : p. 80 (bas).
Genève, Bibliothèque de Genève : p. 91 (gauche).
Hanovre, Gottfried Wilhelm Leibniz Bibliothek : p. 124.
Münich, Bayerisches Nationalmuseum / photo Walter Harbeland : p. 87.
Oxford, The Bodleian Libraries, The University of Oxford : p. 28-29, 32, 36 (milieu et bas), 37 (bas), 39, 52, 54 (bas), 60.
Paris, agence Akg-Images : p. 79 ; Suzanne Held / Akg-Images : p. 8-9 ; André Held / Akg-Images : p. 17 ; Historic Maps / Akg-Images : p. 125 ; Erich Lessing / Akg-Images : p. 12, 14, 16 ; Album / Prisma / Akg-Images : p. 13.
Paris, agence Bridgeman-Giraudon : Musée Condé, Chantilly / The Bridgeman Art Library : p. 58-59 ; The Ashmolean Museum, Oxford / The Bridgeman Art Library : p. 117 (haut).
Paris, agence Leemage : p. 21 ; British Library Board / Robana / Leemage : p. 18, 30, 37 (milieu), 38, 40, 42, 46, 48, 53, 54 (haut), 55 (bas), 73 (bas), 104 ; Costa / Leemage : p. 66 ; DeAgostini / Leemage : p. 43 ; ImageBroker / Leemage : p. 126 ; Photo Josse / Leemage : p. 133 ; Ravenna / Leemage : p. 81 (haut) ; Luisa Ricciarini / Leemage : p. 10.
Paris, Bibliothèque interuniversitaire de la Santé / photo BIU Santé : p. 120 (milieu et bas).
Paris, Bibliothèque nationale de France : p. 35, 51, 80 (haut), 83.
Paris, Collection Kharbine-Tapabor : p. 110-111, 128, 129.
Paris, Réunion des musées nationaux – Grand Palais : René-Gabriel Ojéda : p. 130 ; Rmn-Grand Palais (domaine de Chantilly) / Michel Urtado : p. 97 (gauche) ; Rmn-Grand Palais (musée de Cluny – musée national du Moyen-Âge) / Gérard Blot : p. 62, 72 (bas) ; Rmn-Grand Palais (musée de Cluny – musée national du Moyen-Âge) / Michel Urtado : p. 71, 84-86, 88, 89, 91 (droite), 92, 95, 96, 101, 102, 105 (bas), 106, 108, 109 ; Rmn-Grand Palais (musée de la Renaissance - château d'Ecouen) / René-Gabriel Ojéda : p. 112 ; Rmn-Grand Palais (musée du Louvre) / Daniel Arnaudet : p. 19 ; Rmn-Grand Palais (musée du Louvre) / Thierry Ollivier : p. 121 ; Rmn-Grand Palais (musée du Louvre) / Franck Raux ; p. 24, 122 ; © Archives Alinari, Florence, dist. Rmn-Grand Palais / Mauro Magliani : p. 119 et couverture ; © BnF, Paris, dist. Rmn-Grand Palais / image BnF : p. 6, 44, 45, 49, 50, 57, 68 (haut), 69, 70, 77, 81 (bas), 93, 97 (droite), 103, 105 (haut), 120 (haut) ; © Musée du Louvre, dist. Rmn-Grand Palais / Thierry Ollivier : p. 127 ; © Muséum national d'histoire naturelle, dist. Rmn-Grand Palais / image du MHNH, Bibliothèque Centrale : p. 116 (haut), 123 ; © The British Museum, Londres, dist. Rmn-Grand Palais / The Trustees of the British Museum : p. 68 (bas), 72 (haut), 76, 90 ; © The Metropolitan Museum of Art, dist. Rmn-Grand Palais / image of the MMA : p. 63, 74, 75, 78 (haut gauche), 82, 99.
Périgueux, Centre national de la préhistoire / photo N. Aujoulat – CNP – MCC : p. 11.
Rome, Ambassade de France en Italie / photo Zeno Colantoni : p. 118.
Rome, Biblioteca Vaticana : p. 116 (bas).
Thessalonique, Patriarcal Institute for Patristic Studies : p. 26.
Valenciennes, bibliothèque municipale : p. 34.
Vienne, Österreichisches Museum für angewandte Kunst - MAK / photo MAK-Ingrid Schindler : p. 78 (bas).
Washington, National Gallery of Art : p. 73 (haut), 114, 115.
Zürich, Schweizerisches Landesmuseum : p. 64-65.

© Renzo Dionigi, tous droits réservés : p. 33.
© Michel Hérold : p. 94.
© Roy Hessing : p. 25.
© Rainbow Graphics Intl – Baronian Books, Bruxelles : p. 131.
© Philippe Rebuffet / photo Pierre-Yves Le Meur : p. 132.

Droits réservés : p. 23.

Directeur des éditions
Henri Bovet

Directrice adjointe des éditions
Marie-Dominique de Teneuille

Chef du département du livre
Marie-Blanche Maillard

Responsable d'édition
Laurence Posselle

Relectrice
Anne Chapoutot

Iconographe
Elise Vanhaecke

Documentaliste de l'agence photographique de la Rmn-GP
Agnès Reboul

Directrice artistique
Caroline Chambeau

Graphiste
Frédéric Célestin

Responsable de fabrication
Hugues Charreyron

Les textes ont été composés en Caslon Book

Les illustrations ont été gravées par Planète Couleurs à Paris

Cet ouvrage a été achevé d'imprimer en août 2013
sur les presses de l'imprimerie Chirat
à Saint-Just-la-Pendue, France

Dépôt légal : août 2013
ISBN : 978-2-7118-6112-5